Complete Guide to the

TOPIK

Speaking

Complete Guide to the
TOPIK
Speaking

Written by	Darakwon Korean Language Lab
Translated by	Katelyn Hemmeke
First Published	May, 2023
Publisher	Chung Kyudo
Editors	Lee Suk-hee, Baek Da-heuin, Lee Hyeon-soo
Cover Design	Choi Ye-won
Interior Design	Choi Ye-won, Choi Young-ran
Voice Actors	Kim Rae-whan, Shin So-yoon, Aaron Mayhugh

DARAKWON

Darakwon Bldg., 211 Munbal-ro, Paju-si,
Gyeonggi-do, 10881 Republic of Korea
Tel: 82-2-736-2031 Fax: 82-2-732-2037
(Sales Dept. ext.: 250~252 Book Publishing Dept. ext.: 420~426)

ISBN: 978-89-277-3308-9 14710
      978-89-277-3290-7 (set)

http://www.darakwon.co.kr
http://koreanbooks.darakwon.co.kr

Visit the Darakwon homepage to learn about our other publications and
promotions and to download the contents of the book in MP3 format.

Complete Guide to the
TOPIK
Speaking

DARAKWON

서문

기존의 한국어능력평가(TOPIK)는 말하기 영역이 빠져 있어서 전면적인 언어 평가 도구로서 균형이 맞지 않았다. 이러한 한계를 극복하기 위해 여러 번의 모의 시행을 통해 안정화 및 체계화 단계를 거친 후, 2022년 11월에 제1회 TOPIK 말하기 평가가 실시되었다. 기존 TOPIK 시험과는 별도로 응시자의 필요에 따라 선택할 수 있지만, 입사 면접시험을 대체하거나 가산점 대상이 되는 등 각종 평가에 TOPIK 말하기 시험 점수가 반영될 가능성이 높다. 이 외에도 말하기 시험을 활용하는 곳이 앞으로 더욱 많아질 것으로 예상된다.

이러한 상황에서 TOPIK 말하기 평가를 대비하고 싶어 하는 한국어 학습자가 많은 데 비해, 아직 효과적인 대비법이 충분히 공개되어 있지 않은 상황이다. 더구나 말하기 평가는 문제를 분석한 뒤 알맞은 속도와 발음으로 적절한 답안을 말하는 과제를 짧은 시간 내에 수행해야 한다는 점에서 학습자가 혼자 공부하기 특히 어려운 영역이다. 학습자들이 이러한 어려움을 극복하고 TOPIK 말하기 시험에 완벽히 대비하는 동시에 한국어 말하기 능력까지 향상시킬 수 있도록 하기 위해 이 책을 출간하게 되었다.

"Complete Guide to the TOPIK – Speaking"은 시험에 출제되는 모든 유형을 주제별로 나누어 자세한 전략과 모범 답안을 함께 제시하고 있어 완벽한 문항 분석이 가능하다. 이를 통해 다양한 상황에서의 대화 맥락과 자주 사용하는 어휘 및 표현을 자연스럽게 익힐 수 있으며, 연관 어휘와 표현을 추가로 제시하여 어휘력과 실전 응용력을 확장할 수 있도록 했다. 그리고 전문 성우의 녹음을 통해 정확한 한국어 발음과 억양, 휴지 등을 짚어 줘서 한국어로 유창하고 자연스럽게 말하는 방법을 학습할 수 있도록 했다. 마지막으로 실전 모의고사에서 실제 시험처럼 답변해 본 후 강의 노트식 해설로 정답을 확인하며 답변 구조를 꼼꼼히 분석해 볼 수 있도록 했다.

다년간 TOPIK 대비서를 출간한 경험을 바탕으로 오랫동안 준비한 끝에, 초급에서 고급까지의 모든 학습자가 책 한 권으로 말하기 시험에 충분히 대비할 수 있는 교재를 출간할 수 있었다. 이 책을 통해 학습자의 한국어 말하기 능력이 향상되어 목표한 점수를 획득하는 데에 도움이 되기를 바란다. 더불어 TOPIK 말하기 평가를 가르치는 한국어 교사에게도 많은 도움이 되기를 희망한다.

다락원 한국어 연구소

Preface

The Test of Proficiency in Korean (TOPIK) was not a well-balanced comprehensive language evaluation tool since it lacked a speaking section. To overcome this limitation, the first TOPIK speaking test was conducted in November 2022 after going through stabilization and systematization stages through multiple mock trials. The speaking test can be taken separately from the existing TOPIK test according to the examinee's needs. However, it is highly likely that TOPIK speaking test scores will be reflected in various assessments, such as replacing job interview exams or making a candidate eligible for bonus points. Additionally, more places are expected to utilize speaking tests in the future.

Despite many Korean learners' interest in preparing for the TOPIK speaking test, effective preparation methods have not been sufficiently released. Speaking assessments are particularly challenging for students to study on their own because they require analyzing a problem and providing an appropriate answer within a short period while using suitable speaking speed and pronunciation. This book was published to help Korean learners overcome these difficulties and prepare for the TOPIK speaking test while improving their Korean speaking skills.

"Complete Guide to the TOPIK - Speaking" divides all the types of questions found on the exam by subject and presents detailed strategies and model answers together, making it possible to analyze each question perfectly. Through this book, you can naturally become familiar with conversational contexts, frequently used words, and expressions in various situations, while expanding your vocabulary and practical application skills through related vocabulary words and expressions. Furthermore, professional voice actors demonstrate precise pronunciation, intonation, and pauses, allowing you to learn how to speak Korean fluently and naturally. Finally, after taking a mock test as if it were a real exam, you can check the correct answers and thoroughly analyze the structure of each response using lecture note-type explanations.

After long preparation based on years of experience publishing TOPIK preparation books, we were able to publish a textbook that can help students of all levels, from beginner to advanced, prepare for the speaking test. We hope that this book will help students improve their Korean speaking skills and achieve their target score on the exam. Additionally, we hope this book will be of great help to Korean teachers who teach the TOPIK speaking exam.

Darakwon Korean Language Lab

이 책의 구성 및 활용

이 책은 한국어능력시험(TOPIK) 말하기 영역 응시자들이 시험을 효과적으로 대비할 수 있도록 집필되었으며 그 구성은 TOPIK 체계를 따른다. 본서는 크게 '유형 분석 및 전략', '유형별 연습', '실전 대비 모의고사' 3회분으로 구성되어 있으며, 이해를 돕기 위해 영어 번역을 함께 제공한다. 모범 답안은 초급과 중고급의 수준에 맞게 두 가지 형태로 제시하고 있어 자신의 목표에 따라 학습할 수 있게 하였다. 정답과 해설에서는 모의고사 3회분의 모범 답안과 함께 답변 방법을 상세히 설명하였다.

유형 분석 및 전략

말하기 시험에서 출제하는 각 문항의 특징을 충분히 이해할 수 있도록 하였다. 국립국제교육원에서 공개하고 있는 예시 문항을 통해 문제의 형식과 요구하는 언어 기능, 출제되는 주제를 전반적으로 익힐 수 있도록 하였다. 그리고 문제에 따른 학습 전략과 답변 비법을 제시하여 문항별 대비 방법을 가장 효과적으로 익힐 수 있도록 하였다.

유형별 연습

학습자가 각 문항에 알맞은 답변 틀을 작성할 수 있도록 단계별 작성법을 제시하였다. 이어서 초급, 중고급 학습자에 맞는 모범 답안을 통해 정확도를 높일 수 있도록 하였다. 유용한 문형을 바탕으로 자신의 답안을 완성해 보고, 주제별로 알맞은 어휘와 표현을 사용할 수 있도록 문항별로 뒷부분에 어휘와 표현을 수록하였다. 이때 본문에는 없지만 주제와 연관되는 어휘 및 표현도 함께 제시하여 실전에서 응용력을 높일 수 있도록 하였다.

실전 대비 모의고사

학습자가 TOPIK 말하기 시험 경향에 부합하는 문제를 모의고사 3회분을 통해 충분히 연습할 수 있도록 하였다. 준비 시간과 답변 시간에 따라 화면이 넘어가는 방식을 나타낼 수 있도록 단계를 구분하여 표현하였다. 빈 공간에 메모하면서 시간에 맞춰 답변을 준비하고 완성하는 연습을 통해 고득점에 쉽게 다가갈 수 있도록 하였다.

정답 및 해설

모의고사 문제의 모범 답안을 바탕으로 해당 문제에서 해결해야 할 과제, 답변에 필요한 연결어 및 핵심 어휘, 답변 방법 등을 강의 노트 형태로 제시하였다. 학습자가 자신의 답안과 비교하여 보다 완결성 있고 정확한 답변을 할 수 있는 방법을 익힐 수 있도록 하였다.

How to Use This Book

This book was written to help examinees effectively prepare for the speaking section of the Test of Proficiency in Korean (TOPIK) exam, and its composition follows the TOPIK system. The book is broadly organized into three sections: "Analysis and strategies of questions", "Preparation by type," and three "Mock test for preparation." English translations are provided to aid in comprehension. Model answers are presented in two forms, beginner, intermediate, and advanced level, so students can improve their accuracy and fluency according to their individual goals. In the index of correct answers and explanations, model answers for the three mock tests and the answer methods are explained in detail.

Analysis and strategies of questions

This section enables students to fully understand the characteristics of each question that appears on the speaking test. Simple questions released by the National Institute for International Education allow students to learn the question format, the required language function, and the general subjects covered. Furthermore, learning strategies and answer tips are presented with each problem to help students master the most effective method of preparing for each question type.

Preparation by type

Step-by-step writing methods are presented so that learners can create an appropriate response framework for each question. Beginner, intermediate, and advanced learners can then increase their accuracy through model answers suitable for each level. Vocabulary words and expressions are included at the end of each question, allowing students to complete their answers based on useful sentence structures while utilizing appropriate vocabulary words and expressions for each topic. Although they are not included in the main text at this time, vocabulary words and expressions related to each subject were also presented to increase students' practical application.

Mock test for preparation

Three mock tests are included so that learners can experience the TOPIK speaking exam as if it were a real-life situation. Similar to the actual exam, the steps are divided so that the screen can be displayed and changed according to the preparation time and response time. By taking notes in the provided space and practicing how to prepare and complete your answers within the time limits, you can easily achieve a high score.

Answers & Explanation

Based on the model answers for the mock test questions, lecture notes were provided that include the tasks that must be resolved in the corresponding questions, connecting words, key vocabulary words that are necessary to respond, answer methods, etc. Learners can learn how to provide more complete and accurate answers by comparing their own responses with the lecture notes.

Contents 목차

서문 Preface **04**

이 책의 구성 및 활용 How to use this book **06**

목차 Contents **10**

TOPIK Speaking 시험 안내 TOPIK Speaking test introduction **12**

Part 1 유형 분석 및 전략 Analysis and strategies of question **17**

문항 1 질문에 대답하기 Listening to and answering a simple question **18**

문항 2 그림 보고 역할 수행하기 Asking and answering in a familiar social situation **22**

문항 3 그림 보고 이야기하기 Seeing a series of scenes and creating a story **27**

문항 4 대화 완성하기 Listening to a dialogue and answering the question **31**

문항 5 자료 해석하기 Explaining the material and providing a critical analysis **35**

문항 6 의견 제시하기 Expressing opinion on the given topic **40**

Part 2 유형별 연습 Preparation by type **45**

문항 1 질문에 대답하기 Listening to and answering a simple question **46**

문항 2 그림 보고 역할 수행하기 Asking and answering in a familiar social situation **71**

문항 3 그림 보고 이야기하기 Seeing a series of scenes and creating a story **108**

문항 4 대화 완성하기 Listening to a dialogue and answering the question **143**

문항 5 자료 해석하기 Explaining the material and providing a critical analysis **178**

문항 6 의견 제시하기 Expressing opinion on the given topic **205**

Part 3   실전 대비 모의고사 Mock test for preperation   243

모의고사 1회 Mock test 1 .... **244**

모의고사 2회 Mock test 2 .... **250**

모의고사 3회 Mock test 3 .... **256**

부록   Appendix   263

정답 및 해설 Answers & Explanation **264**

색인 Index **276**

TOPIK Speaking 시험 소개

01 시험 목적

– 한국어를 모국어로 하지 않는 재외동포·외국인에게 의사소통 중심의 한국어 학습 방향을 제시함
– 한국어 의사소통 능력을 측정·평가하여 그 결과를 국내 대학 유학 및 취업 등에 활용할 수 있도록 함

02 유효 기간

성적 발표일로부터 2년간 유효함

03 시험 시간표

입실 완료 시간	본인 확인 및 유의사항 안내	시작	종료
11:30	11:30 ~ 12:00	12:00	12:30

04 문항 구성

문항	유형	수준	준비 시간	답변 시간
1	질문에 대답하기	초급	20초	30초
2	그림 보고 역할 수행하기		30초	40초
3	그림 보고 이야기하기	중급	40초	60초
4	대화 완성하기		40초	60초
5	자료 해석하기	고급	70초	80초
6	의견 제시하기		70초	80초

05 평가 요소

평가요소	내용
내용 및 과제 수행	● 과제에 적절한 내용으로 표현하였는가? ● 주어진 과제를 풍부하고 충실하게 수행하였는가? ● 담화 구성이 조직적으로 잘 이루어졌는가?
언어 사용	● 담화 상황에 적합한 언어를 사용하였는가? ● 어휘와 표현을 다양하고 풍부하게 사용하였는가? ● 어휘와 표현을 정확하게 구사하였는가?
발화 전달력	● 발음과 억양이 어느 정도 이해 가능한가? ● 발화 속도가 자연스러운가?

06 등급 체계

(1) 시험 등급

등급	점수
불합격	0점 ~ 19점
1급	20점 ~ 49점
2급	50점 ~ 89점
3급	90점 ~ 109점

등급	점수
4급	110점 ~ 129점
5급	130점 ~ 159점
6급	160점 ~ 200점

(2) 등급별 평가 항목

등급	평가 항목
6급	● 사회적 화제나 추상적 화제에 대해 논리적이고 설득력 있게 말할 수 있다. ● 오류가 거의 없으며 매우 다양한 어휘와 문법을 담화 상황에 맞게 사용할 수 있다. ● 발음과 억양, 속도가 자연스러워 발화 전달력이 우수하다.
5급	● 사회적 화제나 일부 추상적 화제에 대해 비교적 논리적이고 일관되게 말할 수 있다. ● 오류가 간혹 나타나나 다양한 어휘와 표현을 담화 상황에 맞게 사용할 수 있다. ● 발음과 억양, 속도가 대체로 자연스러워 발화 전달력이 양호하다.
4급	● 사회적 화제나 일부 추상적 화제에 대해 비교적 논리적이고 일관되게 말할 수 있다. ● 오류가 때때로 나타나나 다양한 어휘와 표현을 대체로 담화 상황에 맞게 사용할 수 있다. ● 발음과 억양, 속도가 비교적 자연스러워 의미 전달에 문제가 거의 없다.
3급	● 친숙한 사회적 화제에 대해 비교적 구체적으로 말할 수 있다. ● 오류가 때때로 나타나나 어느 정도 다양한 어휘와 표현을 비교적 담화 상황에 맞게 사용할 수 있다. ● 발음과 억양, 속도가 다소 부자연스러우나 의미 전달에 큰 문제가 없다.
2급	● 자주 접하는 사회적 상황에서 일상적 화제에 대해 묻거나 답할 수 있다. ● 언어 사용이 제한적이며 담화 상황에 맞지 않는 경우가 있고 오류가 잦다. ● 발음과 억양, 속도가 부자연스러워 의미 전달에 다소 문제가 있다.
1급	● 친숙한 일상적 화제에 대해 질문을 듣고 간단하게 답할 수 있다. ● 언어 사용이 매우 제한적이며 오류가 빈번하다. ● 발음과 억양, 속도가 매우 부자연스러워 의미 전달에 문제가 있다.

Test Introduction

01 Purpose of test

- To guide those learning Korean as a second language to study in a way that improves their ability to communicate in Korean
- To evaluate the test-taker's communication skills in Korean and allow them to use their test results when filing college applications, job applications, etc.

02 Validity

Valid for two years from the announcement of the test score

03 Test timetable

Must arrive in the exam room by	Identity check and important information	Start	End
11:30	11:30 ~ 12:00	12:00	12:30

04 Question type

Question	Question type	Level	Prep time	Response time
1	Listening to and answering a simple question	Beginning	20 sec	30 sec
2	Asking and answering in a familiar social situation	Beginning	30 sec	40 sec
3	Seeing a series of scenes and creating a story	Intermediate	40 sec	60 sec
4	Listening to a dialogue and answering the question	Intermediate	40 sec	60 sec
5	Explaining the material and providing a critical analysis	Advanced	70 sec	80 sec
6	Expressing opinion on the given topic	Advanced	70 sec	80 sec

05 Evaluation factor

Evaluation factor	Description
Content and task performance	• Did he/she appropriately express themselves regarding the given topic? • Did he/she faithfully perform the given task? • Did the dialogue flow in an organized and coherent manner?
Command of the language	• Did he/she use appropriate language considering the context of the dialogue? • Did he/she use rich and diverse vocabulary and expressions? • Did he/she use his/her vocabulary and expressions accurately?
Pronunciation and delivery	• Was his/her speech comprehensible (satisfactory pronunciation and intonation)? • Did he/she speak at a natural pace?

06 Grade system

(1) Level

Level	Score		Level	Score
Fail	0 ~ 19		Sublevel 4	110~ 129
Sublevel 1	20 ~ 49		Sublevel 5	130 ~ 159
Sublevel 2	50 ~ 89		Sublevel 6	160 ~ 200
Sublevel 3	90 ~ 109			

(2) Sublevel skill

Level	Evaluation criteria
Sublevel 6	• The individual is able to speak logically and persuasively regarding social issues and abstract topics. • The individual rarely makes any mistakes and can freely vary his/her vocabulary and syntax (sentence structures) according to the context of the dialogue. • The individual sounds natural in terms of pronunciation, intonation and speed and thus boasts excellent delivery.

(2) Sublevel skill

Level	Evaluation criteria
Sublevel 5	● The individual is able to speak relatively logically and coherently regarding social issues and some abstract topics. ● The individual occasionally makes mistakes but is capable of using various words and expressions according to the context of the dialogue. ● In most cases, the individual sounds natural in terms of pronunciation, intonation and speed and thus boasts good delivery.
Sublevel 4	● The individual is able to speak in a concrete and organized way regarding some social issues. ● The individual makes mistakes from time to time but is capable of using various words and expressions according to the context of the dialogue in most cases. ● The individual sounds relatively natural in terms of pronunciation, intonation and speed and thus has little trouble conveying their message.
Sublevel 3	● The individual is able to speak in a relatively concrete manner regarding familiar social issues. ● The individual makes mistakes from time to time but is capable of using somewhat various words and expressions according to the context of the dialogue in most cases. ● The individual sounds slightly unnatural in terms of pronunciation, intonation and/or speed but does not have a major problem conveying what he/she wants to say.
Sublevel 2	● The individual is able to ask and answer questions about everyday topics in frequently encountered situations. ● The individual has limited command of the language, is unable to use appropriate words for the situation at times, and often makes mistakes. ● The individual sounds unnatural in terms of pronunciation, intonation, and/or speed and has somewhat of a problem conveying their message.
Sublevel 1	● The individual is able to provide simple answers to questions about family, everyday topics. ● The individual has an extremely limited command of the language and often makes mistakes. ● The individual sounds very unnatural in terms of pronunciation, intonation and/or speed and has a problem conveying their message.

Part 1
유형 분석 및 전략
Analysis and strategies of questions

1~6번 문항 Question 1~6

Step 1 문제 이해하기
Understanding the question

Step 2 답변 전략 익히기
Mastering the answer strategy

Question 01

질문에 대답하기
Listening to and answering a simple question

수준 : 초급 | 준비 시간 : 20초 | 답변 시간 : 30초 | 배점 : 9점

문제 이해하기 Understanding the question

문제 형식 Question format

I 지시문 Instructions (화면에 제시됨 Presented on the screen)

질문을 듣고 대답하십시오. 20초 동안 준비하십시오. '삐' 소리가 끝나면 30초 동안 말하십시오.

Listen to the question and answer it. You have 20 seconds to prepare your answer. After the beep, you have 30 seconds to say your answer.

Q 예시 문항 Example question (듣기로만 제시됨 Presented only through listening)

어디에 여행을 가고 싶어요? 뭘 하고 싶어요? 하고 싶은 여행에 대해 이야기하세요.

Where do you want to travel? What do you want to do there? Talk about a trip you want to take.

➡️ 일상생활과 관련된 간단한 질문을 듣고 적절하게 대답하는 초급 수준의 문제이다.

This is a beginner-level question where you listen to a simple question about everyday life and provide an appropriate answer.

언어 기능 Language skills

묻고 답하기, 서술하기, 소개하기 Asking and answering, describing, introducing

소재 Subjects

개인적 · 일상적 내용 Personal, everyday subjects

- 개인 신상(자기소개, 취미, 고향, 국적) Personal details (self-introduction, hobbies, hometown, nationality)
- 가족, 친구, 아는 사람 Family, friends, acquaintances
- 사물과 장소(주거와 환경) Objects and locations (residence and environment)
- 일과와 계획 Daily routine and plans

| **학습 전략** Learning strategies |

 미리 준비해서 말하기 Preparing what you will say in advance

초급 수준의 가장 기본적이며 고정된 내용의 질문이 출제된다. 답변을 완전한 문장으로 미리 준비해서 유창하게 말할 수 있도록 반복해서 암기하자. 토픽 Ⅰ 듣기 1~14번 문제를 말하기 문제로 연결해서 '질문에 대답하기' 문항을 연습하는 것도 좋다.

The beginner level exam consists of the most basic and fixed content questions. Prepare your answers in advance with complete sentences and practice them repeatedly to speak fluently. It is also a good idea to practice answering simple questions and connecting them with questions #1-14 from the TOPIK I listening exam in order to prepare for the speaking test.

 기초적인 어휘와 표현을 주제별로 연습하기
Practicing basic vocabulary words and expressions for each topic

다른 문제에 비해 상대적으로 쉬우므로 감점 없이 만점을 받을 수 있도록 완벽하게 준비하자. 초급에서 다루는 주제와 기능에 맞는 표현들이 정해져 있으므로, 이를 알맞은 상황에 적절하게 말할 수 있도록 연습해야 한다. 특히 기초적인 어휘와 표현을 정확하게 공부해야 한다.

This question is relatively easy compared to other questions, so preparing perfect answers in advance will allow you to receive full points without any deductions. There are specific expressions that suit the topics and skills covered in the beginner level, so practice using them appropriately while speaking. Especially, it is essential to thoroughly study fundamental vocabulary words and expressions.

 초급에서 주로 다루는 주제 Main topics at the beginner level

개인 신상(이름, 전화번호, 가족, 국적, 고향), 주거와 환경(장소, 숙소, 방, 생활 편의 시설), 일상생활(가정생활, 학교생활), 대인 관계(친구, 동료 관계, 초대, 방문), 날씨, 교통수단 등

Personal information (name, phone number, family, nationality, hometown), housing and environment (location, accommodations, rooms, amenities), daily routine (family and school life), social relationships (friends, colleagues, invitations, visits), weather, transportation, and more.

 정확하게 말하기 Speaking precisely

답변 시간을 최대한 활용해서 정확도를 높여야 한다. 너무 급하게 말을 하다 보면 실수하거나 발음이 정확하지 않을 수 있다. 30초 안에 질문에 맞는 내용으로 정확하게 말할 수 있도록 반복해서 연습하는 것이 중요하다.

You must make the most of your response time in order to improve your accuracy. If you speak too quickly, you may make mistakes or your pronunciation may not be accurate. It is important to practice repeatedly so that you can precisely answer the question within 30 seconds.

| 답변 비법 Tips for answering |

01 나만의 답변을 미리 연습해 두자. Practice answers that only you can give.

예상되는 질문에 대한 답변을 미리 준비해서 암기해 두자. 정확하고 유창하게 답변할 수 있도록 충분히 연습하는 것이 중요하다. 첫 번째 문제를 잘 답해서 뒤의 문항도 긴장하지 않고 자신 있게 답할 수 있도록 하자.

Prepare and memorize answers for expected questions in advance. It is important to practice adequately so that you can answer accurately and fluently. Starting with a strong answer to the first question will allow you to confidently answer the following questions without being nervous.

02 어휘나 표현을 정확하게 사용하자. Use vocabulary words and expressions in a precise way.

초급에서 고급까지 모든 수험자가 대답할 수 있는 문항이다. 그러므로 실수해서 감점을 받지 않도록 기본적인 표현과 어휘를 정확하게 익혀 두어야 한다. 예상되는 문항이기 때문에 정확하게 말할 수 있도록 반복해서 연습해 두자.

Since this question may be answered by all test takers, from beginner to advanced, it is important to accurately master the basic expressions and vocabulary words to avoid making a mistake and being deducted points. As this is an expected question, practice repeatedly and consistently to speak and answer it accurately.

03 30초라는 시간을 완벽하게 사용하자. Make perfect use of the 30-second response time.

30초라는 짧은 시간을 완벽하게 사용할 수 있도록 대비해야 한다. 질문에 직접적으로 관련된 대답만 한다면 시간이 20초 이상 남을 것이다. 대답과 함께 그 대답의 이유나 부연 설명을 5~6문장으로 답할 수 있도록 연습하면서 속도와 정확성에 주의하자.

You must prepare so that you can effectively use the short response time of 30 seconds. If you only provide a direct answer to the question, you will have over 20 seconds remaining. Pay attention to your speed and accuracy while you practice, and aim to include the reason for your answer and elaboration in 5-6 sentences.

모범답안 Model answer

▶ 예시 문항의 답안을 확인해 봅시다.
Check the answer to the example question.

저는 제주도에 가고 싶어요. 제주도는 바다가 아주 예뻐요. 바다에서 수영도 하고 사진도 찍을 거예요.
그리고 제주도 시장을 구경하고 싶어요. 시장에서 맛있는 음식을 먹고 싶어요.

001

답안 듣기 Listen to the answer

▶ 음원을 들으면서 답안을 확인해 봅시다. 그리고 다섯 번 정도 말하기 연습을 해 봅시다.
Check the answer while listening to the recording, and try practicing saying it about 5 times.

저는 ∨ 제주도에 가고 싶어요. ∨ 제주도는 ∨ 바다가 아주 예뻐요. ∨ 바다에서 수영도 하고 ∨ 사진도
찍을 거예요. ∨ 그리고 ∨ 제주도 시장을 구경하고 싶어요. ∨ 시장에서 ∨ 맛있는 음식을 먹고 싶어요.

	체크 Check box	주의할 부분 Point of caution
1	☐ __/__	답안을 천천히 정확하게 발음하는 데 주의해서 연습해 봅시다. Practice speaking your answers slowly and with accurate pronunciation.
2	☐ __/__	끊어 읽는 곳에 주의해서 연습해 봅시다. Pay attention to areas where you pause while speaking.
3	☐ __/__	강조해서 읽어야 할 부분에 집중해서 연습해 봅시다. Focus on the parts that need to be emphasized while practicing.
4	☐ __/__	속도를 조금 빠르게 연습해 봅시다. Practice speaking at a slightly faster pace.
5	☐ __/__	실제 시험에서 답변하는 것처럼 정확하고 유창하게 말해 봅시다. Speak precisely and fluently as if you were answering in the actual exam.

그림 보고 역할 수행하기
Asking and answering in a familiar social situation

수준 : 초급 | 준비 시간 : 30초 | 답변 시간 : 40초 | 배점 : 9점

Step 01 문제 이해하기 Understanding the question

| 문제 형식 Question format |

I 지시문 Instructions (화면에 제시됨 Presented on the screen)

질문을 듣고 대답하십시오. 30초 동안 준비하십시오. '삐' 소리가 끝나면 40초 동안 말하십시오.

Look at the picture and answer the question. You have 30 seconds to prepare. After the beep, you have 40 seconds to say your answer.

Q 예시 문항 Example question (듣기로만 제시됨 Presented only through listening)

여자: 택시를 타고 왔습니다. 택시 기사에게 내리고 싶은 곳을 이야기하세요.

Woman: You have taken a taxi. Tell the taxi driver where you want to be dropped off.

남자: 손님, 여기가 한국대학교 정문인데요. 여기서 내려 드릴까요?

Man: Ma'am, this is the main gate of Hanguk University. Shall I drop you off here?

→ 초급 수준의 문제로, 그림을 보면서 간단한 질문을 듣고 주어진 상황과 역할에 맞는 대화를 수행할 수 있는지 평가한다.

As this is a beginner-level question, you will be presented with a simple question while looking at a picture and your ability to carry out a conversation that is appropriate to the given situation and role will be evaluated.

| 언어 기능 Language skills |

주어진 역할 수행하기, 질문에 답하기, 설명하기, 요청하기, 묘사하기
Performing a given role, answering a question, giving an explanation, making a request, describing

| 소재 Subjects |

일상생활에서 자주 접하는 상황 Situations that are often encountered in everyday life

- 교통수단(택시, 지하철, 버스) Transportation (taxi, subway, bus)
- 공공시설(은행, 병원, 마트, 백화점, 시장) Public facilities (bank, hospital, supermarket, department store, market)
- 주거와 환경(길 찾기, 부동산 등) Residence and environment (directions, real estate agency, etc.)
- 쇼핑(구입, 환불, 교환, 인터넷 쇼핑, 홈쇼핑) Shopping (purchasing, returning, exchanging, online shopping, home shopping)

[Step 02] 답변 전략 익히기 Mastering the answer strategy

| 학습 전략 Learning strategies |

 상황과 역할 파악하기 Figuring out the situation and the role

주어진 그림을 보면서 다음 핵심 정보를 신속하게 파악해야 한다. 문제를 먼저 파악해야 대답을 준비할 수 있다.

You need to quickly grasp the following key information as you look at the given picture, in order to identify the problem before you can prepare an answer.

> ✔ **파악해야 하는 내용** Things to identify
>
> - 미션(과제)이 무엇인지? What is the mission (task)?
> - 대화의 장소가 어디인지? Where is the conversation taking place?
> - 등장인물(나이, 직업)이 누구이며 나의 역할은 무엇인지?
>   Who are the characters (age, occupation) and what is my role?

과제 수행하기 Carrying out the task

질문을 잘 듣고 과제에 맞는 역할을 수행하면 된다. 초급에서 자주 출제되는 주제와 문제 상황에 맞는 표현을 적절하게 말할 수 있도록 연습하는 것이 중요하다.

Listen carefully to the question and play the appropriate role for the task. It is important to practice so that you can speak using expressions that are appropriate for the topics and problems that often appear at the beginner level.

> ✔ **자주 출제되는 상황 예시** Examples of frequently presented situation

- **교통수단을 이용하는 상황** Using modes of transportation:
  - 택시, 지하철, 버스 등을 이용할 때 기사님에게 원하는 곳까지 갈 수 있는지 <u>문의하기</u>
    <u>Asking</u> a driver if they can take you where you want to go while riding a taxi, the subway, or the bus
  - 가려는 곳 위치 <u>설명하기</u>
    <u>Explaining</u> the location of the place where you want to go
- **쇼핑 상황** Shopping:
  - 점원에게 원하는 상품 <u>묘사하기</u>
    <u>Describing</u> the product you want to buy to a sales clerk
  - 상품의 교환 <u>요청하기</u>
    <u>Requesting</u> to exchange an item
  - 친구에게 어울리는 상품 <u>추천하기</u>
    <u>Recommending</u> a product that would suit your friend well
  - 친구가 고른 물건에 대한 <u>의견 말하기</u>
    <u>Saying your opinion</u> about an item that your friend has chosen

 역할에 맞게 연기하기 Correctly playing the role

내가 맡은 역할의 말풍선에 있는 그림에 집중하여 답변을 미리 준비해야 한다. 대화 상황이므로 상대방에 따라 반말 또는 높임말을 선택해야 하고, 시제도 알맞게 정해야 한다. 40초 동안 답할 수 있으므로 35초에 맞춰서 답한다고 생각하고 연습하자.

You must prepare your answer in advance while focusing on the speech bubble of the role you will play in the picture. Since this is a conversational situation, you should choose casual or formal language depending on the other person, and you should also use the appropriate tense. You have 40 seconds to answer, so practice as if you only have 35 seconds to answer.

| 답변 비법 Tips for answering |

01 나의 역할과 화자의 의도를 파악하자. Understand my role and the speaker's intention.

문제를 듣기 전에 그림을 보면서 어떤 상황인지, 내가 맡은 역할이 무엇인지를 예상해야 한다. 말풍선에 있는 그림이 내가 말해야 할 내용이므로 상황에 맞는 어휘와 표현을 사용할 수 있도록 답변을 미리 연습해 두는 것이 좋다.

Before listening to the question, you have to anticipate the situation and the role you must play while looking at the picture. You will have to speak the part of the picture with a speech bubble, so it's a good idea to practice your answers in advance using vocabulary words and expressions that fit the situation.

02 상황에 맞는 어휘나 표현을 정확하게 사용하자.
Use appropriate vocabulary and expressions accurately according to the situation.

문제 상황에 알맞은 어휘나 표현을 빠르게 파악해서 사용하는 것이 핵심이다. 실제 상황처럼 상대방의 나이와 직업에 맞게 자연스러운 구어체를 사용해야 한다.

The key is to quickly grasp appropriate vocabulary and expressions for the given situation, and use a natural conversational style that matches the age and occupation of the other person, just like in real-life situations.

03 40초라는 시간을 완벽하게 사용하자. Make perfect use of the 40-second response time.

40초라는 짧은 시간을 완벽하게 사용할 수 있도록 대비해야 한다. 그림의 내용만 보고 그대로 말한다면 20초 이상의 시간이 남게 된다. 어떤 말로 대답을 시작할지, 어떤 순서로 어떻게 말할지 5~6문장으로 답할 수 있도록 연습해야 한다. 자연스러운 억양과 속도로 말하는 것도 중요하다.

You need to prepare to make the most of the 40 seconds you have. If you simply describe the content of the picture, you will have more than 20 seconds left. Practice answering by organizing your thoughts in 5-6 sentences, such as what to say and in what order. Pay attention to natural intonation, speed, and accuracy.

모범답안 Model answer

▶ 예시 문항의 답안을 확인해 봅시다.
Check the answer to the example question.

아니요, 기사님. 학교 안에 있는 기숙사까지 가 주세요. 정문으로 들어가면 사거리가 나오는데, 거기에서 왼쪽으로 가시면 돼요. 가다 보면 도서관이 나와요. 도서관을 지나서 조금 가면 오른쪽에 작은 길이 있어요. 그 길로 조금 가면 왼쪽에 기숙사가 있어요. 그 앞에서 내려 주세요.

002

답안 듣기 Listen to the answer

▶ 음원을 들으면서 답안을 확인해 봅시다. 그리고 다섯 번 정도 말하기 연습을 해 봅시다.
Check the answer while listening to the recording, and try practicing saying it about 5 times.

아니요, 기사님. ∨ 학교 안에 있는 ∨ 기숙사까지 ∨ 가 주세요. ∨ 정문으로 들어가면 ∨ 사거리가 나오는데, ∨ 거기에서 ∨ 왼쪽으로 가시면 돼요. ∨ 가다 보면 ∨ 도서관이 나와요. ∨ 도서관을 지나서 ∨ 조금 가면 ∨ 오른쪽에 작은 길이 있어요. ∨ 그 길로 조금 가면 ∨ 왼쪽에 ∨ 기숙사가 있어요. ∨ 그 앞에서 내려 주세요.

	체크 Check box	주의할 부분 Point of caution
1	☐ __/__	답안을 천천히 정확하게 발음하는 데 주의해서 연습해 봅시다. Practice speaking your answers slowly and with accurate pronunciation.
2	☐ __/__	끊어 읽는 곳에 주의해서 연습해 봅시다. Pay attention to areas where you pause while speaking.
3	☐ __/__	강조해서 읽어야 할 부분에 집중해서 연습해 봅시다. Focus on the parts that need to be emphasized while practicing.
4	☐ __/__	속도를 조금 빠르게 연습해 봅시다. Practice speaking at a slightly faster pace.
5	☐ __/__	실제 시험에서 답변하는 것처럼 정확하고 유창하게 말해 봅시다. Speak precisely and fluently as if you were answering in the actual exam.

그림 보고 이야기하기
Seeing a series of scenes and creating a story

수준 : 중급 | 준비 시간 : 40초 | 답변 시간 : 60초 | 배점: 9점

 문제 이해하기 Understanding the question

| **문제 형식** Question format |

I 지시문 Instructions (화면에 제시됨 Presented on the screen)

그림을 보고 순서대로 이야기하십시오. 40초 동안 준비하십시오. '삐' 소리가 끝나면 60초 동안 말하십시오.

Look at the pictures and tell the story in order. You have 40 seconds to prepare. After the beep, you have 60 seconds to say your answer.

Q 예시 문항 Example question (듣기로만 제시됨 Presented only through listening)

민수 씨가 춤 경연 대회에 참가했습니다. 민수 씨에게 무슨 일이 있었는지 이야기하세요.

Minsu took part in a dance competition. Tell the story of what happened to him.

➡️ 일상생활의 다양한 상황과 관련된 연속된 그림 4컷이 제시된다. 4컷의 그림을 보고 그림의 순서대로 사건과 상황을 이야기로 구성해 서술할 수 있는지 평가하는 중급 수준의 문제이다.

A series of 4 pictures relating to various situations in daily life are presented. This is an intermediate-level question that evaluates whether the test taker can look at the 4 pictures and describe what is happening in the pictures in order.

| 언어 기능 Language skills |

묘사하기, 설명하기, 시간 순서에 따른 이야기 (재)구성하기
Describing, explaining, (re)organizing a story in chronological order

| 소재 Subjects |

일상생활 속 상황 Situations in everyday life
● 학교 생활, 직장 생활, 문화생활 School life, work life, cultural life

Step 02 > 답변 전략 익히기 Mastering the answer strategy

| 학습 전략 Learning strategies |

 그림의 상황과 인물의 행동 파악하기

Identifying the situation and the character's actions in the pictures

일상생활에서 자주 접하는 화제들이 4개의 그림으로 출제된다. 그림에 제시된 상황과 인물의 행동을 빠르게 파악한 후, 묘사나 서술, (재)구성해서 말해야 하기 때문에 필요한 표현을 공부해야 한다. 이때 제시된 그림 4개를 모두 이야기해야 하며, 하나라도 빠뜨리면 안 된다.

Four pictures depicting topics frequently encountered in everyday life are presented. After quickly identifying the situations presented in the pictures and the actions of the characters, you must study the necessary expressions, as you will be required to describe, narrate, and (re)organize the story, while discussing all 4 pictures without omitting any of them.

 각 그림의 핵심 내용 메모하기 Jotting down notes about the key points of each picture

각각의 그림에서 핵심 내용을 간단히 메모하는 것이 좋다. 누가, 언제, 어디에서, 무엇을, 어떻게, 왜 하고 있는지를 문장으로 만들고, 이야기를 완성하는 방법으로 연습하자. 가능한 중급 수준의 어휘와 표현, 문법을 사용하면 더 좋은 점수를 받을 수 있다.

It's a good idea to jot down simple notes about the key points of each picture. Practice by making sentences about who, when, where, what, how, and why to complete the story. You will receive a better score if you use as many intermediate-level vocabulary words, expressions, and grammar as possible.

순서대로 말하기 Speaking in chronological order

4개의 그림을 하나씩 정해진 순서에 따라 사건, 인물의 행동, 감정 등을 설명해야 한다. 한 그림당 13~15초 정도 시간을 배분해서 4컷 전체의 답변 시간이 55~60초가 되도록 조절해야 한다. 시간 조절을 실패해서 마지막 그림을 짧게 이야기하거나 말하는 중에 급하게 끝내지 않도록 주의하자.

You must explain the events, characters' actions, emotions, etc. portrayed in each of the 4 pictures, in chronological order. It is recommended to allocate about 13-15 seconds per picture, so your total response time for all 4 pictures is between 55-60 seconds. Be careful not to cut your description of the final picture short or end the story abruptly due to a failure in time management.

| 답변 비법 Tips for answering |

01 핵심 내용을 두 문장으로 만들자. Make two sentences about the key points.

문제를 듣고 대화 상황과 주어진 과제를 파악한 뒤, 제시된 4개의 그림을 바탕으로 이야기를 구성해야 한다. 그림마다 핵심 내용을 찾아 각각 두 문장씩 만드는 것이 좋다. 기승전결이 있도록 이야기를 구성하자.

After listening to the question and identifying the conversation situation and the given task, you must compose a story based on the 4 presented pictures. It's a good idea to find the main idea in each picture and make two sentences about each one. Compose the story with an organized narrative arc.

02 연결 표현 및 접속어를 사용하자. Use linking expressions and conjunctives.

제시된 그림은 정해진 순서가 있기 때문에 순서에 맞게 이야기를 만들어야 한다. 이때 이야기가 일관된 흐름을 가질 수 있도록 적절한 연결 표현이나 접속어를 사용해야 한다.

The presented pictures have a fixed order, so you must create a story in the correct order. At this time, you should use linking expressions or conjunctives so that the story can have a consistent flow.

인과 관계 Cause and effect	시간 순서 Sequence of time		접속 부사 Conjunctive adverbs
● -아/어서	● -고	● -아/어서	● 그런데
● -는데	● -(으)ㄴ 후에	● -고 나서	● 하지만
● -어서 그런지	● -고서		● 그래서

03 시간을 적절하게 배분하자. Appropriately allocate your time.

그림 하나를 설명하는 데 13~15초 정도를 사용해서 전체 답변 시간이 60초가 될 수 있도록 조정하자. 한국어로 두 문장을 말할 때 몇 초가 걸리는지 말하기 속도를 확인하고 60초 동안 8문장 정도를 모두 말할 수 있도록 속도 연습도 해 두어야 한다.

Take about 13-15 seconds to describe each picture, so that your total response time is 60 seconds. Check your speaking speed to determine how many seconds it takes for you to say two sentences in Korean, and practice so that you can say all 8 sentences within 60 seconds.

모범 답안 Model answer

▶ 예시 문항의 답안을 확인해 봅시다.
Check the answer to the example question.

춤 경연 대회가 얼마 남지 않았어요. 민수 씨와 친구들은 땀을 흘리며 열심히 대회를 준비했어요. 드디어 대회 날이 되었어요. 무대에 올라가기 전에 민수 씨와 친구들은 다른 팀의 공연을 보면서 무척 긴장을 했어요. 하지만 무대에 올라가고 나서 민수 씨 팀은 하나도 떨지 않고 정말 멋지게 춤을 췄어요. 사람들도 소리를 지르며 즐거워했어요. 경연이 모두 끝난 후에 시상식을 했는데 민수 씨 팀이 1등을 했어요. 친구들은 정말 기뻐했고 민수 씨도 너무 좋아서 눈물이 났어요.

답안 듣기 Listen to the answer

003

▶ 음원을 들으면서 답안을 확인해 봅시다. 그리고 다섯 번 정도 말하기 연습을 해 봅시다.
Check the answer while listening to the recording, and try practicing saying it about 5 times.

춤 경연 대회가 ∨ 얼마 남지 않았어요. ∨ 민수 씨와 친구들은 ∨ 땀을 흘리며 ∨ 열심히 ∨ 대회를 준비했어요. ∨ 드디어 ∨ 대회 날이 되었어요. ∨ 무대에 올라가기 전에 ∨ 민수 씨와 친구들은 ∨ 다른 팀의 공연을 보면서 ∨ 무척 ∨ 긴장을 했어요. ∨ 하지만 무대에 올라가고 나서 ∨ 민수 씨 팀은 ∨ 하나도 떨지 않고 ∨ 정말 멋있게 춤을 췄어요. ∨ 사람들도 소리를 지르며 ∨ 즐거워했어요. ∨ 경연이 모두 끝난 후에 ∨ 시상식을 했는데 ∨ 민수 씨 팀이 1등을 했어요. ∨ 친구들은 정말 기뻐했고 ∨ 민수 씨도 ∨ 너무 좋아서 ∨ 눈물이 났어요.

	체크 Check box	주의할 부분 Point of caution
1	☐ __/__	답안을 천천히 정확하게 발음하는 데 주의해서 연습해 봅시다. Practice speaking your answers slowly and with accurate pronunciation.
2	☐ __/__	끊어 읽는 곳에 주의해서 연습해 봅시다. Pay attention to areas where you pause while speaking.
3	☐ __/__	강조해서 읽어야 할 부분에 집중해서 연습해 봅시다. Focus on the parts that need to be emphasized while practicing.
4	☐ __/__	속도를 조금 빠르게 연습해 봅시다. Practice speaking at a slightly faster pace.
5	☐ __/__	실제 시험에서 답변하는 것처럼 정확하고 유창하게 말해 봅시다. Speak precisely and fluently as if you were answering in the actual exam.

대화 완성하기
Listening to a dialogue and answering the question

수준 : 중급 | 준비 시간 : 40초 | 답변 시간 : 60초 | 배점 : 12점

 문제 이해하기 Understanding of question

| 문제 형식 Question format |

Ⅰ **지시문** Instructions (화면에 제시됨 Presented on the screen)

그림을 보고 질문에 대답하십시오. 40초 동안 준비하십시오. '삐' 소리가 끝나면 60초 동안 말하십시오.
Look at the picture and answer the question. You have 40 seconds to prepare. After the beep, you have 60 seconds to answer.

Q **예시 문항** Example question (듣기로만 제시됨 Presented only through listening)

두 사람이 인주숲에 놀이공원을 만드는 것에 대해 이야기하고 있습니다. 여자의 마지막 말을 듣고 남자가 할 말로 반대 의견을 말하십시오.
Two people are talking about creating an amusement park in Inju Forest. Listen to the woman's final words, and then voice an opposing opinion using what the man would say.

여자: 오다 보니까 숲에서 공사를 크게 하던데, 인주숲에 뭘 짓는 거예요?

남자: 놀이공원을 만든대요, 글쎄. 왜 숲에다가 그런 걸 짓는지 모르겠어요. 거기는 오래된 나무도 많고, 경치도 좋아서 사람들이 많이 찾는 곳인데….

여자: 전 인주숲에 놀이공원이 생기는 것도 좋은 것 같은데요. 인주시에는 여가 시설이 별로 없잖아요.

→ 사회적 상황에서 이루어지는 대화가 그림과 같이 제시된다. 대화를 듣고 남자 또는 여자가 되어 상대방의 말에 적절히 대응하여 대화를 완성할 수 있는지 평가하는 중급 수준의 문제이다.

A conversation in a social situation is depicted in the picture. This is an intermediate-level question that evaluates whether you can complete a conversation by listening to a dialogue and assume the role of a man or woman to give an appropriate response to what the other person says.

| 언어 기능 Language skills |

제안하기, 거절하기, 조언하기, 충고하기, 요청하기 등의 대화 기능
Suggesting, refusing, giving advice, counseling, making a request, etc.

| 소재 Subjects |

공식적 또는 비공식적인 사회적 상황 Formal or informal social situations

Step 02 > 답변 전략 익히기 Mastering the answer strategy

| 학습 전략 Learning strategies |

 대화 화제와 역할 파악하기 Identifying the conversation topic and roles

두 사람의 대화가 어떤 상황에서 이루어지는지 파악해야 한다. 문제에서 '○○에 대해 이야기를 합니다'라고 직접적으로 화제를 알려 주기 때문에 그 부분을 가장 잘 들어야 한다. 또 남자와 여자 중 내가 어떤 사람의 역할인지 파악한 뒤, 그 사람이 화제에 대해 어떤 입장인지도 파악해야 한다.

You must grasp the context of the conversation between the two people. The question will directly inform you of the topic by saying "Two people are talking about ○○," so you should listen carefully to that part. Additionally, after determining whether you must speak as the man or woman, you need to understand that person's position on the topic.

 대화 구조 연습하기 Practicing conversational structures

'A-B-A'의 대화 구조에서 B의 입장이 되어 대화를 완성해야 한다. 주어진 화제에 대해 A의 입장과 B의 입장을 파악한 후 B가 앞에서 말한 내용과 관계가 있도록 대화를 완성하는 것이 중요하다.

In the "A-B-A" conversation structure, you need to take on the role of "B" and complete the conversation. It is important to understand the positions of "A" and "B" regarding the given topic and complete the conversation in a way that is related to what "B" has said earlier.

A	B	A
화제에 대한 대화 시작 Starting the conversation about the subject	화제에 관한 문제나 의견을 제시 Presenting a problem or opinion regarding the subject	B의 말에 답하면서 B의 의견 질문 Replying to B while asking for B's opinion

논리적으로 완결성 있게 말하기 Speaking logically and concisely

A의 마지막 말을 듣고 적절하게 답해야 하며 동시에 앞에서 말한 B의 입장에 맞는 답을 해야 합니다. 예를 들어 A에게 제안이나 조언을 한다면 그 이유가 논리적이어야 합니다. 대화를 완결성 있게 이어갈 수 있도록 연습하는 것이 필요합니다.

You must listen to A's final words and give an appropriate answer that also fits B's position on the topic. For example, if you offer a suggestion or advice to A, you must have a logical reason. It is necessary to practice so that you can conclude the conversation appropriately.

답변 비법 Tips for answering

01 나만의 답변을 미리 연습해 두자. Practice answers that only you can give.

문제를 듣기 전에 그림을 보면서 어떤 상황인지, 내가 맡은 역할이 무엇인지를 예상해야 한다. 말풍선에 있는 그림이 내가 말해야 할 내용이므로 상황에 맞는 어휘와 표현을 사용할 수 있도록 답변을 미리 연습해 두는 것이 좋다.

Before listening to the question, you have to anticipate the situation and the role you must play while looking at the picture. You will have to speak the part of the picture with a speech bubble, so it's a good idea to practice your answers in advance so that you can use vocabulary words and expressions that suit the situation.

02 어휘와 표현을 정확하게 사용하자. Use vocabulary words and expressions in a precise way.

대화 상황이므로 상황에 맞는 시제와 높임 표현을 사용하는 것이 중요하다. 상대방의 나이와 직업에 맞게 호칭과 높임 표현을 사용해야 하고, 과거, 현재, 미래 상황에 맞는 시제를 사용해야 한다.

Since this is a conversational situation, it is important to use the appropriate tense and level of formality. You must use appropriate titles and honorific expressions based on the other person's age and occupation, and use the correct verb tense depending on whether the situation is in the past, present, or future.

03 60초라는 준비 시간을 완벽하게 사용하자. Make perfect use of the 60-second response time.

60초라는 짧은 준비 시간을 완벽하게 사용할 수 있도록 대비해야 한다. 그림을 단순하게 묘사하려고 하면 60초라는 시간 내에 제대로 답할 수 없으므로, 어떤 말로 대답을 시작할지, 어떤 순서로 어떻게 말할지 5~6문장으로 답할 수 있도록 연습해야 한다. 자연스러운 억양과 속도로 말하는 것도 중요하다.

You must prepare to make the most of the 60 seconds you have. If you simply describe the picture, you may not have enough time to answer properly. Therefore, it is important to practice 5-6 sentences and plan how to start your answer, the order in which you will say the sentences, and how to say them naturally and at a good pace.

모범답안　Model answer

▶ 예시 문항의 답안을 확인해 봅시다.

Check the answer to the example question.

물론 놀이공원 같은 여가 시설을 만드는 것도 필요하죠. 하지만 놀이공원을 꼭 인주숲에 만들어야 하는 것은 아니잖아요. 공사를 하면 숲이 많이 망가지는데 그렇게 하면서까지 숲속에 놀이공원을 짓는 것은 이해하기 어려워요. 나무가 자라서 그렇게 아름다운 숲이 되려면 얼마나 오래 걸리는데요. 그리고 인주숲은 시민들이 복잡한 도시의 삶에서 벗어나서 조용하게 휴식을 취할 수 있는 소중한 곳이잖아요. 저는 이런 곳이 파괴되는 것은 큰 문제라고 생각해요.

004

답안 듣기　Listen to the answer

▶ 음원을 들으면서 답안을 확인해 봅시다. 그리고 다섯 번 정도 말하기 연습을 해 봅시다.

Check the answer while listening to the recording, and try practicing saying it about 5 times.

물론 ∨ 놀이공원 같은 ∨ 여가 시설을 만드는 것도 ∨ 필요하죠. ∨ 하지만 ∨ 놀이공원을 꼭 ∨ 인주숲에 만들어야 하는 것은 아니잖아요. ∨ 공사를 하면 ∨ 숲이 많이 망가지는데 ∨ 그렇게 하면서까지 ∨ 숲속에 놀이공원을 짓는 것은 ∨ 이해하기 어려워요. ∨ 나무가 자라서 ∨ 그렇게 아름다운 숲이 되려면 ∨ 얼마나 오래 걸리는데요. ∨ 그리고 인주숲은 ∨ 시민들이 ∨ 복잡한 도시의 삶에서 벗어나서 ∨ 조용하게 휴식을 취할 수 있는 ∨ 소중한 곳이잖아요. ∨ 저는 ∨ 이런 곳이 파괴되는 것은 ∨ 큰 문제라고 생각해요.

	체크 Check box	주의할 부분 Point of caution
1	□ _/_	답안을 천천히 정확하게 발음하는 데 주의해서 연습해 봅시다. Practice speaking your answers slowly and with accurate pronunciation.
2	□ _/_	끊어 읽는 곳에 주의해서 연습해 봅시다. Pay attention to areas where you pause while speaking.
3	□ _/_	강조해서 읽어야 할 부분에 집중해서 연습해 봅시다. Focus on the parts that need to be emphasized while practicing.
4	□ _/_	속도를 조금 빠르게 연습해 봅시다. Practice speaking at a slightly faster pace.
5	□ _/_	실제 시험에서 답변하는 것처럼 정확하고 유창하게 말해 봅시다. Speak precisely and fluently as if you were answering in the actual exam.

자료 해석하기
Explaining the material and providing a critical analysis

수준 : 고급 | 준비 시간 : 70초 | 답변 시간 : 80초 | 배점: 15점

문제 이해하기 Understanding the question

| 문제 형식 Question format |

I 지시문 Instructions (화면에 제시됨 Presented on the screen)

자료를 설명하고 의견을 제시하십시오. 70초 동안 준비하십시오. '삐' 소리가 끝나면 80초 동안 말하십시오.

Please explain the data and give your opinion. You have 70 seconds to prepare. After the beep, you have 80 seconds to answer.

Q 예시 문항 Example question (듣기로만 제시됨 Presented only through listening)

뉴스를 듣고 자료에 제시된 사회 현상을 설명하십시오. 그리고 그 현상의 이유와 전망에 대해 말하십시오.

Listen to the news and describe the social phenomenon presented in the data. Also, talk about the cause and outlook for this phenomenon.

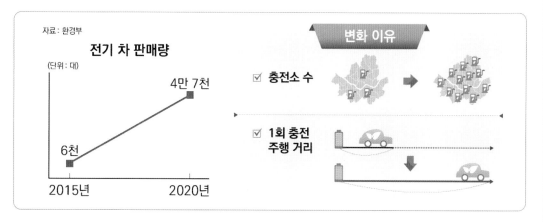

최근 환경에 대한 사람들의 인식이 높아지면서 전기 차에 대한 관심도 커지고 있습니다. 환경부 발표 자료를 통해 전기 차 판매량이 얼마나 변화했는지, 그리고 그 이유는 무엇인지 알아보았습니다.

Recently, as people's awareness of the environment increases, interest in electric vehicles is also growing. We looked into the changes in electric vehicle sales and the reasons behind them, based on data presented by the Ministry of Environment.

→ 사회적인 화제나 추상적인 화제와 관련된 시각 자료(도표, 그래프, 포스터, 신문 기사 헤드라인)가 제시된다. 문제의 지시문과 자료에 대한 개요를 들은 뒤, 제시된 자료를 정확히 해석하고 문제의 답을 논리적이고 비판적으로 말할 수 있는지 평가하는 고급 수준의 문제이다.

Visual materials, such as diagrams, graphs, posters, or newspaper headlines, related to a social or abstract topic are presented. This is an advanced-level question that evaluates whether you can accurately interpret the presented data and provide logical and critical responses to the question after listening to the instructions and summary of the data.

| 언어 기능 Language skills |

묘사하기, 진술하기, 비교하기, 장단점 말하기, 비판하기
Describing, making statements, making comparisons, talking about pros and cons, criticizing

| 소재 Subjects |

사회적인 화제, 추상적인 화제 Social topics, abstract topics

● 경제, 과학, 정치, 문화, 예술, 환경, 대중 매체
Economics, science, politics, culture, arts, the environment, mass media

[Step 02] 답변 전략 익히기 Mastering the answer strategy

| 학습 전략 Learning strategies |

 듣기 내용 파악하기 Grasping the listening content

5번부터는 고급 수준의 문항이 제시된다. 먼저 문제를 잘 듣고 무엇에 대해 말해야 하는지 이해해야 정답을 준비할 수 있다. 주로 매체의 내용을 듣고 시각 자료를 설명하는 문제가 출제되고, 이어서 시각 자료와 관련된 간단한 설명이 제시된다. 집중해서 듣기 내용을 파악하도록 하자.

The questions from #5 onwards are presented at an advanced level. First, you must listen carefully to the question and understand what you have to talk about so that you can prepare the correct answer. The questions mainly ask you to listen to some media content and explain some visual materials, followed by a brief explanation of the visuals. Focus on the listening content so that you can grasp it well.

시각 자료 해석하여 말하기 | Interpreting the visual materials

도표나 그래프와 같은 시각 자료를 해석할 때 주로 사용되는 표현이 있다. 주로 사용하는 어휘와 표현을 정리해서 연습하자. 토픽 쓰기 53번 내용을 말하기 문제로 연결해서 연습하는 방법도 효과적이다.

There are certain expressions that are mainly used when interpreting visual materials such as diagrams or graphs. Make a list of commonly used vocabulary words and expressions and practice using them. It's also effective to practice by connecting the content of TOPIK Writing #53 to a speaking task.

시각 자료의 출처를 밝힐 때 When citing the source of visual data	데이터의 변화를 설명할 때 When explaining a change in data
에 따르면, 에 의하면, 을/를 살펴보면	연도별, 비율, 수치 등의 변화

 논리적으로 자신의 의견 말하기 연습하기 | Practicing expressing your opinion logically

자료와 관련된 원인, 전망, 영향 등을 말하기 위해서는 평소에 다양한 배경지식을 쌓아야 한다. 토픽 쓰기 53번과 54번 문제를 말하기로 바꿔서 연습하는 것도 좋다. 격식체 종결체 '-습니다'를 사용해서 데이터값 (숫자)을 또박또박하게 말하고, 자료를 바탕으로 원인, 전망, 영향을 논리적으로 추론해서 설명하는 것이 중요하다.

In order to talk about causes, prospects, and impacts related to data, you must build up a variety of background knowledge on a daily basis. It is also good to practice TOPIK Writing #53 and #54 with speaking instead. It is important to clearly state data values (numbers) using the formal ending "-습니다," and to make logical inferences while explaining causes, prospects, and impacts based on the data.

| 답변 비법 Tips for answering |

01 사회적 · 추상적 화제의 시각 자료 설명하기를 연습하자.

Practice explaining visual data for social and abstract topics.

시각 자료의 모든 것을 언급해야 한다는 부담을 가질 필요는 없다. 중요한 것은 자료를 바탕으로 자신의 의견을 표현하는 것이다. 주어진 데이터가 시간 순서에 따라 어떻게 변화하는지 설명해야 하고, 데이터가 일정하게 유지되다가 어느 시점에서 달라지면 그 시기와 변화 모습을 따로 언급하는 것도 좋다. 주어진 자료의 핵심 내용을 설명하는 연습을 해 보자.

There is no need to feel pressured to mention every detail in the visual materials. The important thing is to express your own opinion based on the data. You need to describe how the given data changes over time, and if the data remains constant until a certain point and then changes, it is also good to mention that specific time point and the nature of the change. Practice explaining the key points of the presented data.

02 프레젠테이션에 자주 사용하는 어휘나 표현을 사용하자.

Use vocabulary words and expressions that are frequently used in presentations.

중고급 수준에서 출제되는 대표 문항이지만, 대답의 구조가 어느 정도 정해져 있어서 '시각 자료 해석 → 영향/원인 → 해결 방안/전망/영향'이라는 구조에 맞게 말하는 연습을 한다면 초급 학생들도 점수를 받을 수 있다. 프레젠테이션에 자주 사용하는 어휘와 표현(데이터 표현), 담화 표지를 정확하게 말할 수 있도록 반복해서 연습하는 것이 좋다.

Although this question is of an intermediate-advanced level, the answer structure is somewhat fixed, so even beginner-level students can receive points if they practice speaking according to the structure of "Analyzing visual data → Identifying impact/cause → Creating a plan for a solution/prospect/impact." It is a good idea to practice repeating frequently used vocabulary words, expressions (especially those related to data), and discourse markers in presentations, so that you can accurately use them in your responses.

03 자신의 의견을 일관되게 말하는 연습을 하자.

Practice consistently expressing your own opinion.

80초, 즉 1분 20초 동안 일관된 답변을 하는 것이 중요하다. 시각 자료의 내용을 바탕으로 상황을 추론한 후 자신의 의견을 일관성 있게 진술하는 연습을 하자. 이때 정확한 발음과 자연스러운 억양, 적절한 속도를 유지하면서 발화 내용이 명확히 전달될 수 있도록 해야 높은 점수를 받을 수 있다.

It is important to speak consistently for 80 seconds, or 1 minute and 20 seconds. Practice coherently stating your own opinion after deducing the situation based on the content of the visual materials. At this time, you must ensure that you can clearly convey the contents of your answer while maintaining accurate pronunciation, natural intonation, and an appropriate speed in order to receive a high score.

모범 답안 Model answers

▶ 예시 문항의 답안을 확인해 봅시다.

Check the answer to the example question.

환경부 발표에 따르면 전기 차 판매량은 2015년에 6천 대에서 2020년에는 4만 7천 대로 크게 증가하였습니다. 이렇게 전기 차 판매량이 급증한 이유는 첫째, 충전소가 많아졌기 때문입니다. 과거에는 전기 차를 충전할 수 있는 충전소가 별로 없어서 차 이용자들이 큰 불편을 겪었습니다. 그러나 최근에는 충전 시설이 늘면서 전기 차 이용이 훨씬 편리해졌습니다. 둘째, 1회 충전으로 갈 수 있는 주행 거리가 예전에 비해 늘었기 때문입니다. 이로 인해서 장거리를 이동할 때 여러 번 충전해야 하는 번거로움이 줄었습니다.

앞으로 전기 차를 구매하는 사람들은 꾸준히 증가할 것으로 보입니다. 왜냐하면 전기 차 사용 여건이 더욱 편리해지고 있고 전기 차는 매연이나 소음이 적어서 환경 보호에 도움을 줄 수 있기 때문입니다.

005

▶ 음원을 들으면서 답안을 확인해 봅시다. 그리고 다섯 번 정도 말하기 연습을 해 봅시다.
Check the answer while listening to the recording, and try practicing saying it about 5 times.

환경부 발표에 따르면 ∨ 전기 차 판매량은 ∨ 2015년에 6천대에서 ∨ 2020년에는 ∨ 4만 7천대로 ∨ 크게 증가하였습니다. ∨ 이렇게 ∨ 전기 차 판매량이 급증한 이유는 ∨ 첫째, ∨ 충전소가 많아졌기 때문입니다. ∨ 과거에는 ∨ 전기 차를 충전할 수 있는 충전소가 ∨ 별로 없어서 ∨ 차 이용자들이 ∨ 큰 불편을 겪었습니다. ∨ 그러나 ∨ 최근에는 ∨ 충전 시설이 늘면서 ∨ 전기 차 이용이 ∨ 훨씬 편리해졌습니다. ∨ 둘째, ∨ 1회 충전으로 갈 수 있는 주행 거리가 ∨ 예전에 비해 ∨ 늘었기 때문입니다. ∨ 이로 인해서 ∨ 장거리를 이동할 때 ∨ 여러 번 충전해야 하는 ∨ 번거로움이 줄었습니다. ∨ 앞으로 ∨ 전기 차를 구매하는 사람들은 ∨ 꾸준히 증가할 것으로 보입니다. ∨ 왜냐하면 ∨ 전기 차 사용 여건이 ∨ 더욱 편리해지고 있고 ∨ 전기 차는 ∨ 매연이나 소음이 적어서 ∨ 환경 보호에 도움을 줄 수 있기 때문입니다.

	체크 Check box	주의할 부분 Point of caution
1	☐ __/__	답안을 천천히 정확하게 발음하는 데 주의해서 연습해 봅시다. Practice speaking your answers slowly and with accurate pronunciation.
2	☐ __/__	끊어 읽는 곳에 주의해서 연습해 봅시다. Pay attention to areas where you pause while speaking.
3	☐ __/__	강조해서 읽어야 할 부분에 집중해서 연습해 봅시다. Focus on the parts that need to be emphasized while practicing.
4	☐ __/__	속도를 조금 빠르게 연습해 봅시다. Practice speaking at a slightly faster pace.
5	☐ __/__	실제 시험에서 답변하는 것처럼 정확하고 유창하게 말해 봅시다. Speak precisely and fluently as if you were answering in the actual exam.

Question 06

의견 제시하기
Expressing opinion on the given topic

수준 : 고급 | 준비 시간 : 70초 | 답변 시간 : 80초 | 배점: 15점

Step 01 문제 이해하기 Understanding the question

| 문제 형식 Question format |

I 지시문 Instructions (화면에 제시됨 Presented on the screen)

다음을 듣고 질문에 대답하십시오. 70초 동안 준비하십시오. '삐' 소리가 끝나면 80초 동안 말하십시오.

Explain the data and give your opinion. You have 70 seconds to prepare. After the beep, you have 80 seconds to answer.

Q 예시 문항 Example question (듣기로만 제시됨 Presented only through listening)

잘못에 대한 사과는 인간관계에서 발생한 갈등을 해결하는 중요한 실마리가 됩니다. 사과란 무엇입니까? 그리고 인간관계에서 사과는 왜 중요하고, 사과를 하는 올바른 태도는 무엇인지 자신의 생각을 말하십시오.

Apologizing for one's wrongdoing can be a crucial step in resolving conflicts in human relationships. Explain your opinion about what does an apology entail, and why is it important to apologize in human relationships, and what is the appropriate attitude one should have when apologizing.

→ 전문 분야나 추상적인 내용, 사회 문제 등에 대해 자신의 견해를 논리적으로 제시하거나 찬성 또는 반대 입장에서 자신의 견해를 제시하는 고급 수준의 문제이다.

This is an advanced-level question that asks you to logically present your own point of view on a specialized field or abstract topic, a social issue, etc., or to present your opinion in favor or opposition of the subject.

| 언어 기능 Language skills |

근거 제시하기, 동의하기, 문제 제기하기, 반대하기, 비평하기, 설득하기, 요약하기, 전망하기, 주장하기, 추측/가정하기

Presenting evidence, agreeing, raising an issue, opposing, criticizing, persuading, summarizing, predicting, asserting, guessing/assuming

| 소재 Subjects |

사회적인 문제 Social issues

● 정치, 경제, 환경, 대중 매체, 복지, 행정, 교육, 제도, 여론
   Politics, economics, the environment, mass media, welfare, administration, education, systems, public opinion

예술 Arts

● 문학, 음악, 미술, 디자인 Literature, music, fine arts, design

전문 분야 Specialized fields

● 과학, 심리학, 철학 Science, psychology, philosophy

Step 02 〉 답변 전략 익히기 Mastering the answer strategy

| 학습 전략 Learning strategies |

 문제에 사용된 표현을 활용해서 논리적으로 답하기
Using the expressions used in the question to answer logically

문제에는 답변을 위해 필요한 개념과 꼭 답해야 하는 내용이 무엇인지 자세히 나와 있기 때문에 이를 최대한 활용해서 답변하는 것이 중요하다.

The question will tell you what concepts you must include in your answer, so it is important to use them as much as you can for your response.

예시 문항의 지시문을 활용해 답변 구조 만들기

사과란 무엇입니까?	인간관계에서 사과는 왜 중요하고	사과를 하는 올바른 태도는 무엇인지 자신의 생각
사과의 개념 The concept of an apology	인간관계에서 사과가 중요한 이유 Why apologies are important in human relationships	사과를 하는 올바른 태도에 대한 자신의 생각 Your personal thoughts about the correct attitude to use when apologizing

읽기/쓰기 문제를 활용하여 연습하기 Practicing using reading/writing questions

고급 수준의 사회적 이슈나 추상적인 화제에 대해 자신의 견해를 제시하려면 다양한 화제의 배경지식, 어휘, 표현 등을 공부해야 한다. 이를 위해서 토픽Ⅱ 읽기 영역의 40번 이후 출제되는 글을 활용하는 것이 효과적이다. 내용을 충분히 익힌 후 말하기 연습을 해 보자. 쓰기 54번 문제를 말하기 형태로 바꿔서 연습하는 것도 좋다.

To express your personal views on advanced-level social issues or abstract topics, you must study the background information, vocabulary, and expressions of various subjects. In order to do this, it is effective to use passages that appear from #40 onwards in the TOPIK II reading section. Practice speaking after thoroughly learning the content. It is also good to practice TOPIK Writing #54 and then express your answer verbally.

 자연스러운 발음과 억양 연습하기 Practicing natural pronunciation and intonation

80초 동안 고급 어휘와 표현을 사용해 말하기 때문에 듣는 사람이 그 내용을 모두 이해할 수 있도록 자연스러운 발음과 억양을 사용하는 것이 중요하다. 지나치게 느리거나 빠른 속도로 말하거나 높낮이 없는 단조로운 억양으로 말하지 않도록 반복해서 말하기 연습을 하면 공부에 도움이 된다.

You will be speaking for 80 seconds using advanced vocabulary words and expressions, so it is important to use natural pronunciation and intonation so the listener can understand everything you say. It is helpful to practice repeatedly so you do not speak at an excessively slow or fast pace, or with a flat, monotonous tone.

| 답변 비법 Tips for answering |

01 나만의 답변 틀을 반드시 준비해 두자. Make sure to prepare your own answer framework.

자신의 관점이나 견해를 논리적으로 답해야 하는 문제이므로 나만의 답변 틀을 준비해 놓지 않으면 횡설수설하기 쉽다. 따라서 '나의 의견 – 이유 및 근거 – 마무리'의 큰 틀을 짜 놓고, 세부 내용을 간단하게 메모해서 최대한 막힘 없이 답변할 수 있도록 준비해야 한다.

This is a question that requires a logical answer based on your own perspective or point of view. If you do not prepare your own unique framework for answering, it is easy to ramble. Therefore, it is necessary to prepare by outlining a broad framework of "my opinion – reasons and evidence – conclusion" and jotting down some simple notes about the details so that you can answer as smoothly as possible.

Use appropriate vocabulary words and expressions for the advanced level.

답변 내용을 가능한 쉬운 내용으로 떠올린 후, 자신이 알고 있는 고급 수준의 어휘와 표현으로 바꾸어 답하는 것이 좋다. 만약 고급 수준의 어휘와 표현이 생각나지 않는다면 아는 어휘나 표현으로 답변하자. 답변을 할 때는 동일한 어휘나 표현을 반복하지 말고 다양한 어휘와 문법을 사용하는 것이 좋다.

It is a good idea to simplify the content of your answer and then enhance it using advanced-level vocabulary words and expressions that you are familiar with. If you can't think of any advanced-level words or expressions, answer using words and expressions that you know. When answering, it is best to use a variety of words and grammar points rather than repeating the same vocabulary words or expressions.

02 80초라는 시간에 얽매이지 말자. Don't dwell on the 80-second response time.

80초라는 답변 시간을 무조건 다 채워야 한다는 생각을 버리자. 시간을 꽉 채우는 것보다 정확도를 높이는 것이 훨씬 더 중요하다. 처음에 짜 둔 틀에 맞게 완결성 있게 말하는 것에 중점을 두고 반복해서 연습해 보자.

Get rid of the idea that you have to fill the entire 80-second response time no matter what. A high level of accuracy is much more important than making sure to fill up the whole time. Focus on providing a complete answer that fits the framework that you initially prepared, and practice over and over again.

모범 답안   Model answer

▶ 예시 문항의 답안을 확인해 봅시다.
Check the answer to the example question.

사과란 인간관계에서 어떠한 문제가 발생했을 때 잘못을 솔직하게 인정하고 그 잘못으로 인해 상처를 입거나 피해를 당한 사람에게 용서를 구하는 것을 의미합니다. 인간관계에서 제대로 사과를 하는 것이 중요한 이유는 잘못을 한 사람과 상처를 입은 사람 모두에게 관계를 회복할 수 있는 기회를 주기 때문입니다. 잘못을 한 사람은 자신이 한 실수를 바로잡고 상대방에게 용서를 받을 수 있는 기회를 얻을 수 있습니다. 그리고 상처를 입은 사람은 사과를 받음으로써 마음의 상처를 치유하고 위로를 받는 계기가 될 수 있습니다.

사과를 할 때 순간의 위기를 모면하기 위해 보여 주기 식의 성의 없는 사과를 하거나 자신의 잘못에 대한 변명으로 일관하는 것은 좋은 태도가 아닙니다. 자신이 무엇을 잘못했는지 명확히 밝히고 상대방이 인정할 수 있는 진실한 태도로 사과의 마음을 전달하는 것이 제대로 된 사과입니다. 인간관계의 회복은 이러한 진심 어린 사과에서 시작됩니다.

답안 듣기 Listen to the answer

▶ 음원을 들으면서 답안을 확인해 봅시다. 그리고 다섯 번 정도 말하기 연습을 해 봅시다.
Check the answer while listening to the recording, and try practicing saying it about 5 times.

사과란 ∨ 인간관계에서 어떠한 문제가 발생했을 때 ∨ 잘못을 솔직하게 인정하고 ∨ 그 잘못으로 인해 ∨ 상처를 입거나 ∨ 피해를 당한 사람에게 ∨ 용서를 구하는 것을 의미합니다. ∨ 인간관계에서 ∨ 제대로 사과를 하는 것이 중요한 이유는 ∨ 잘못을 한 사람과 ∨ 상처를 입은 사람 ∨ 모두에게 ∨ 관계를 회복할 수 있는 기회를 주기 때문입니다. ∨ 잘못을 한 사람은 ∨ 자신이 한 실수를 바로잡고 ∨ 상대방에게 ∨ 용서를 받을 수 있는 기회를 ∨ 얻을 수 있습니다. ∨ 그리고 ∨ 상처를 입은 사람은 ∨ 사과를 받음으로써 ∨ 마음의 상처를 치유하고 ∨ 위로를 받는 계기가 ∨ 될 수 있습니다. ∨ 사과를 할 때 ∨ 순간의 위기를 모면하기 위해 ∨ 보여 주기 식의 ∨ 성의 없는 사과를 하거나 ∨ 자신의 잘못에 대한 ∨ 변명으로 일관하는 것은 ∨ 좋은 태도가 아닙니다. ∨ 자신이 무엇을 잘못했는지 ∨ 명확히 밝히고 ∨ 상대방이 인정할 수 있는 ∨ 진실한 태도로 ∨ 사과의 마음을 전달하는 것이 ∨ 제대로 된 사과입니다. ∨ 인간관계의 회복은 ∨ 이러한 ∨ 진심 어린 사과에서 시작됩니다.

	체크 Check box	주의할 부분 Point of caution
1	☐ __/__	답안을 천천히 정확하게 발음하는 데 주의해서 연습해 봅시다. Practice speaking your answers slowly and with accurate pronunciation.
2	☐ __/__	끊어 읽는 곳에 주의해서 연습해 봅시다. Pay attention to areas where you pause while speaking.
3	☐ __/__	강조해서 읽어야 할 부분에 집중해서 연습해 봅시다. Focus on the parts that need to be emphasized while practicing.
4	☐ __/__	속도를 조금 빠르게 연습해 봅시다. Practice speaking at a slightly faster pace.
5	☐ __/__	실제 시험에서 답변하는 것처럼 정확하고 유창하게 말해 봅시다. Speak precisely and fluently as if you were answering in the actual exam.

Part 2

유형별 연습

Preparing by type

1~6번 문항 Question 1~6

Stage 1 답변 틀 짜기
Framing your answer

Stage 2 발화 TIP
Speaking tips

Stage 3 유용한 어휘
Useful vocabulary

⚡ **짧은 질문을 듣고 20초 동안 대답을 준비해야 한다.**
Listen to a short question and have 20 seconds to prepare your answer.

⚡ **질문이 요구하는 내용을 빠르게 파악해서 어떻게 답할지 준비해야 한다.**
You need to quickly figure out what the question is asking for and prepare how to answer it.

⚡ **30초를 모두 사용해서 정확하게 대답할 수 있도록 하는 것이 중요하다.**
It is important to use all 30 seconds to answer correctly.

문항 1-1 〉 개인 신상 | 자기소개 Personal information | Self-introduction

Q 이름이 뭐예요? 자기소개를 하세요.

| 답변 틀 짜기 | Framing your answer |

Step 1 **질문 파악하기** Grasping the question

이름이 무엇인지 말하기 그리고 국적, 나이, 직업 등 자기소개하기
Stating one's name and introducing one's nationality, age, occupation, etc.

Step 2 **답변 정리하기** Organizing your answer

시작하기 Beginning	전개하기 Expanding your answer	마무리하기 Conclusion
이름 말하기 Saying your name	국적, 사는 곳 또는 나이, 직업 말하기 Saying your nationality, where you live or Saying your age, occupation	소개 마무리 Wrap up your introduction

Step 3 **최종 답변 만들기** Creating your final answer

(시작하기)   저는 마크예요.

(전개하기)   저는 캐나다 사람이에요. 벤쿠버에서 왔어요. 3달 전에 한국에 왔어요. 22살이에요.
대학생이에요.

(마무리하기)   만나서 반가워요.

007

모범 답안1 Model answer 1

안녕하세요? ∨ 저는 마크예요. ∨ 저는 캐나다 사람이에요. ∨ 벤쿠버에서 왔어요. ∨ 3달 전에 ∨ 한국에 왔어요. ∨ 저는 22살이에요. ∨ 그리고 대학생이에요. ∨ 만나서 반가워요. ∨ 아직 한국에 ∨ 친구가 별로 없어요. ∨ 앞으로 잘 부탁드립니다.

▶ 초급 수준의 수험자일 경우, 답변을 어렵게 구성하기보다는 간단한 문장으로 답할 수 있도록 합시다.

If you are a beginner-level test taker, try to answer using simple sentences rather than constructing a difficult response.

모범 답안2 Model answer 2

안녕하세요? ∨ 저는 일본에서 온 ∨ 아키코라고 합니다. ∨ 올해 23살인 회사원이고, ∨ 호텔에서 근무하고 있어요. ∨ 한국에 온 지는 ∨ 2년 정도 됐고 ∨ 홍대 근처에서 살고 있어요. ∨ 일하느라 바빠서 ∨ 한국을 많이 여행하지 못했어요. ∨ 앞으로는 시간을 내서 ∨ 여행해 보려고 해요.

▶ 중고급 수준의 수험자의 경우, 만점에 도전한다면 내용을 좀 더 구체적으로 설명하는 것이 좋습니다. 단, 너무 길어져 답변 시간을 초과하지 않도록 주의해야 합니다.

For intermediate- and advanced-level test takers who aim for a perfect score, it is best to explain your answer in more detail. However, you must be careful not to make your answer too long and exceed the response time.

| 발화 TIP Speaking tips |

기본적인 문형을 사용해서 말해 봅시다.

Speak using basic sentence structures.

- 제 이름은 ___이름___ 예요/이에요.
- 저는 ___국가 이름___ 사람이에요.
- 저는 ___국가/도시___ 에서 왔어요.

- 저는 ( )살이에요.
- 저는 ___직업___ 예요/이에요.
- ___지역___ 에서 살고 있어요.

개인 신상 | 취미 Personal information | Hobbies

Q 취미가 뭐예요? 그 취미에 대해 이야기하세요.

| 답변 틀 짜기 Framing your answer |

Step 1 **질문 파악하기** Grasping the question

취미가 무엇인지 말하기, 그리고 그 취미에 대해 설명하기
Stating one's hobby and explaining one's hobby

Step 2 **답변 정리하기** Organizing your answer

시작하기 Beginning	전개하기 Expanding your answer	마무리하기 Conclusion
취미 말하기 Saying your hobby	언제 취미 활동을 하는지 또는 어떻게 취미 활동을 하는지 When do you pursue your hobby or how do you pursue your hobby	취미 활동의 좋은 점 또는 앞으로의 취미 활동 계획 Pros of pursuing your hobby or future plans for pursuing your hobby

---

Step 3 **최종 답변 만들기** Creating your final answer

(시작하기) 제 취미는 운동이에요.

(전개하기) 저는 매일 운동을 해요. 시간이 있을 때 체육관에 가요. 집에서도 운동을 자주 해요.
운동을 하면 기분이 좋아져요. 몸이 건강해지는 것도 느낄 수 있어요.

(마무리하기) 저는 이번 주말에 친구와 함께 달리기를 할 거예요.

모범 답안1 Model answer 1

제 취미는 운동이에요. ∨ 저는 시간 있을 때 ∨ 체육관에 가요. ∨ 집에서도 ∨ 운동을 자주 해요. ∨ 저는 운동을 하면 기분이 좋아져요. ∨ 몸이 건강해지는 것도 느낄 수 있어요. ∨ 저는 이번 주말에 ∨ 친구와 함께 ∨ 달리기를 할 거예요.

▶ 초급 수준의 수험자일 경우, 답변을 어렵게 구성하기보다는 간단한 문장으로 답할 수 있도록 합시다.

If you are a beginner-level test taker, try to answer using simple sentences rather than constructing a difficult response.

모범 답안2 Model answer 2

제 취미는 컴퓨터 게임이에요. ∨ 뭔가 일이 잘 안 풀릴 때, ∨ 스트레스가 쌓일 때 ∨ 컴퓨터 게임으로 풀곤 해요. ∨ 컴퓨터 게임은 ∨ 일주일에 한 번씩은 하는데 ∨ 혼자 하기도 하지만 ∨ 온라인 상으로 ∨ 친구들과 같이 하기도 해요. ∨ 여러 명이 같이 할 때 ∨ 더 즐겁고 기분이 좋아요.

▶ 중고급 수준의 수험자의 경우, 만점에 도전한다면 내용을 좀 더 구체적으로 설명하는 것이 좋습니다. 단, 너무 길어져 답변 시간을 초과하지 않도록 주의해야 합니다.

For intermediate- and advanced-level test takers who aim for a perfect score, it is best to explain your answer in more detail. However, you must be careful not to make your answer too long and exceed the response time.

| 발화 TIP Speaking tips **|**

기본적인 문형을 사용해서 말해 봅시다.
Speak using basic sentence structures.

- 제 취미는 _____예요/이에요.
- 저는 시간 있을 때 _____을/를 자주 _____.
- 저는 _____을/를 좋아해요.
- 저는 이번 주말에 _____을/를 할 거예요.
- _____은/는 일주일에 (   )번씩 해요.

개인 신상 | 고향 Personal information | Hometown

Q 고향의 날씨는 어때요? 날씨에 대해 이야기하세요.

| 답변 틀 짜기 | Framing your answer |

Step 1 질문 파악하기 Grasping the question

고향의 날씨 특징 말하기 그리고 계절에 대해 말하기
Describing the weather and seasons in your hometown

Step 2 답변 정리하기 Organizing your answer

시작하기 Beginning	전개하기 Expanding your answer	마무리하기 Conclusion
날씨 말하기 Talking about the weather	고향의 계절 또는 날씨의 특징 설명하기 Explaining the seasons in your hometown or explain the characteristics of the weather	고향의 날씨에 대한 느낌 말하기 Talking about how the weather feels in your hometown

---

Step 3 최종 답변 만들기 Creating your final answer

(시작하기) 제 고향은 서울이에요.

(전개하기) 서울은 봄, 여름, 가을, 겨울 4계절이 있어요. 봄은 바람이 불지만 따뜻해요. 여름은 아주 더워요. 그리고 자주 비가 와요. 가을은 날씨가 맑아요. 겨울은 춥고 눈이 내려요.

(마무리하기) 4계절이 있어서 고향이 아주 아름다워요.

모범 답안 1 Model answer 1

제 고향은 ∨ 서울이에요. ∨ 서울은 봄, 여름, 가을, 겨울 ∨ 4계절이 있어요. ∨ 봄은 ∨ 바람이 많이 불지만 따뜻해요. ∨ 여름은 ∨ 아주 더워요. ∨ 그리고 ∨ 자주 비가 와요. ∨ 가을은 ∨ 날씨가 맑아 요. ∨ 겨울은 ∨ 춥고 눈이 내려요.

▶ 초급 수준의 수험자일 경우, 답변을 어렵게 구성하기보다는 간단한 문장으로 답할 수 있도록 합시다.

If you are a beginner-level test taker, try to answer using simple sentences rather than constructing a difficult response.

모범 답안 2 Model answer 2

제 고향은 하와이입니다. ∨ 하와이에는 ∨ 여름과 겨울 ∨ 두 개의 계절이 있는데, ∨ 여름에도 ∨ 습 도가 낮아서 ∨ 바람이 불면 ∨ 쾌적한 편이에요. ∨ 겨울에는 ∨ 일교차가 큰 편이에요. ∨ 날씨가 맑 은 날이 많고 ∨ 흐리더라도 ∨ 짧게 비가 내리고 그치는 경우가 대부분이라 ∨ 여행하기 ∨ 아주 좋 은 곳이에요.

▶ 중고급 수준의 수험자의 경우, 만점에 도전한다면 내용을 좀 더 구체적으로 설명하는 것이 좋습니다. 단, 너무 길어져 답변 시간을 초과하지 않도록 주의해야 합니다.

For intermediate- and advanced-level test takers who aim for a perfect score, it is best to explain your answer in more detail. However, you must be careful not to make your answer too long and exceed the response time.

| 발화 TIP Speaking tips |

기본적인 문형을 사용해서 말해 봅시다.
Speak using basic sentence structures.

- 제 고향은 _____예요/이에요.
- _____, _____, _____ 계절이 있어요.
- _계절명_ 은/는 _____ -고 _____.
- _계절명_ 은/는 _____ -지만 _____ -기 아주 좋은 곳이에요.

Q 친한 친구가 있어요? 그 친구에 대해 이야기하세요.

답변 틀 짜기 Framing your answer

Step 1 질문 파악하기 Grasping the question

친구 소개하기 그리고 그 친구에 대해 말하기
Introducing your friend and talking about him/her

Step 2 답변 정리하기 Organizing your answer

시작하기 Beginning	전개하기 Expanding your answer	마무리하기 Conclusion
친한 친구의 수, 이름 말하기 Saying how many close friends you have and their name(s)	친구의 직업, 성격 또는 무엇을 좋아하고 싫어하는지 Your friend's occupation, personality or what your friend likes and dislikes	그 친구의 특이한 점 Your friend's unique traits

Step 3 최종 답변 만들기 Creating your final answer

(시작하기) 제 친구 이름은 다니엘이에요.

(전개하기) 다니엘은 선생님이에요. 요리를 잘해요. 그리고 그림을 잘 그려요.

(마무리하기) 다니엘은 시원한 커피를 좋아해요. 겨울에도 시원한 커피를 마셔요.

모범답안1 Model answer 1

제 친구 이름은 ∨ 다니엘이에요. ∨ 다니엘은 선생님이에요. ∨ 요리를 잘해요. ∨ 그래서 매일 ∨ 도시락을 만들어서 먹어요. ∨ 그리고 ∨ 그림을 잘 그려요. ∨ 다니엘은 ∨ 시원한 커피를 좋아해요. ∨ 겨울에도 ∨ 시원한 커피를 마셔요.

▶ 초급 수준의 수험자일 경우, 답변을 어렵게 구성하기보다는 간단한 문장으로 답할 수 있도록 합시다.
If you are a beginner-level test taker, try to answer using simple sentences rather than constructing a difficult response.

모범답안2 Model answer 2

저는 ∨ 친한 친구가 3명 있는데, ∨ 그중에서 ∨ 제시퍼라는 친구를 ∨ 소개할게요. ∨ 제시퍼는 ∨ 노래를 아주 잘하고 ∨ 활발해요. ∨ 그리고 사람들에게 항상 친절하고 ∨ 남을 도와주는 걸 ∨ 좋아하는 ∨ 착한 친구예요. ∨ 그래서 제시퍼는 ∨ 친구가 아주 많아서 ∨ 모임에 자주 가느라 ∨ 바빠요.

▶ 중고급 수준의 수험자의 경우, 만점에 도전한다면 내용을 좀 더 구체적으로 설명하는 것이 좋습니다. 단, 너무 길어져 답변 시간을 초과하지 않도록 주의해야 합니다.
For intermediate- and advanced-level test takers who aim for a perfect score, it is best to explain your answer in more detail. However, you must be careful not to make your answer too long and exceed the response time.

| 발화 TIP Speaking tips |

기본적인 문형을 사용해서 말해 봅시다.
Speak using basic sentence structures.

- 제 친구 이름은 _____ 예요/이에요.
- 저는 친한 친구가 (　　　)명 있어요.
- 친구는 ___직업___ 예요/이에요.
- _____ 은/는 _____ -ㄴ/는 친구예요.
- _____ 을/를 잘해요.
- _____ 은/는 _____ 을/를 좋아해요/싫어해요.

Q 좋아하는 연예인이 있어요? 그 연예인에 대해 이야기하세요.

| 답변 틀 짜기 | Framing your answer |

Step 1 질문 파악하기 Grasping the question

좋아하는 연예인이 누구인지 말하기, 그리고 그 사람에 대해 소개하기
Introducing your favorite celebrity and describing him/her

Step 2 답변 정리하기 Organizing your answer

시작하기 Beginning	전개하기 Expanding your answer	마무리하기 Conclusion
좋아하는 연예인 말하기 Saying your favorite celebrity	왜 좋아하는지 또는 그 연예인의 활동, 특징 Why you like this celebrity or this celebrity's activities, special traits	좋아하는 연예인에 대한 기대, 바람 말하기 Talking about your hopes and wishes regarding your favorite celebrity

Step 3 최종 답변 만들기 Creating your final answer

(시작하기) 저는 방탄소년단을 좋아해요.

(전개하기) 열심히 노력하는 모습이 멋지기 때문이에요. 방탄소년단은 인기가 아주 많아요. 이번에 발표한 새 노래는 계속 1위를 하고 있어요. 저는 방탄소년단의 앨범과 티셔츠를 가지고 있어요.

(마무리하기) 나중에 콘서트에 꼭 가고 싶어요.

모범답안1 Model answer 1

저는 ∨ 방탄소년단을 좋아해요. ∨ 열심히 노력하는 모습이 ∨ 멋지기 때문이에요. ∨ 방탄소년단은 ∨ 인기가 아주 많아요. ∨ 이번에 발표한 새 노래는 ∨ 계속 1위를 하고 있어요. ∨ 저는 ∨ 방탄소년단의 앨범과 ∨ 티셔츠를 가지고 있어요. ∨ 나중에 ∨ 콘서트에 ∨ 꼭 가고 싶어요.

▶ 초급 수준의 수험자일 경우, 답변을 어렵게 구성하기보다는 간단한 문장으로 답할 수 있도록 합시다.
If you are a beginner-level test taker, try to answer using simple sentences rather than constructing a difficult response.

모범답안2 Model answer 2

제가 좋아하는 연예인은 ∨ 키아누 리브스예요. ∨ 연기와 작품 활동도 멋지지만, ∨ 제가 ∨ 키아누 리브스를 좋아하는 이유는 ∨ 꾸준히 ∨ 선행을 실천하는 사람이기 때문이에요. ∨ 자신의 인기를 ∨ 다른 사람을 돕기 위해 사용하는 모습이 ∨ 정말 멋있어요. ∨ 언젠가 실제로 볼 수 있으면 좋겠어요.

▶ 중고급 수준의 수험자의 경우, 만점에 도전한다면 내용을 좀 더 구체적으로 설명하는 것이 좋습니다. 단, 너무 길어져 답변 시간을 초과하지 않도록 주의해야 합니다.
For intermediate- and advanced-level test takers who aim for a perfect score, it is best to explain your answer in more detail. However, you must be careful not to make your answer too long and exceed the response time.

| 발화 TIP Speaking tips |

기본적인 문형을 사용해서 말해 봅시다.
Speak using basic sentence structures.

- 저는 _____ 을/를 좋아해요.
- 제가 좋아하는 연예인은 _____ 예요/이에요.
- 제가 _____ 을/를 좋아하는 이유는 _____ -기 때문이에요.
- _____ 이/가 멋있어요/좋아요.
- 나중에 언젠가 _____ -(으)면 좋겠어요/-고 싶어요.

Q 어떤 옷을 좋아해요? 좋아하는 옷에 대해 이야기하세요.

| 답변 틀 짜기 | Framing your answer **|**

Step 1 **질문 파악하기** Grasping the question

좋아하는 옷이 무엇인지 말하기 그리고 왜 좋아하는지 말하기
Describing the type of clothes you like and explaining why you like them

Step 2 **답변 정리하기** Organizing your answer

시작하기 Beginning	전개하기 Expanding your answer	마무리하기 Conclusion
좋아하는 옷/스타일 말하기 Saying what kind of clothes/ style you like	왜 그 옷을 좋아하는지 또는 언제 그 옷을 입는지 Why you like those clothes or when do you wear those clothes	옷/디자인의 특징/기능 말하기 Talking about the characteristics/ function of the clothes/design

Step 3 **최종 답변 만들기** Creating your final answer

(시작하기) 제가 제일 좋아하는 옷은 청바지예요.

(전개하기) 저는 청바지처럼 편한 옷을 좋아해요. 청바지는 비싸지 않고 아무 옷과 잘 어울려서 좋아요.

(마무리하기) 그리고 더울 때도 추울 때도 입을 수 있어서 1년 내내 입을 수 있어요. 그래서 저는 청바지를 여러 벌 가지고 있어요.

017

모범답안 1 Model answer 1

제가 제일 좋아하는 옷은 ∨ 청바지예요. ∨ 저는 청바지처럼 ∨ 편한 옷을 좋아해요. ∨ 비싸지 않고 ∨ 아무 옷과도 잘 어울려서 ∨ 좋아요. ∨ 그리고 ∨ 더울 때도 ∨ 추울 때도 ∨ 입을 수 있어서 ∨ 1년 내내 입을 수 있어요. ∨ 그래서 저는 ∨ 청바지를 여러 개 ∨ 가지고 있어요.

▶ 초급 수준의 수험자일 경우, 답변을 어렵게 구성하기보다는 간단한 문장으로 답할 수 있도록 합시다.

If you are a beginner-level test taker, try to answer using simple sentences rather than constructing a difficult response.

018

모범답안 2 Model answer 2

제가 제일 좋아하는 옷은 ∨ 셔츠예요. ∨ 셔츠는 ∨ 공식적인 자리에서도 입을 수 있고 ∨ 편한 자리에서도 ∨ 입을 수 있어서 ∨ 활용도가 높아요. ∨ 게다가 ∨ 반팔 위에 ∨ 외투로도 입을 수 있어서 ∨ 셔츠 하나에 ∨ 다양한 기능이 있어서 좋아요. ∨ 저는 이렇게 ∨ 다양하게 활용할 수 있는 스타일의 옷을 ∨ 주로 사는 편이에요.

▶ 중고급 수준의 수험자의 경우, 만점에 도전한다면 내용을 좀 더 구체적으로 설명하는 것이 좋습니다. 단, 너무 길어져 답변 시간을 초과하지 않도록 주의해야 합니다.

For intermediate- and advanced-level test takers who aim for a perfect score, it is best to explain your answer in more detail. However, you must be careful not to make your answer too long and exceed the response time.

│ 발화 TIP Speaking tips │

기본적인 문형을 사용해서 말해 봅시다.
Speak using basic sentence structures.

- 제가 제일 좋아하는 옷/스타일은 _____ 예요/이에요.
- _____ 처럼 _____ -(으)ㄴ 옷을 좋아해요.
- _____ -아/어서 좋아요.
- _____ 입을 수 있어요.
- _____ 을/를 여러 개/많이 가지고 있어요.

Q 어디에 살아요? 살고 있는 곳에 대해 이야기하세요.

답변 틀 짜기 Framing your answer

Step 1 질문 파악하기 Grasping the question

어디에 사는지 소개하기
Introducing the place where you live

Step 2 답변 정리하기 Organizing your answer

시작하기 Beginning	전개하기 Expanding your answer	마무리하기 Conclusion
거주지 말하기 Saying where you live	거주지의 특징 또는 위치, 교통편 등 소개 Introducing characteristics of the place where you live or the location, means of transportation, etc.	거주지에 대한 느낌 How does your residence feel

Step 3 최종 답변 만들기 Creating your final answer

(시작하기) 저는 기숙사에 살고 있어요.

(전개하기) 지하철역에서 기숙사까지 걸어서 20분 정도 걸려요. 지하철역에서 조금 멀지만 안전해요.
제 방에는 책상하고 의자가 있어요. 책상 옆에는 침대가 있어요.

(마무리하기) 저는 방 청소를 자주 해요. 그래서 방이 아주 깨끗해요.

모범 답안 1 Model answer 1

저는 기숙사에 살고 있어요. ∨ 지하철역에서 기숙사까지 ∨ 걸어서 20분 정도 걸려요. ∨ 지하철역에서 조금 멀지만 ∨ 안전해요. ∨ 제 방에는 책상하고 ∨ 의자가 있어요. ∨ 책상 옆에는 ∨ 침대가 있어요. ∨ 저는 방 청소를 자주 해요. ∨ 그래서 ∨ 방이 아주 깨끗해요.

▶ 초급 수준의 수험자일 경우, 답변을 어렵게 구성하기보다는 간단한 문장으로 답할 수 있도록 합시다.

If you are a beginner-level test taker, try to answer using simple sentences rather than constructing a difficult response.

모범 답안 2 Model answer 2

저는 ∨ 전원주택에 살고 있어요. ∨ 회사까지 ∨ 버스로 ∨ 1시간 30분 정도 걸리지만, ∨ 집이 넓고 ∨ 주변의 공기가 깨끗한 편이에요. ∨ 2층짜리 집이고 ∨ 마당도 있어요. ∨ 마당에서 ∨ 강아지가 ∨ 마음껏 뛰어놀 수 있어요. ∨ 그래서 ∨ 강아지와 함께 살기에 ∨ 좋아요. ∨ 그리고 저도 ∨ 마당에서 운동을 자주 해요.

▶ 중고급 수준의 수험자의 경우, 만점에 도전한다면 내용을 좀 더 구체적으로 설명하는 것이 좋습니다. 단, 너무 길어져 답변 시간을 초과하지 않도록 주의해야 합니다.

For intermediate- and advanced-level test takers who aim for a perfect score, it is best to explain your answer in more detail. However, you must be careful not to make your answer too long and exceed the response time.

| 발화 **TIP** Speaking tips |

기본적인 문형을 사용해서 말해 봅시다.
Speak using basic sentence structures.

- 저는 _____에 살고 있어요.
- _____에서 _____까지 _____(으)로 ( )시간/분 정도 걸려요.
- _____에서 _____ -지만 _____.
- _____ -아/어서 _____에 좋아요.

개인 일과 Personal daily routine

Q 오늘 무엇을 해요? 하루 일과에 대해 이야기하세요.

| 답변 틀 짜기 | Framing your answer |

Step 1 **질문 파악하기** Grasping the question

오늘 무엇을 하는지 말하기 그리고 하루 일과 말하기
Describing what you are doing today and talking about what your typical daily routine looks like

Step 2 **답변 정리하기** Organizing your answer

시작하기 Beginning	전개하기 Expanding your answer	마무리하기 Conclusion
하루 일과의 시작 말하기 Saying the beginning of your daily routine	아침, 점심, 저녁 시간 순서로 말하기 Talking about them in chronological order, starting with the morning, then midday, and finally the evening	거주지에 대한 느낌 How does your residence feel

Step 3 **최종 답변 만들기** Creating your final answer

(시작하기) 저는 아침 8시에 일어나요.

(전개하기) 밥을 먹고 버스를 타고 회사에 가요. 회사에서 열심히 일을 해요. 저는 저녁 6시에 퇴근을 해요. 집에 돌아와서 먼저 샤워를 한 후에 저녁 식사를 해요. 그리고 운동을 해요.

(마무리하기) 밤 10시에 잠을 자요.

모범 답안 1 Model answer 1

저는 ∨ 아침 8시에 일어나요. ∨ 밥을 먹고 ∨ 버스를 타고 ∨ 회사에 가요. ∨ 회사에서 ∨ 열심히 일을 해요. ∨ 저는 ∨ 저녁 6시에 퇴근을 해요. ∨ 집에 돌아와서 ∨ 먼저 샤워를 한 후에 ∨ 저녁 식사를 해요. ∨ 그리고 ∨ 운동을 해요. ∨ 밤 11시에 ∨ 잠을 자요.

▶ 초급 수준의 수험자일 경우, 답변을 어렵게 구성하기보다는 간단한 문장으로 답할 수 있도록 합시다.
If you are a beginner-level test taker, try to answer using simple sentences rather than constructing a difficult response.

모범 답안 2 Model answer 2

저는 ∨ 매일 아침 6시에 일어나서 ∨ 가장 먼저 운동을 해요. ∨ 운동 후에 샤워하고 ∨ 아침을 먹으면 ∨ 8시가 되는데 ∨ 그때 학교에 가요. ∨ 수업이 끝나면 ∨ 친구들과 함께 놀다가 ∨ 저녁을 먹고 집에 돌아와요. ∨ 보통 ∨ 컴퓨터 게임을 하면서 ∨ 시간을 보내다가 ∨ 밤 10시쯤에 잠을 자요.

▶ 중고급 수준의 수험자의 경우, 만점에 도전한다면 내용을 좀 더 구체적으로 설명하는 것이 좋습니다. 단, 너무 길어져 답변 시간을 초과하지 않도록 주의해야 합니다.
For intermediate- and advanced-level test takers who aim for a perfect score, it is best to explain your answer in more detail. However, you must be careful not to make your answer too long and exceed the response time.

발화 TIP Speaking tips

기본적인 문형을 사용해서 말해 봅시다.
Speak using basic sentence structures.

- 아침 (　　　)시에 일어나요.
- 밤 (　　　)시에 잠을 자요.
- 저는 ＿＿＿＿＿-고 ＿＿＿＿＿-고 해요.
- 가장 먼저 ＿＿＿＿＿-고 ＿＿＿＿＿ 후에 ＿＿＿＿＿-아/어요.
- 보통 ＿＿＿＿＿을/를 하면서 시간을 보내요.

계획 Plans

Q 방학에 뭐 해요? 방학 계획에 대해 이야기하세요.

| 답변 틀 짜기 | Framing your answer **|**

Step 1 **질문 파악하기** Grasping the question

방학에 뭐 할 건지 방학 계획에 대해 말하기
Describing your plans for school vacation

Step 2 **답변 정리하기** Organizing your answer

시작하기 Beginning	**전개하기** Expanding your answer	**마무리하기** Conclusion
방학 계획 말하기	계획의 목적 말하기	계획의 부연 설명하기
Saying your plans for school vacation	Talking about the goals of your plans	Explaining more details about your plans

Step 3 **최종 답변 만들기** Creating your final answer

(시작하기) 저는 여름 방학 때 전주에 갈 거예요.

(전개하기) 서울이 아닌 곳을 구경하고 싶어요. 부모님과 함께 갈 거예요. 전주에서 3일 동안 여행할 계획이에요.

(마무리하기) 한옥 마을에서 한복을 입을 거예요. 공연도 볼 거예요. 전주비빔밥을 꼭 먹고 싶어요.

모범 답안 1 Model answer 1

저는 여름 방학 때 ∨ 전주에 갈 거예요. ∨ 서울이 아닌 곳을 ∨ 구경하고 싶어서요. ∨ 부모님과 함께 갈 거예요. ∨ 전주에서 ∨ 3일 동안 ∨ 여행할 계획이에요. ∨ 한옥 마을에서 ∨ 한복을 입을 거예요. ∨ 공연도 볼 거예요. ∨ 전주비빔밥을 ∨ 꼭 먹고 싶어요.

▶ 초급 수준의 수험자일 경우, 답변을 어렵게 구성하기보다는 간단한 문장으로 답할 수 있도록 합시다.

If you are a beginner-level test taker, try to answer using simple sentences rather than constructing a difficult response.

모범 답안 2 Model answer 2

저는 이번 방학 때 ∨ 부모님이 살고 계시는 곳을 ∨ 방문할 거예요. ∨ 부모님을 뵌 지 ∨ 오래되었는데 ∨ 방학 때 ∨ 같이 시간을 보내고 싶어서요. ∨ 부모님이 좋아하시는 식당에서 ∨ 같이 식사하고 ∨ 쇼핑도 함께 할 거예요. ∨ 부모님 선물을 미리 샀는데 ∨ 좋아하시면 좋겠어요. ∨ 빨리 방학이 됐으면 좋겠어요.

▶ 중고급 수준의 수험자의 경우, 만점에 도전한다면 내용을 좀 더 구체적으로 설명하는 것이 좋습니다. 단, 너무 길어져 답변 시간을 초과하지 않도록 주의해야 합니다.

For intermediate- and advanced-level test takers who aim for a perfect score, it is best to explain your answer in more detail. However, you must be careful not to make your answer too long and exceed the response time.

| 발화 TIP Speaking tips |

기본적인 문형을 사용해서 말해 봅시다.

Speak using basic sentence structures.

- 저는 방학 때 _____에 갈 거예요.
- _____-고 싶어서요.
- _____-(으)ㄹ 계획이에요.
- _____에서 _____하고 _____-(으)ㄹ 거예요.
- _____-(으)면 좋겠어요.

경험 Experience

Q 지난 주말에 무엇을 했어요? 지난 주말에 대해 이야기하세요.

┃ 답변 틀 짜기 Framing your answer ┃

Step 1 **질문 파악하기** Grasping the question

지난 주말에 무엇을 했는지 지난 주말에 대해 말하기
Describing what you did last weekend

Step 2 **답변 정리하기** Organizing your answer

시작하기 Beginning	**전개하기** Expanding your answer	**마무리하기** Conclusion
지난 주말에 있었던 일 말하기 Saying what happened last weekend	그 일에 대한 경험 Talking about your experience at that event	그 일에 대한 느낌 How did the event feel

Step 3 **최종 답변 만들기** Creating your final answer

(시작하기) 지난 주말에 친구 생일이었어요.

(전개하기) 백화점에 갔어요. 거기에서 선물하고 케이크를 샀어요. 친구 집에서 케이크를 먹고 노래도
불렀어요. 친구가 선물을 받고 매우 기뻐해서 기분이 좋았어요. 밤에 늦게 집에 왔어요.

(마무리하기) 조금 피곤했지만 즐거웠어요.

모범 답안 1 Model answer 1

지난 주말에 ∨ 친구 생일이었어요. ∨ 백화점에 갔어요. ∨ 거기에서 ∨ 선물하고 ∨ 케이크를 샀어요. ∨ 친구 집에서 ∨ 케이크를 먹고 ∨ 노래도 불렀어요. ∨ 친구가 ∨ 선물을 받고 ∨ 매우 기뻐해서 ∨ 기분이 좋았어요. ∨ 밤에 ∨ 늦게 집에 왔어요. ∨ 조금 피곤했지만 즐거웠어요.

▶ 초급 수준의 수험자일 경우, 답변을 어렵게 구성하기보다는 간단한 문장으로 답할 수 있도록 합시다.

If you are a beginner-level test taker, try to answer using simple sentences rather than constructing a difficult response.

모범 답안 2 Model answer 2

지난 주말에 ∨ 좋아하는 영화가 개봉하는 날이라서 ∨ 영화관에 갔어요. ∨ 영화관에서 ∨ 포스터도 받고, ∨ 사진도 찍으면서 ∨ 기다렸어요. ∨ 2시간짜리 영화였지만 ∨ 시간 가는 줄 모를 정도로 ∨ 재미있었어요. ∨ 영화를 다 본 후에 ∨ 기념으로 ∨ 포토 카드도 ∨ 인쇄했어요.

▶ 중고급 수준의 수험자의 경우, 만점에 도전한다면 내용을 좀 더 구체적으로 설명하는 것이 좋습니다. 단, 너무 길어져 답변 시간을 초과하지 않도록 주의해야 합니다.

For intermediate- and advanced-level test takers who aim for a perfect score, it is best to explain your answer in more detail. However, you must be careful not to make your answer too long and exceed the response time.

▍발화 TIP Speaking tips ▍

기본적인 문형을 사용해서 말해 봅시다.
Speak using basic sentence structures.

- 지난 주말에 _____ -았/었어요.
- _____ 에서 _____ -고 _____ -았/었어요.
- _____ -지만 _____ .

1-1 자기소개 Self-introduction

- ☐ 이름 name
- ☐ 국적 nationality
- ☐ 직업 occupation
- ☐ 나이 age
- ☐ 살 years
- ☐ 학생 student
- ☐ 선생님, 교사 teacher
- ☐ 회사원 company employee

- ☐ 주부 homemaker
- ☐ 에 살다 to live in
- ☐ 에 다니다 to attend, to work for
- ☐ 에서 오다 to come from
- ☐ 그리고 and, also
- ☐ 만나서 반갑습니다
  It's a pleasure to meet you

1-2 취미 Hobbies

- ☐ (게임/독서/등산)을/를 하다 to do (video games/reading/hiking)
- ☐ (낚시/노래)을/를 하다 to do (fishing/singing)
- ☐ (농구/축구)을/를 하다 to play (basketball/soccer)
- ☐ (볼링/배드민턴/기타/피아노)을/를 치다 to play (bowling/badminton/the guitar/the piano)
- ☐ (영화/공연/전시회)를 보다 to see (a movie/performance/exhibition)
- ☐ 그림을 그리다 to draw
- ☐ 바이올린을 켜다 to play violin
- ☐ 사진을 찍다 to take a picture
- ☐ 음악을 듣다 to listen to music
- ☐ 등산을 가다 to go hiking
- ☐ 춤을 추다 to dance
- ☐ 바둑을 두다 to play baduk (go)

1-3 ▶ 고향 Hometown

- ☐ 봄 spring
- ☐ 여름 summer
- ☐ 가을 autumn
- ☐ 겨울 winter
- ☐ 구름 cloud
- ☐ 바람이 불다 the wind blows
- ☐ (비/눈)이/가 오다/내리다 (rain/snow) falls
- ☐ 덥다 to be hot ↔ 춥다 to be cold

- ☐ 따뜻하다 to be warm
- ☐ 시원하다 to be cool
- ☐ 맑다 to be clear
- ☐ 흐리다 to be cloudy
- ☐ 아름답다 to be beautiful
- ☐ 자주 often
- ☐ 아주 very

1-4 ▶ 친구 Friends

- ☐ (요리/노래/공부)를 잘하다
  to (cook/sing/study) well
- ☐ 그림을 그리다 to draw
- ☐ 노래를 부르다 to sing a song
- ☐ (커피/과자)을/를 좋아하다/싫어하다
  to like/to hate (coffee/snacks)
- ☐ (커피/우유/물)을/를 마시다 to drink
  (coffee/milk/water)
- ☐ 성격 personality
- ☐ MBTI MBTI (Myers-Briggs Type
  Indicator) personality type

- ☐ 착하다 to be kind
- ☐ 부지런하다 to be diligent
- ☐ 도와주다 to help
- ☐ 똑똑하다 to be smart
- ☐ 친절하다 to be friendly
- ☐ 잘 well
- ☐ (숫자)명 (number of) people
- ☐ 사귀다 to date, to get along

1-5 ▶ 사람 People

- ☐ 가수 singer
- ☐ 배우 actor
- ☐ 운동선수 athlete
- ☐ 앨범 album
- ☐ 노래 song
- ☐ 영화 movie
- ☐ 드라마 TV show
- ☐ 콘서트 concert

- ☐ 멋지다 to be cool, great
- ☐ 인기가 많다 to be popular
- ☐ 발표하다 to present
- ☐ 노력하다 to make an effort
- ☐ 1위를 하다 to win 1st place
- ☐ 나중에 later
- ☐ 열심히 diligently, enthusiastically

1-6 ▶ 사물 Objects

- ☐ (청/반)바지 pants (jeans/shorts)
- ☐ 치마 skirt
- ☐ 티셔츠 T-shirt
- ☐ 원피스 dress
- ☐ 신발 shoes
- ☐ 아무 any
- ☐ 기능 function

- ☐ 입다 to wear
- ☐ 편하다 to be comfortable
  ↔ 불편하다 to be uncomfortable
- ☐ 비싸다 to be cheap
  ↔ 싸다 to be expensive
- ☐ 어울리다 to suit (someone) well
- ☐ 내내 throughout

1-7 장소 Places

- ☐ **기숙사** dormitory
- ☐ **오피스텔** officetel
- ☐ **역** train station
- ☐ **방** room
- ☐ **걸어서** by foot
- ☐ **지하철** subway
- ☐ **버스** bus
- ☐ **자전거** bicycle

- ☐ **걸리다** to take (time)
- ☐ **멀다** to be far
- ☐ **안전하다** to be safe
- ☐ **청소하다** to clean
- ☐ **깨끗하다** to be clean
- ☐ **자주** often
- ☐ **그래서** so, therefore

1-8 개인 일과 Personal daily routine

- ☐ **아침** breakfast
- ☐ **점심** lunch
- ☐ **저녁** dinner
- ☐ **오전** morning
- ☐ **오후** afternoon
- ☐ **일어나다** to get up
- ☐ **잠을 자다** to go to sleep

- ☐ **먹다, 식사하다** to eat
- ☐ **일하다** to work
- ☐ **퇴근하다** to leave work
- ☐ **출근하다** to go to work
- ☐ **샤워하다, 씻다** to shower, to wash up
- ☐ **타다** to ride
- ☐ **일찍** early

1-9 계획 Plans

- ☐ (여름/겨울) 방학
  (summer/winter) school vacation
- ☐ 휴가 vacation
- ☐ 곳 place
- ☐ 부모님 parents
- ☐ 한복 hanbok
- ☐ 비빔밥 bibimbap
- ☐ 불고기 bulgogi
- ☐ 아니다 to not be

- ☐ 공연(을) 보다 to see a performance
- ☐ 구경하다
  to look around, to go sightseeing
- ☐ 여행하다 to travel
- ☐ 계획하다 to plan
- ☐ 와/과 함께 together with (someone)
- ☐ 동안 during
- ☐ 꼭 undoubtedly

1-10 경험 Experience

- ☐ 지난 past
- ☐ 작년 last year
- ☐ 어제 yesterday
- ☐ 생일 birthday
- ☐ 소풍 day trip, outing
- ☐ 백화점 department store
- ☐ 케이크 cake

- ☐ 선물(을) 사다 to buy a gift
- ☐ 축하하다 to congratulate
- ☐ 사진을 찍다 to take a picture
- ☐ 영화를 보다 to see a movie
- ☐ 피곤하다 to be tired
- ☐ 즐겁다 to enjoy
- ☐ 재미있다 to be fun

✎ 그림과 함께 제시되는 질문을 듣고 30초 동안 대답을 준비해야 한다.
You must look at the picture and listen to the question, then prepare your answer in 30 seconds.

✎ 생각 풍선 속의 그림을 설명해야 하므로 맥락을 파악해서 어떻게 답할지 준비해야 한다.
You will have to explain the part of the picture that is inside the thought bubble, so you must grasp the context and prepare how to respond.

✎ 40초에 맞춰 긴장하지 않고 자연스럽게 답할 수 있도록 연습하자.
Practice so that you can respond naturally without being nervous and meet the 40-second time limit.

2-1 교통수단 | 택시 Modes of transportation | Taxi

Q 택시를 타고 있습니다. 택시 기사님에게 내리고 싶은 곳을 이야기하세요.

남자: 손님, 한국대학교 지하철역에서 내려 드릴까요?

Step 1 상황과 역할 파악하기 Grasping the situation and role

택시를 타고 있습니다. 택시 기사님에게
    └ 상황   └ 상대방
      Situation   The other person

내리고 싶은 곳을 이야기하세요.
            └ 과제
            Task

남자: 손님, 한국대학교 지하철역에서 내려 드릴까요?
      └ 나의 역할: 여자 → 손님
      My role: Woman → Customer

Step 2 준비하기 Preparing

파악할 항목 Things to grasp	결정하기 Deciding
종결형 Conjugation	-아/어요
시제 Verb tense	현재 시제 Present tense
수행 기능 Performance function	설명하기, 요청하기 Explaning, making a request
상황에 맞는 표현 Expression that suits the situation	-아/어 주세요

Step 3 답변 만들기 Creating your answer

(시작하기) 질문에 대한 답으로 시작하세요. Start with an answer to the question.

- 아니요, 계속 가 주세요.

(대화하기) 설명 & 요청 Explanation and request

- 그러면 오른쪽에 학교가 있어요. 학교 안으로 들어가 주세요. 가다가 사거리가 나오면 왼쪽으로 가 주세요. 가다 보면 오른쪽에 작은 길이 있어요. 그 길로 조금 가면 왼쪽에 도서관이 있어요. 그 앞에 세워 주세요.

모범 답안 1 Model answer 1

여자: 아니요. ∨ 계속 가 주세요. ∨ 그러면 ∨ 오른쪽에 학교가 있어요. ∨ 학교 안으로 들어가 주세요. ∨ 가다가 사거리가 나오면 ∨ 왼쪽으로 가 주세요. ∨ 가다 보면 ∨ 오른쪽에 ∨ 작은 길이 있어요. ∨ 그 길로 조금 가면 ∨ 왼쪽에 ∨ 도서관이 있어요. ∨ 그 앞에 세워 주세요.

▶ 초급 수준의 수험자일 경우, 답변을 어렵게 구성하기보다는 간단한 문장으로 답할 수 있도록 합시다.

If you are a beginner-level test taker, try to answer using simple sentences rather than constructing a difficult response.

모범 답안 2 Model answer 2

여자: 아니요, 기사님. ∨ 이대로 쭉 가다가 ∨ 오른쪽에 보면 ∨ 학교가 있어요. ∨ 학교 안으로 ∨ 들어가 주세요. ∨ 학교 정문에서 ∨ 앞으로 가다 보면 ∨ 사거리가 나오는데 ∨ 거기에서 왼쪽으로 가시면 돼요. ∨ 가다 보면 ∨ 오른쪽에 ∨ 작은 길이 있어요. ∨ 그 길로 조금 가면 ∨ 왼쪽에 도서관이 있는데 ∨ 그 앞에 세워 주세요.

▶ 중고급 수준의 수험자의 경우, 만점에 도전한다면 내용을 좀 더 구체적으로 설명하는 것이 좋습니다. 단, 너무 길어져 답변 시간을 초과하지 않도록 주의해야 합니다.

For intermediate- and advanced-level test takers who aim for a perfect score, it is best to explain your answer in more detail. However, you must be careful not to make your answer too long and exceed the response time.

| 발화 TIP Speaking tips |

기본적인 문형을 사용해서 말해 봅시다.
Speak using basic sentence structures.

- 기사님, _____(으)로 _____ -아/어 주세요.
- _____에서 _____(으)로 가시면 돼요.
- 가다 보면 오른쪽/왼쪽에 _____이/가 있어요.
- _____에 세워 주세요.

교통수단 | 지하철 Modes of transportation | Subway

Q 지하철을 타고 있습니다. 승객에게 지하철 노선을 이야기하세요.

남자: 실례합니다. 서울역에 어떻게 가나요?

| 답변 틀 짜기 Framing your answer |

Step 1 **상황과 역할 파악하기** Grasping the situation and role

지하철을 타고 있습니다. 승객에게 노선을 이야기하세요.
- 상황 Situation
- 상대방 The other person
- 과제 Task

남자: 실례합니다. 서울역에 어떻게 가나요?
- 나의 역할: 여자 → 안내자
  My role: Woman → Guide

Step 2 **준비하기** Preparing

파악할 항목 Things to grasp	결정하기 Deciding
종결형 Conjugation	-아/어요
시제 Verb tense	현재 시제 Present tense
수행 기능 Performance function	설명하기 Explain
상황에 맞는 표현 Expression that suits the situation	O호선을 타고 N까지 가세요 Take Line O to N

Step 3 **답변 만들기** Creating your answer

(시작하기) **질문에 대한 답으로 시작하세요.** Start with an answer to the question.

   – 여기가 신촌이니까

(대화하기) **설명** Explanation

   – 계속 2호선을 타고 시청역까지 가세요. 시청역에 내려서 1호선으로 갈아타야 해요.
   시청역에서 1호선을 타고 서울역까지 가면 돼요.

029

모범답안1 Model answer 1

여자: 여기가 신촌이니까 ∨ 계속 ∨ 2호선을 타고 ∨ 시청역까지 가세요. ∨ 시청역에 내려서 ∨
1호선으로 갈아타야 해요. ∨ 시청역에서 1호선을 타고 ∨ 서울역까지 가면 돼요. ∨ 반대로
가는 지하철을 타지 않게 ∨ 조심하세요. ∨ 서울역 지하철역에 내려서 ∨ 계단을 올라가면 ∨
바로 ∨ 기차역이 나와요.

▶ 초급 수준의 수험자일 경우, 답변을 어렵게 구성하기보다는 간단한 문장으로 답할 수 있도록 합시다.
If you are a beginner-level test taker, try to answer using simple sentences rather than constructing
a difficult response.

030

모범답안2 Model answer 2

여자: 여기가 신촌이니까 ∨ 계속 2호선을 타고 가서 ∨ 시청역까지 가세요. ∨ 시청역에 내려서 ∨
1호선으로 환승하세요. ∨ 환승할 때 ∨ 서울역 방향으로 가는 ∨ 지하철이 맞는지 ∨ 잘 보고
타야 해요. ∨ 1호선으로 갈아타고 ∨ 서울역 지하철역에 내려서 ∨ 계단을 올라가면 ∨ 바로
기차역이 나와요. 한 10분 정도면 도착할 거예요.

▶ 중고급 수준의 수험자의 경우, 만점에 도전한다면 내용을 좀 더 구체적으로 설명하는 것이 좋습니다.
단, 너무 길어져 답변 시간을 초과하지 않도록 주의해야 합니다.
For intermediate- and advanced-level test takers who aim for a perfect score, it is best to explain
your answer in more detail. However, you must be careful not to make your answer too long and
exceed the response time.

| 발화 **TIP** Speaking tips |

기본적인 문형을 사용해서 말해 봅시다.
Speak using basic sentence structures.

- ○호선을 타고_____까지 가세요.
- _____에서 내려서 ○호선으로 갈아타세요.
- _____에서 _____까지 가면 돼요.
- _____에 _____-(으)면 _____이/가 나와요.

2-3 교통수단 | 버스 Modes of transportation | Bus

Q 버스 정류장에 있습니다. 버스 노선을 물어보는 사람에게 이야기하세요.

남자: 강남역에 가려고 하는데요. 여기서 버스 타면 되나요?

Step 1 상황과 역할 파악하기 Grasping the situation and role

버스 정류장에 있습니다. 버스 노선을 물어보는 사람에게 이야기하세요.
- 장소 Place
- 상대방 The other person

남자: 강남역에 가려고 하는데요. 여기서 버스 타면 되나요?
- 과제: 버스 노선 설명 Task: Explain the bus route

Step 2 준비하기 Preparing

파악할 항목 Things to grasp	결정하기 Deciding
종결형 Conjugation	–아/어요
시제 Verb tense	현재 시제 Present tense
수행 기능 Performance function	설명하기, 안내하기 Expliaining, giving information
상황에 맞는 표현 Expression that suits the situation	에 –(으)려면 ○번 버스를 타세요 Take Bus O to get to

Step 3 답변 만들기 Creating your answer

(시작하기) 질문에 대한 답으로 시작하세요. Start with an answer to the question.

- 이 버스 정류장이 아니에요.

(대화하기) 설명 Explanation

- 횡단보도를 건너세요. 그리고 왼쪽으로 가면 은행이 나와요. 은행에서 오른쪽으로 가면 버스정류장이 있어요. 강남역에 가려면 59번 버스를 타세요.

모범 답안 1 Model answer 1

여자: 아니요, ∨ 이 버스 정류장이 아니에요. ∨ 저 횡단보도를 건너가세요. ∨ 그리고 ∨ 왼쪽으로
가면 ∨ 은행이 나와요. ∨ 은행에서 ∨ 오른쪽으로 가면 ∨ 버스정류장이 있어요. ∨ 강남역에
가려면 ∨ 그 정류장에서 ∨ 59번 버스를 타세요. ∨ 버스를 타고 ∨ 10분쯤 가면 ∨ 강남역에
도착할 수 있어요.

▶ 초급 수준의 수험자일 경우, 답변을 어렵게 구성하기보다는 간단한 문장으로 답할 수 있도록 합시다.

If you are a beginner-level test taker, try to answer using simple sentences rather than constructing
a difficult response.

모범 답안 2 Model answer 2

여자: 여기가 아니고요. ∨ 건너편 버스 정류장이에요. ∨ 횡단보도를 건너서 ∨ 왼쪽으로 가면 ∨ 은
행이 나와요. ∨ 은행에서 ∨ 오른쪽으로 가면 ∨ 버스정류장이 있어요. ∨ 강남역에 가려면 ∨
그 정류장에서 ∨ 59번 버스를 타세요. ∨ 59번 버스를 타고 ∨ 3번째 정류장에서 내리면 돼요.
∨ 한 10분 정도면 ∨ 도착할 거예요. ∨ 잘 모르겠으면 ∨ 버스를 타기 전에 기사님한테 ∨ 강
남역 가는 버스가 맞는지 ∨ 물어보세요.

▶ 중고급 수준의 수험자의 경우, 만점에 도전한다면 내용을 좀 더 구체적으로 설명하는 것이 좋습니다.
단, 너무 길어져 답변 시간을 초과하지 않도록 주의해야 합니다.

For intermediate- and advanced-level test takers who aim for a perfect score, it is best to explain
your answer in more detail. However, you must be careful not to make your answer too long and
exceed the response time.

| 발화 TIP Speaking tips |

기본적인 문형을 사용해서 말해 봅시다.
Speak using basic sentence structures.

- _____ -(으)면 _____ 이/가 나와요.
- _____ 에서 _____ (으)로 가면 _____ 이/가 있어요.
- _____ 에 가려면 _____ 을/를 타세요.

공공시설 | 은행 Public Institutions | Bank

Q 새 통장과 현금 카드를 만들고 싶습니다. 은행 직원에게 이야기하세요.

남자: 안녕하세요, 손님. 무엇을 도와드릴까요?

| 답변 틀 짜기 Framing your answer **|**

Step 1 **상황과 역할 파악하기** Grasping the situation and role

새 통장과 카드를 만들고 싶습니다. 은행 직원에게 이야기하세요.
　　　↳ 상황 Situation　　　　　　　↳ 상대방 The other person

남자: 안녕하세요. 손님. 무엇을 도와드릴까요?
　　　　　↳ 나의 역할: 여자 → 손님
　　　　　　My role: Woman → Customer

Step 2 **준비하기** Preparing

파악할 항목 Things to grasp	결정하기 Deciding
종결형 Conjugation	–아/어요
시제 Verb tense	현재 시제 Present tense
수행 기능 Performance function	설명하기, 요청하기 Explaining, making a request
상황에 맞는 표현 Expression that suits the situation	–(으)려고 하다

(시작하기) 질문에 대한 답으로 시작하세요. Start with an answer to the question.

  – 안녕하세요.

(대화하기) 설명 & 요청 Explanation & request

  – 통장을 만들고 싶습니다. 아직 외국인 등록증이 없습니다.
    여권을 가지고 왔습니다. 그리고 현금 카드도 만들고 싶습니다.
    같이 신청할 수 있습니까?

모범 답안 1 Model answer 1

여자: 안녕하세요. ∨ 저는 ∨ 통장을 ∨ 만들고 싶습니다. ∨ 아직 ∨ 외국인 등록증이 ∨ 없습니다.
∨ 그래서 여권을 ∨ 가지고 왔습니다. ∨ 여권으로도 ∨ 통장을 만들 수 있지요? ∨ 그리고 ∨
현금 카드도 ∨ 만들고 싶습니다. ∨ 통장과 같이 신청할 수 있습니까? ∨ 같이 신청할 수 있으
면 ∨ 만들어 주세요. ∨ 더 필요한 것이 있으면 ∨ 알려 주세요.

▶ 초급 수준의 수험자일 경우, 답변을 어렵게 구성하기보다는 간단한 문장으로 답할 수 있도록 합시다.

If you are a beginner-level test taker, try to answer using simple sentences rather than constructing
a difficult response.

모범 답안 2 Model answer 2

여자: 안녕하세요. ∨ 학생증을 만들려면 ∨ 통장이 있어야 한다고 해서 왔어요. ∨ 통장을 만들려고
하는데요. ∨ 저는 ∨ 아직 외국인 등록증이 없어서 ∨ 대신 여권을 가지고 왔어요. ∨ 아직 ∨
외국인 등록증이 안 나왔거든요. ∨ 여권 여기 있어요. ∨ 그리고 ∨ 현금 카드도 신청할 수 있
으면 ∨ 같이 만들고 싶어요. ∨ 여권 말고 ∨ 혹시 ∨ 또 필요한 것이 있나요? ∨ 아, 가능하다
면 ∨ 스마트 뱅킹도 신청하고 싶어요.

▶ 중고급 수준의 수험자의 경우, 만점에 도전한다면 내용을 좀 더 구체적으로 설명하는 것이 좋습니다.
단, 너무 길어져 답변 시간을 초과하지 않도록 주의해야 합니다.

For intermediate- and advanced-level test takers who aim for a perfect score, it is best to explain
your answer in more detail. However, you must be careful not to make your answer too long and
exceed the response time.

기본적인 문형을 사용해서 말해 봅시다.
Speak using basic sentence structures.

- (저는) _____ -고 싶어요.
- _____ -아/어서 _____ 을/를 가지고 왔어요.
- 저는 _____ 도 신청하고/만들고 싶어요.
- 더 필요한 것이 있나요?/또 무엇이 있어야 하나요?

2-5 〉 공공시설 | 병원 Public institutions | Hospital

Q 병원에 왔습니다. 의사에게 아픈 증상을 이야기하세요.

남자: 안녕하세요. 어디가 아프세요?

Step 1 **상황과 역할 파악하기** Grasping the situation and role

병원에 왔습니다. 의사에게 아픈 증상을 이야기하세요.
　└ 장소　　　 └ 상대방　　　　 └ 과제
　　 Place　　　 The other person　 Task

남자: 안녕하세요. 어디가 아프세요?
　　　　 └ 나의 역할: 여자 → 환자
　　　　　 My role: Woman → Patient

Step 2 **준비하기** Preparing

파악할 항목 Things to grasp	결정하기 Deciding
종결형 Conjugation	-아/어요
시제 Verb tense	과거 시제 Past tense
수행 기능 Performance function	설명하기, 이유 대기 Explaining, giving reason
상황에 맞는 표현 Expression that suits the situation	-(으)려고 하다

Step 3 **답변 만들기** Creating your answer

(시작하기) 질문에 대한 답으로 시작하세요. Start with an answer to the question.

　- 머리도 아프고 열도 나요.

(대화하기) 이유 & 설명 Reason & explanation

　- 우산이 없어서 그냥 비를 맞고 집에 왔어요. 계속 열이 나고 몸이 아파요.
　　감기에 걸린 것 같아요.

모범 답안 1 Model answer 1

여자: 머리도 아프고 ∨ 열도 나요. ∨ 퇴근할 때 비가 왔는데 ∨ 우산이 없어서 ∨ 그냥 ∨ 비를 맞고 ∨ 집으로 왔어요. ∨ 집에 도착했을 때 ∨ 몸이 다 젖어 있어서 ∨ 아픈 것 같아요. ∨ 그 뒤부터 ∨ 계속 열이 나고 ∨ 몸이 아파요. ∨ 아마 ∨ 감기에 걸린 것 같아요. ∨ 그런데 ∨ 내일 중요한 일이 있어서 ∨ 집에서 쉴 수 없어요. ∨ 감기에 좋은 약이 ∨ 필요해요.

▶ 초급 수준의 수험자일 경우, 답변을 어렵게 구성하기보다는 간단한 문장으로 답할 수 있도록 합시다.
If you are a beginner-level test taker, try to answer using simple sentences rather than constructing a difficult response.

모범 답안 2 Model answer 2

여자: 감기에 걸린 것 같아요. ∨ 퇴근할 때 비가 왔는데 ∨ 우산이 없어서 ∨ 그냥 ∨ 비를 맞고 집에 갔어요. ∨ 집에 도착한 뒤에 ∨ 저녁부터 열이 나더니 ∨ 몸이 아프기 시작했어요. ∨ 비를 많이 맞아서 아픈 것 같아요. ∨ 머리도 아프고 ∨ 콧물도 나고 ∨ 온몸이 다 아파요. ∨ 아무래도 ∨ 심한 감기에 걸린 것 같은데 ∨ 진찰 좀 해 주세요.

▶ 중고급 수준의 수험자의 경우, 만점에 도전한다면 내용을 좀 더 구체적으로 설명하는 것이 좋습니다. 단, 너무 길어져 답변 시간을 초과하지 않도록 주의해야 합니다.
For intermediate- and advanced-level test takers who aim for a perfect score, it is best to explain your answer in more detail. However, you must be careful not to make your answer too long and exceed the response time.

발화 TIP Speaking tips

기본적인 문형을 사용해서 말해 봅시다.
Speak using basic sentence structures.

- _____도 아프고 _____도 나요.
- _____-아/어서 _____-(으)ㄴ 것 같아요.
- 그 뒤부터 _____이/가 아파요.
- _____에 걸린 것 같아요.

공공시설 | 백화점 Public institutions | Department store

Q 백화점 분실물 보관소에 왔습니다. 직원에게 잃어버린 물건을 이야기하세요.

남자: 손님, 무엇을 도와드릴까요?

| 답변 틀 짜기 | Framing your answer |

Step 1 상황과 역할 파악하기 Grasping the situation and role

백화점 분실물 보관소에 왔습니다. 직원에게 잃어버린 물건을 이야기하세요.

 장소   상대방 과제
 Place   The other person Task

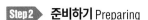

남자: 손님, 무엇을 도와드릴까요?

 나의 역할: 여자 → 손님
 My role: Woman → Customer

Step 2 준비하기 Preparing

파악할 항목 Things to grasp	결정하기 Deciding
종결형 Conjugation	-아/어요
시제 Verb tense	과거 시제 Past tense
수행 기능 Performance function	설명하기, 묘사하기 Explaining, describing
상황에 맞는 표현 Expression that suits the situation	-(으)ㄴ 것 같아요

Step 3 답변 만들기 Creating your answer

(시작하기) 질문에 대한 답으로 시작하세요. Start with an answer to the question.

– 제가 종이 가방을 잃어버렸어요.

(대화하기) 설명 & 묘사 Explanation & description

– 2층 여자 화장실에 두고 온 것 같아요. 종이 가방에는 백화점 이름이 쓰여 있어요. 보라색이고 별로 크지 않아요. 가방 안에는 새로 산 청바지가 들어 있어요.

037

모범 답안 1 Model answer 1

여자: 제가 ∨ 종이 가방을 잃어버렸어요. ∨ 2층 여자 화장실에서 ∨ 손을 씻으려고 옆에 뒀다가 ∨ 그곳에 ∨ 두고 온 것 같아요. ∨ 가방에는 ∨ 백화점 이름이 쓰여 있어요. ∨ 보라색이고 ∨ 별로 크지 않아요. ∨ 안에는 ∨ 새로 산 청바지가 들어 있어요. ∨ 꼭 찾아주세요. ∨ 내일 ∨ 친구 선물로 줄 ∨ 청바지라서 ∨ 꼭 필요해요.

▶ 초급 수준의 수험자일 경우, 답변을 어렵게 구성하기보다는 간단한 문장으로 답할 수 있도록 합시다. If you are a beginner-level test taker, try to answer using simple sentences rather than constructing a difficult response.

038

모범 답안 2 Model answer 2

여자: 제가 ∨ 종이 가방을 잃어버렸어요. ∨ 2층 여자 화장실 세면대 옆에 ∨ 두고 온 것 같아요. ∨ 가방을 옆에 두고 손을 씻고 ∨ 그냥 나왔어요. ∨ 그래서 나중에 화장실에 다시 갔는데 ∨ 없었어요. ∨ 가방에는 ∨ 백화점 이름이 쓰여 있어요. ∨ 보라색이고 ∨ 중간 정도 크기의 ∨ 종이 가방이에요. ∨ 안에는 ∨ 새로 산 청바지가 들어 있어요. ∨ 내일 ∨ 친구 선물로 주려고 산 거라 ∨ 바로 필요해서요. ∨ 꼭 좀 찾아주세요.

▶ 중고급 수준의 수험자의 경우, 만점에 도전한다면 내용을 좀 더 구체적으로 설명하는 것이 좋습니다. 단, 너무 길어져 답변 시간을 초과하지 않도록 주의해야 합니다.

For intermediate- and advanced-level test takers who aim for a perfect score, it is best to explain your answer in more detail. However, you must be careful not to make your answer too long and exceed the response time.

기본적인 문형을 사용해서 말해 봅시다.
Speak using basic sentence structures.

- 제가_____을/를 잃어버렸어요.
- _____에 두고 온 것 같아요.
- _____(이)고 _____-아/어요.
- _____ 가방 안에는 _____이/가 들어 있어요.

2-7 공공시설 | 시장 Public institutions | Market

Q 시장에 왔습니다. 가게 주인에게 사야 할 재료를 이야기하세요.

여자: 어서 오세요. 뭐 드릴까요?

Step 1 **상황과 역할 파악하기** Grasping the situation and role

시장에 왔습니다. 가게 주인에게 사야 할 재료를 이야기하세요.
┗→ 장소　　　　┗→ 상대방　　　　┗→ 과제
　　Place　　　　The other person　Task

여자: 어서 오세요. 뭐 드릴까요?
┗→ 나의 역할: 남자 → 손님
　　My role: Man → Customer

Step 2 **준비하기** Preparing

파악할 항목 Things to grasp	결정하기 Deciding
종결형 Conjugation	-아/어요
시제 Verb tense	현재 시제 Present tense
수행 기능 Performance function	주문하기, 요청하기 Ordering, requesting
상황에 맞는 표현 Expression that suits the situation	_____(이/가) 있나요?

Step 3 **답변 만들기** Creating your answer

(시작하기) **질문에 대한 답으로 시작하세요.** Start with an answer to the question.

　　– 안녕하세요. 김밥을 만들려고 해요. 필요한 재료를 사러 왔어요.

(대화하기) **주문 & 요청** Order & request

　　– 당근과 오이가 있으면 당근 1개, 오이 1개를 주세요.
　　　그리고 김과 단무지도 있으면 주세요.

모범 답안 1 Model answer 1

남자: 안녕하세요. ∨ 김밥을 만들려고 해요. ∨ 필요한 것들을 ∨ 사려고 왔어요. ∨ 저는 야채를 좋
아하니까 ∨ 필요한 야채를 모두 넣을 거예요. ∨ 당근과 오이가 있으면 ∨ 당근 1개, ∨ 오이
1개를 주세요. ∨ 그리고 ∨ 김과 단무지도 있으면 주세요. ∨ 모두 얼마예요? ∨ 그런데 ∨
혹시 ∨ 더 필요한 재료가 있을까요? ∨ 처음 만들어서 ∨ 잘 몰라서요. ∨ 좀 알려 주세요.

▶ 초급 수준의 수험자일 경우, 답변을 어렵게 구성하기보다는 간단한 문장으로 답할 수 있도록 합시다.

If you are a beginner-level test taker, try to answer using simple sentences rather than constructing
a difficult response.

모범 답안 2 Model answer 2

남자: 안녕하세요. ∨ 김밥을 만드는 데 ∨ 필요한 재료를 ∨ 사려고 해요. ∨ 당근과 오이가 있으면
∨ 당근 1개, ∨ 오이 1개를 주세요. ∨ 그리고 ∨ 김과 단무지도 있으면 좀 주세요. ∨ 아, ∨
여기 ∨ 계란도 있나요? ∨ 계란이 있으면 ∨ 계란도 한 판 ∨ 주시고요. ∨ 혹시 ∨ 더 필요한
재료가 있으면 ∨ 알려 주세요. ∨ 같이 사 가려고요. ∨ 모두 합해서 ∨ 얼마예요?

▶ 중고급 수준의 수험자의 경우, 만점에 도전한다면 내용을 좀 더 구체적으로 설명하는 것이 좋습니다.
단, 너무 길어져 답변 시간을 초과하지 않도록 주의해야 합니다.

For intermediate- and advanced-level test takers who aim for a perfect score, it is best to explain
your answer in more detail. However, you must be careful not to make your answer too long and
exceed the response time.

| 발화 TIP Speaking tips |

기본적인 문형을 사용해서 말해 봅시다.
Speak using basic sentence structures.

- _____-(으)려고 해요.
- _____ 와/과 _____도 있으면 주세요.
- _____ 와/과 _____도 주세요.
- 모두 얼마예요?

2-8 주거와 환경 | 길 찾기 Residence and environment | Directions

Q 공연장에 가고 있습니다. 길을 물어보는 사람에게 이야기하세요.

남자: 실례합니다. 공연장에 가려고 하는데 어떻게 가나요?

| 답변 틀 짜기 Framing your answer |

Step 1 **상황과 역할 파악하기** Grasping the situation and role

공연장을 가려고 합니다. 지나가는 사람에게 이야기하세요.
  └→ 상황 Situation   └→ 상대방 The other person
남자 : 실례합니다. 공연장에 가려고 하는데 어떻게 가나요?
                    └→ 나의 역할: 여자 → 안내자
                       My role: Woman → Guide

Step 2 **준비하기** Preparing

파악할 항목 Things to grasp	결정하기 Deciding
종결형 Conjugation	–아/어요
시제 Verb tense	현재 시제 Past tense
수행 기능 Performance function	설명하기 Explaining
상황에 맞는 표현 Expression that suits the situation	_____이/가 보이다, _____-(으)면_____이/가 나오다

Step 3 답변 만들기 Creating your answer

(시작하기) 질문에 대한 답으로 시작하세요. Start with an answer to the question.
– 서울 공연장요.

(대화하기) 설명 Explanation
– 여기서 사거리까지 가면 커피숍이 보여요. 커피숍 오른쪽에 횡단보도가 있어요.
횡단보도를 건너서 오른쪽으로 가면 편의점이 나와요. 그 편의점 왼쪽으로 가세요.

041

모범답안1 Model answer 1

여자: 서울 공연장요. ∨ 여기서 사거리까지 가면 ∨ 커피숍이 보여요. ∨ 커피숍 오른쪽에 ∨ 횡단보
도가 있어요. ∨ 횡단보도 건너서 ∨ 오른쪽으로 가면 ∨ 편의점이 나와요. ∨ 그 편의점 ∨ 왼
쪽으로 가세요. ∨ 바로 앞에 공연장이 보일 거예요. ∨ 공연장이 커서 길을 찾기 어려우면 ∨
공연장에서 일하는 사람에게 ∨ 물어보세요.

▶ 초급 수준의 수험자일 경우, 답변을 어렵게 구성하기보다는 간단한 문장으로 답할 수 있도록 합시다.
If you are a beginner-level test taker, try to answer using simple sentences rather than constructing
a difficult response.

042

모범답안2 Model answer 2

여자: 서울 공연장 말이죠? ∨ 터미널역에서 사거리까지 ∨ 앞으로 쭉 가면 ∨ 커피숍이 보여요. ∨
그 커피숍에서 오른쪽으로 돌면 ∨ 횡단보도가 있을 거예요. ∨ 그 횡단보도를 건너서 ∨ 오른
쪽으로 가면 ∨ 편의점이 나오고요. ∨ 편의점 왼쪽 길로 가다가 보면 ∨ 앞에 공연장이 보일 거
예요. ∨ 공연장에 도착하면 ∨ 거기서 일하는 분들이 ∨ 공연을 볼 수 있는 자리로 ∨ 안내해
주실 거예요.

▶ 중고급 수준의 수험자의 경우, 만점에 도전한다면 내용을 좀 더 구체적으로 설명하는 것이 좋습니다.
단, 너무 길어져 답변 시간을 초과하지 않도록 주의해야 합니다.
For intermediate- and advanced-level test takers who aim for a perfect score, it is best to explain
your answer in more detail. However, you must be careful not to make your answer too long and
exceed the response time.

기본적인 문형을 사용해서 말해 봅시다.
Speak using basic sentence structures.

- _____에서 _____까지 _____-(으)면 _____이/가 보여요/있어요.
- _____(으)로 _____-(으)면 _____이/가 나와요.

2-9 주거와 환경 | 부동산 Residence and environment | Real estate agency

Q 부동산에 갔습니다. 직원에게 원하는 집을 이야기하세요.

100 m

50 m

BUS

월 50만 원

여자: 어서 오세요. 어떤 방을 찾으세요?

Step1 **상황과 역할 파악하기** Grasping the situation and role

부동산에 갔습니다. 직원에게 원하는 집을 이야기하세요.
　　└→ 장소　　　　└→ 상대방　　　　└→ 과제
　　　　Place　　　　The other person　Task

여자: 어서 오세요. 어떤 방을 찾으세요?
　　　　　　　　　　　　└→ 나의 역할: 남자 → 손님
　　　　　　　　　　　　　　My role: Man → Customer

Step2 **준비하기** Preparing

파악할 항목 Things to grasp	결정하기 Deciding
종결형 Conjugation	-아/어요
시제 Verb tense	현재 시제 Past tense
수행 기능 Performance function	설명하기, 희망 표현하기 Explaining, expressing your hopes
상황에 맞는 표현 Expression that suits the situation	-(으)ㄹ 것 같다

Step3 **답변 만들기** Creating your answer

(시작하기) 질문에 대한 답으로 시작하세요. Start with an answer to the question.
- 원룸을 찾고 있어요.

(대화하기) 조건 Conditions
- 월세는 50만 원 정도이고 버스 정류장이 가까운 곳이면 좋겠어요. 강아지를 키울 수 있는 집이면 좋겠어요. 공원이 가까운 곳이면 제일 좋아요.

모범답안 1 Model answer 1

남자: 원룸을 찾고 있어요. ∨ 월세는 ∨ 50만 원 정도면 ∨ 좋을 것 같아요. ∨ 저는 대학생이라서 ∨ 학교와 가까운 곳에 있는 집을 ∨ 찾고 있어요. 버스 정류장이 가까우면 ∨ 더 좋아요. ∨ 그리고 저는 ∨ 강아지와 같이 살아요. ∨ 강아지를 키울 수 있는 집이면 좋겠어요. ∨ 근처에 공원이 있으면 ∨ 강아지와 같이 갈 수 있어서요. ∨ 공원이 가까운 집이면 ∨ 제일 좋아요.

▶ 초급 수준의 수험자일 경우, 답변을 어렵게 구성하기보다는 간단한 문장으로 답할 수 있도록 합시다.

If you are a beginner-level test taker, try to answer using simple sentences rather than constructing a difficult response.

모범답안 2 Model answer 2

남자: 학교에서 가까운 원룸을 찾고 있어요. ∨ 대학생이다 보니 ∨ 학교를 편하게 오갈 수 있는 곳이었으면 좋겠어요. ∨ 월세는 ∨ 50만 원 정도면 ∨ 적당할 것 같아요. ∨ 버스 정류장이 가까우면 ∨ 더 좋고요. ∨ 그리고 ∨ 저는 강아지 한 마리를 키우고 있어서 ∨ 강아지를 키울 수 있는 집이면 ∨ 좋겠어요. ∨ 강아지를 매일 산책시킬 수 있도록 ∨ 근처에 공원이 있으면 ∨ 정말 좋을 것 같고요. ∨ 그런 집을 ∨ 볼 수 있을까요?

▶ 중고급 수준의 수험자의 경우, 만점에 도전한다면 내용을 좀 더 구체적으로 설명하는 것이 좋습니다. 단, 너무 길어져 답변 시간을 초과하지 않도록 주의해야 합니다.

For intermediate- and advanced-level test takers who aim for a perfect score, it is best to explain your answer in more detail. However, you must be careful not to make your answer too long and exceed the response time.

❙ 발화 TIP Speaking tips ❙

기본적인 문형을 사용해서 말해 봅시다.
Speak using basic sentence structures.

- (저는) _____ 을/를 찾고 있어요.
- _____ 이/가 _____ -(으)면 _____ -(으)ㄹ 것 같아요.
- 저는 _____ -고 있어서 _____ 을/를 _____ -(으)ㄹ 수 있는 집이면 좋겠어요.

쇼핑 | 구입 Shopping | Making a purchase

Q 노트북 매장에 왔습니다. 직원에게 원하는 노트북을 이야기하세요.

남자: 안녕하세요, 손님. 무엇을 찾으세요?

| 답변 틀 짜기| Framing your answer **|**

Step 1 **상황과 역할 파악하기** Grasping the situation and role

<u>노트북 매장</u>에 왔습니다. <u>직원</u>에게 <u>원하는 노트북을 이야기하세요</u>.
└ 장소　　　　　 └ 상대방　　　　 └ 과제
　 Place　　　　　 The other person　　Task

남자 : 안녕하세요, <u>손님</u>. 무엇을 찾으세요?
　　　　　　　 └ 나의 역할: 여자 → 손님
　　　　　　　　 My role: Woman → Customer

Step 2 **준비하기** Preparing

파악할 항목 Things to grasp	결정하기	Deciding
종결형 Conjugation	-아/어요
시제 Verb tense	현재 시제 Present tense
수행 기능 Performance function	묘사하기, 요청하기 Describing, requesting
상황에 맞는 표현 Expression that suits the situation	-(으)면 좋겠어요

답변 만들기 Creating your answer

(시작하기) **질문에 대한 답으로 시작하세요.** Start with an answer to the question.

- 노트북을 하나 사고 싶어요.

(대화하기) **묘사 & 요청** Description & request

- 가볍고 중간 크기면 좋겠어요. 인터넷이랑 숙제를 주로 할 거예요. 게임은 전혀 하지 않아요. 너무 무거우면 힘드니까 가볍고 중간 크기의 노트북이면 좋겠어요. 노트북 화면에 펜으로 쓸 수 있는 노트북으로 보여 주세요.

045

모범 답안 1 Model answer 1

여자: 노트북을 하나 사고 싶어요. ∨ 인터넷이랑 ∨ 숙제를 ∨ 주로 할 거예요. ∨ 게임은 ∨ 전혀 하지 않아요. ∨ 너무 무거우면 힘드니까 ∨ 가볍고 ∨ 중간 크기의 노트북이면 ∨ 좋겠어요. ∨ 매일 ∨ 가방에 넣어서 ∨ 학교에 갈 거예요. ∨ 그리고 ∨ 수업을 들을 때 ∨ 편하게 사용하고 싶어요. ∨ 노트북 화면에 ∨ 펜으로 쓸 수 있는 노트북으로 ∨ 보여 주세요. ∨ 그런 노트북은 ∨ 가격이 얼마예요?

▶ 초급 수준의 수험자일 경우, 답변을 어렵게 구성하기보다는 간단한 문장으로 답할 수 있도록 합시다.
If you are a beginner-level test taker, try to answer using simple sentences rather than constructing a difficult response.

046

모범 답안 2 Model answer 2

여자: 노트북을 하나 사려고요. ∨ 들고 다닐 수 있게 ∨ 무겁지 않았으면 좋겠어요. ∨ 주로 ∨ 인터넷이랑 ∨ 과제를 하는 용도로 ∨ 사용할 거예요. ∨ 그래서 ∨ 기능이 아주 많지는 않아도 ∨ 될 것 같아요. ∨ 가격은 ∨ 백만 원에서 ∨ 백오십만 원 사이로 생각하고 있어요. ∨ 가방에 넣을 수 있도록 ∨ 크기도 ∨ 너무 크지 않았으면 좋겠어요. ∨ 그리고 ∨ 노트북으로 수업을 듣는 일이 많아서 ∨ 화면에 ∨ 펜으로 쓸 수 있는 기능이 있는 제품으로 보여 주세요.

▶ 중고급 수준의 수험자의 경우, 만점에 도전한다면 내용을 좀 더 구체적으로 설명하는 것이 좋습니다. 단, 너무 길어져 답변 시간을 초과하지 않도록 주의해야 합니다.
For intermediate- and advanced-level test takers who aim for a perfect score, it is best to explain your answer in more detail. However, you must be careful not to make your answer too long and exceed the response time.

기본적인 문형을 사용해서 말해 봅시다.
Speak using basic sentence structures.

- (저는) _____을/를 _____-고 싶어서요/-(으)려고요.
- _____-고 _____-(으)면 좋겠어요.
- _____(으)로 보여 주세요.
- _____은/는 가격이 얼마예요?
- 가격은 _____(으)로 생각하고 있어요.

2-11 쇼핑 | 환불 Shopping | Making a return

Q 옷 가게에 갔습니다. 직원에게 환불 이유를 이야기하세요.

남자: 어서 오세요, 손님. 무엇을 도와드릴까요?

| 답변 틀 짜기 | Framing your answer |

Step 1 **상황과 역할 파악하기** Grasping the situation and role

옷 가게에 갔습니다. 직원에게 환불 이유를 이야기하세요.
　　 └ 장소　　　　 └ 상대방　　　　 └ 과제
　　　　Place　　　　The other person　　Task

남자 : 어서 오세요, 손님. 무엇을 도와드릴까요?
　　　　　　　　 └ 나의 역할: 여자 → 손님
　　　　　　　　　　My role: Woman → Customer

Step 2 **준비하기** Preparing

파악할 항목 Things to grasp	결정하기 Deciding
종결형 Conjugation	−아/어요
시제 Verb tense	현재 시제 Present tense
수행 기능 Performance function	설명하기, 이유 대기 Explaining, giving reason
상황에 맞는 표현 Expression that suits the situation	−(으)ㄴ 것 같아요

Step 3 **답변 만들기** Creating your answer

(시작하기) **질문에 대한 답으로 시작하세요.** Start with an answer to the question.

　　– 이 재킷을 환불하고 싶어요.

(대화하기) **설명 & 이유** Explanation & reason

　　– 사이즈가 크고 소매 길이가 너무 길고, 색이 마음에 들지 않아서요.
　　 저는 검정색 옷을 잘 입지 않아서 마음에 안 들어요.

모범 답안 1 Model answer 1

여자: 이 재킷을 ∨ 환불하고 싶어요. ∨ 어제 ∨ 이것을 선물 받았어요. ∨ 그런데 입어 보니까 ∨ 사이즈가 크고 ∨ 소매 길이도 길어요. ∨ 그리고 ∨ 색도 마음에 들지 않아서요. ∨ 저는 ∨ 검정색 옷을 잘 안 입어서 ∨ 마음에 안 들어요. ∨ 환불할 수 있나요? ∨ 영수증도 ∨ 가지고 왔어요.

▶ 초급 수준의 수험자일 경우, 답변을 어렵게 구성하기보다는 간단한 문장으로 답할 수 있도록 합시다.
If you are a beginner-level test taker, try to answer using simple sentences rather than constructing a difficult response.

모범 답안 2 Model answer 2

여자: 이 재킷을 환불하려고요. ∨ 어제 ∨ 이 재킷을 선물 받았는데, ∨ 입어 보니까 ∨ 사이즈가 좀 ∨ 큰 것 같아서요. ∨ 소매 길이도 너무 길고 ∨ 색도 제 스타일이 아니에요. ∨ 저는 밝은 색을 좋아하는데 ∨ 이 재킷은 검정색이어서 ∨ 잘 안 입게 될 것 같아요. ∨ 원래 교환하려고 했는데 ∨ 다른 색도 ∨ 마음에 드는 게 없네요. ∨ 그냥 ∨ 환불해 주세요. ∨ 구매한 영수증도 ∨ 여기에 있어요.

▶ 중고급 수준의 수험자의 경우, 만점에 도전한다면 내용을 좀 더 구체적으로 설명하는 것이 좋습니다. 단, 너무 길어져 답변 시간을 초과하지 않도록 주의해야 합니다.
For intermediate- and advanced-level test takers who aim for a perfect score, it is best to explain your answer in more detail. However, you must be careful not to make your answer too long and exceed the response time.

┃ 발화 TIP Speaking tips **┃**

기본적인 문형을 사용해서 말해 봅시다.
Speak using basic sentence structures.

- _____ 을/를 환불하고 싶어요/환불하려고요.
- 그런데 _____ -(으)니까 _____ -아/어서요.
- 마음에 들지 않아요. / 제 스타일이 아니에요.
- 영수증도 가지고 왔어요. / 영수증도 여기 있어요.

2-12 쇼핑 | 교환 Shopping | Making an exchange

Q 인터넷 쇼핑몰에 전화를 했습니다. 직원에게 교환 이유를 이야기하세요.

남자: 안녕하세요, 고객님. 무엇을 도와드릴까요?

| 답변 틀 짜기 Framing your answer |

Step 1 **상황과 역할 파악하기** Grasping the situation and role

인터넷 쇼핑몰에 전화를 했습니다.
　　↳ 상황
　　　Situation

직원에게 교환 이유를 이야기하세요.
↳ 상대방　　　　　↳ 과제
　The other person　　Task

남자 : 안녕하세요, 고객님. 무엇을 도와드릴까요?
　　　　　　　↳ 나의 역할: 여자 → 손님
　　　　　　　　My role: Woman → Customer

준비하기 Preparing

파악할 항목 Things to grasp	결정하기 Deciding
종결형 Conjugation	-아/어요
시제 Verb tense	과거 시제 Past tense
수행 기능 Performance function	이유 대기, 대조하기 Giving reason, making a comparison
상황에 맞는 표현 Expression that suits the situation	_____ (으)로 교환해 주세요/바꾸고 싶어요

Step 3 **답변 만들기** Creating your answer

(시작하기) 질문에 대한 답으로 시작하세요. Start with an answer to the question.

- 주말에 인터넷으로 운동화를 샀는데 신발을 바꾸고 싶어요.

(대화하기) 이유 & 대조 Reason & comparison

- 주문한 신발과 다른 것이 왔어요. 흰색 235를 주문했는데 노랑색 230이 왔어요.

049

모범답안 1 Model answer 1

여자: 제가 주말에 ∨ 인터넷 쇼핑으로 ∨ 운동화를 샀어요. ∨ 그런데 ∨ 신발을 ∨ 바꾸고 싶어
요. ∨ 주문한 신발과 ∨ 다른 신발이 왔어요. ∨ 흰색 신발을 주문했는데 ∨ 노랑색 신발이
왔어요. ∨ 그리고 ∨ 235 사이즈를 주문했는데 ∨ 230 사이즈가 왔어요. ∨ 색도 마음에 들
지 않고 ∨ 사이즈도 안 맞아요. ∨ 교환해 주세요.

▶ 초급 수준의 수험자일 경우, 답변을 어렵게 구성하기보다는 간단한 문장으로 답할 수 있도록 합시다.
If you are a beginner-level test taker, try to answer using simple sentences rather than constructing
a difficult response.

모범답안2 Model answer 2

여자: 구매한 신발을 교환하려고요. ∨ 제가 주말에 ∨ 인터넷 쇼핑으로 ∨ 운동화를 샀는데 ∨ 주문한 것이 아닌 다른 것이 왔어요. ∨ 제가 주문한 것과 ∨ 사이즈와 색상이 ∨ 모두 달라요. ∨ 저는 235 사이즈를 주문했는데 ∨ 230 사이즈가 왔어요. ∨ 그리고 색상도 ∨ 흰색을 주문했는데 ∨ 노란색이 왔고요. ∨ 사이즈흰색 234 사이즈의 운동화로 ∨ 교환해 주세요. ∨ 교환하면 시간이 얼마나 걸릴까요?

▶ 중고급 수준의 수험자의 경우, 만점에 도전한다면 내용을 좀 더 구체적으로 설명하는 것이 좋습니다. 단, 너무 길어져 답변 시간을 초과하지 않도록 주의해야 합니다.

For intermediate- and advanced-level test takers who aim for a perfect score, it is best to explain your answer in more detail. However, you must be careful not to make your answer too long and exceed the response time.

| 발화 **TIP** Speaking tips |

기본적인 문형을 사용해서 말해 봅시다.
Speak using basic sentence structures.

- _____을/를 바꾸고 싶어요.
- _____을/를 교환하려고요.
- _____을/를 주문했는데 _____이/가 왔어요.
- _____(으)로 교환해 주세요.

2-1 ▶ 택시 Taxi

- ☐ 이름 name
- ☐ 기사님 driver
- ☐ 사거리 four-way intersection
- ☐ 횡단보도 crosswalk
- ☐ 근처 nearby
- ☐ 건널목 crossing
- ☐ 맞은편 opposite side
- ☐ 오른쪽 right ↔ 왼쪽 left
- ☐ 우회전 right turn ↔ 좌회전 left turn
- ☐ 앞 in front ↔ 뒤 behind

- ☐ 쭉 straight
- ☐ 정문 main gate
- ☐ 길 road
- ☐ 여기/거기/저기 here/there/over there
- ☐ 들어가다 to enter
- ☐ 돌아가다 to go back
- ☐ 택시를 타다 to take a taxi
- ☐ 택시를 세우다 to stop a taxi
- ☐ 택시를 잡다 to catch a taxi
- ☐ 에서 내리다 to get off at

2-2 ▶ 지하철 Subway

- ☐ ○호선 Line ○
- ☐ 출구 exit
- ☐ 개찰구 ticket gate
- ☐ 번 number
- ☐ 지하철역 subway station
- ☐ 환승역 transfer station
- ☐ 역무원 station employee
- ☐ 교통카드 transportation card
- ☐ 표, 승차권 ticket
- ☐ 계단 stairs

- ☐ 에스컬레이터 escalator
- ☐ 엘리베이터 elevator
- ☐ 바로 straight
- ☐ 환승(하다) to transfer
- ☐ 지하철을 타다 to take the subway
- ☐ 지하철을 갈아타다
  to transfer/change (subway) trains
- ☐ 역에 내리다 to get off at the station
- ☐ 내려가다 to get off
- ☐ 올라가다 to go up

2-3 **버스** Bus

- ☐ **정류장** bus stop
- ☐ **터미널** terminal
- ☐ **고속버스** express bus
- ☐ **신호등** traffic light
- ☐ **건너편** opposite side
- ☐ **맞은편** opposite side

- ☐ **길** road
- ☐ **번째** (N)th
- ☐ **버스를 타다** to take the bus
- ☐ **에서 내리다** to get off at
- ☐ **건너가다** to cross

2-4 **은행** Bank

- ☐ **신청서** application form
- ☐ **신분증** identification card
- ☐ **외국인 등록증** foreigner registration card
- ☐ **여권** passport
- ☐ **사인(하다)** to sign
- ☐ **도장** seal, stamp
- ☐ **통장** bank book
- ☐ **현금** cash
- ☐ **비밀번호** password
- ☐ **현금 카드** debit card
- ☐ **인터넷 뱅킹** online banking
- ☐ **확인(하다)** to confirm
- ☐ **저장(하다)** to store, save
- ☐ **저금(하다)** to save (money)
- ☐ **예금(하다)** to deposit
- ☐ **인출(하다)** to withdraw

- ☐ **만들다** to make
- ☐ **신청(하다)** to apply
- ☐ **필요(하다)** to need
- ☐ **환전(하다)** to exchange
- ☐ **○자리** ○ digit
- ☐ **다시** again
- ☐ **(신청서/이름)을/를 쓰다**
  to write (an application form/name)
- ☐ **(신청서/이름)을/를 작성하다**
  to fill out (an application form/name)
- ☐ **(신분증/여권/외국인 등록증)을/를 주다**
  to show (ID card/passport/foreigner registration card)
- ☐ **(신분증/여권/외국인 등록증/현금)을/를 받다** to receive (ID card/passport/foreigner registration card/cash)
- ☐ **(비밀번호)을/를 입력하다**
  to enter (a password)

2-5 병원 Hospital

- ☐ 증상 symptom
- ☐ 의사 doctor
- ☐ 간호사 nurse
- ☐ 환자 patient
- ☐ 몸 body
- ☐ 머리 head
- ☐ 목 neck/throat
- ☐ 배 stomach
- ☐ 감기 a cold
- ☐ 쯤 approximately

- ☐ 때 time
- ☐ 기침(하다) to cough
- ☐ 콧물이 나다 to have a runny nose
- ☐ 열이 나다 to have a fever
- ☐ 진료하다 to treat
- ☐ 주사를 맞다 to get a shot
- ☐ 비를 맞다 to get rained on
- ☐ 이/가 아프다 to hurt, to feel sick
- ☐ 젖다 to get wet

2-6 백화점 Department store

- ☐ 분실물 보관소 lost and found storage
- ☐ 층 floor
- ☐ 화장실 bathroom
- ☐ 세면대 sink
- ☐ 여자 woman
- ☐ 남자 man
- ☐ 종이 가방 paper bag
- ☐ 로고 logo
- ☐ 마크 mark, logo
- ☐ 안 inside
- ☐ 밖 outside
- ☐ 옆 next to

- ☐ 밑/아래 below/bottom
- ☐ 위 above
- ☐ 잃어버리다 to lose (something)
- ☐ 분실하다 to lose (an item)
- ☐ 에 두다 to leave something at/in
- ☐ 들어 있다 to contain
- ☐ 손을 씻다 to wash one's hands
- ☐ 그냥 just, as it is
- ☐ 다시 again
- ☐ 새로 new
- ☐ 사다 to buy

2-7 시장 Market

- 상인 merchant
- 재료 ingredient
- 식품 food
- 당근 carrot
- 오이 cucumber
- 김 dried seaweed
- 단무지 pickled radish
- 개 piece, unit

- 그리고 and
- 모두 all
- 만들다 to make
- 사다 to buy
- 팔다 to sell
- 구입하다 to purchase
- 필요하다 to need

2-8 길 찾기 Directions

- 공연장 performance hall
- 편의점 convenience store
- 커피숍 coffee shop
- 건너다 to cross
- 보이다 to be seen
- 나오다 to come out

- 돌다 to turn
- 있다 to be
- 없다 to not be
- 지도 map
- 네비게이션 GPS
- 방향 direction

2-9 부동산 Real estate agency

- ☐ 집 home
- ☐ 아파트 apartment
- ☐ 주택 house
- ☐ 원룸 studio apartment
- ☐ 투룸 two-room apartment
- ☐ 월세 monthly rent
- ☐ 전세 lease on a deposit basis
- ☐ 보증금 deposit
- ☐ 강아지 dog
- ☐ 고양이 cat
- ☐ 반려동물 companion animal

- ☐ 마리 animal (counter)
- ☐ 같이 together
- ☐ 정도 approximately
- ☐ 좋다 to be good
- ☐ 찾다 to look for
- ☐ 가깝다 to be nearby
- ☐ 멀다 to be far
- ☐ 살다 to live
- ☐ 키우다 to raise
- ☐ 적당하다 to be suitable

2-10 구입 Purchasing

- ☐ 노트북 laptop computer
- ☐ 화면 screen
- ☐ 펜 pen
- ☐ 터치펜 touch pen
- ☐ 기능 function
- ☐ 것 thing
- ☐ 사다 to buy
- ☐ 구매하다 to purchase
- ☐ 구입하다 to purchase

- ☐ 무겁다 to be heavy
- ☐ 가볍다 to be light
- ☐ 크다 to be large
- ☐ 작다 to be small
- ☐ 쓰다 to use
- ☐ 터치하다 to touch
- ☐ 들다 to carry, to hold
- ☐ 다니다 to go (around)
- ☐ 넣다 to put, to insert

2-11 환불 Returns

- [ ] 재킷 jacket
- [ ] 선물 gift
- [ ] 크기 size
- [ ] 사이즈 size
- [ ] 소매 sleeve
- [ ] 길이 length
- [ ] 색 color
- [ ] 옷깃 collar
- [ ] 스타일 style

- [ ] 밝은색 bright color
- [ ] 영수증 receipt
- [ ] 입다 to wear
- [ ] 길다 to be long
- [ ] 환불(하다) to return (an item)
- [ ] 선물(받다) to receive a gift
- [ ] 마음에 들다 to be to one's liking
- [ ] 좋아하다 to like

2-12 교환 Exchanges

- [ ] 교환 이유 reason for exchanging
- [ ] 불만 complaint
- [ ] 주말 weekend
- [ ] 인터넷 쇼핑 online shopping
- [ ] 그런데 but
- [ ] 다른 different
- [ ] 신발 shoe(s)
- [ ] 운동화 tennis shoes

- [ ] 색상 color
- [ ] 흰색 white
- [ ] 노란색 yellow
- [ ] 바꾸다 to change
- [ ] 오다 to come
- [ ] 주문(하다) to order
- [ ] 교환(하다) to exchange (an item)

Question 03 strategies

⚡ 준비 시간 40초 동안 연속적인 그림을 보고 핵심 내용을 찾아야 한다.
During the 40-second preparation time, you have to look at the sequence of pictures and find the main idea.

⚡ 자연스러운 연결 표현을 사용하여 하나의 이야기가 되도록 만들어야 한다.
You should use natural linking expressions to make a single story.

⚡ 60초 동안 긴장하지 말고 빠뜨리는 그림이 없이 모두 설명할 수 있도록 하자.
Don't be nervous during the 60-second response time, and try to explain everything without missing any pictures.

3-1 문화생활 | 약속 Cultural life | Appointments

Q 영호 씨는 5시에 유미 씨를 만나기로 했습니다. 영호 씨에게 무슨 일이 있었는지 이야기하세요.

(1) (2)

(3) (4)

Step 1 상황과 등장인물의 행동, 상태, 감정 파악하기
Grasping the situation and the character's actions, condition, and emotions

영호 씨는 5시에 유미 씨를 만나기로 했습니다.

└ 등장인물 ① ── └ 등장인물 ② ── └ 상황
Character ① Character ② Situation

Step 2 준비하기 Preparing

그림 Picture	핵심어 메모 Key words	문장 만들기 Making sentences
1번	약속 Appointment	영호 씨는 버스를 탔습니다. 유미 씨와 5시에 한강공원에서 만나기로 했습니다. Youngho got on the bus. He arranged to meet Yumi at 5:00 at the Hangang Park.
2번	잠을 자다/졸다 To fall asleep/to be sleepy	영호 씨는 졸고 있습니다. 한강공원 정류장인데 내리지 못합니다. Youngho is dozing off. The bus has arrived at the stop for the Hanganag Park, but he doesn't get off.
3번	깨다/기사-깨우다 To wake up/driver- to wake (someone) up	마지막 버스 도착 장소까지 왔습니다. 기사님이 영호 씨를 깨웁니다. The bus has arrived at the last stop. The driver wakes up Youngho.
4번	연락/택시를 잡다 Contact/to catch a taxi	약속 시간에 늦어서 유미 씨에게 전화합니다. 택시를 잡습니다. He's late to their appointment time, so he calls Yumi. He catches a taxi.

Step 3 답변 만들기 Creating your answer

영호 씨는 버스를 탔습니다. 유미 씨와 5시에 한강공원에서 만나기로 했습니다. 그런데 버스에서 영호 씨는 깜빡 잠을 잤습니다. 한강공원 정류장에 도착했는데 내리지 못하고 계속 잤습니다. 마지막 버스 도착 장소까지 가서 기사님이 영호 씨를 깨웠습니다. 약속 시간에 많이 늦어서 영호 씨는 유미 씨에게 급히 전화를 걸면서 택시를 잡습니다.

051

모범답안 1 Model answer 1

영호 씨는 버스를 탔습니다. ∨ 유미 씨와 ∨ 5시에 한강공원에서 ∨ 만나기로 했습니다. ∨ 그런데 버스에서 ∨ 영호 씨는 ∨ 깜빡 잠을 잤습니다. ∨ 한강공원 정류장에 도착했는데도 ∨

계속 잠이 깨지 않아 ∨ 내리지 못했습니다. ∨ 마지막 버스 도착 장소까지 갔지만 ∨ 영호 씨는 ∨ 잠에서 깨지 않았고 ∨ 버스 기사님이 ∨ 영호 씨를 깨웠습니다. ∨ 약속 시간에 ∨ 많이 늦었습니다. ∨ 영호 씨는 ∨ 급하게 ∨ 유미 씨에게 전화를 하고 ∨ 택시를 잡았습니다. ∨ 유미 씨가 ∨ 계속 기다리고 있어서 ∨ 영호 씨는 ∨ 너무 미안했습니다.

▶ 초급 수준의 수험자일 경우, 답변을 어렵게 구성하기보다는 간단한 문장으로 답할 수 있도록 합시다.
If you are a beginner-level test taker, try to answer using simple sentences rather than constructing a difficult response.

052

모범 답안 2 Model answer 2

영호 씨는 ∨ 유미 씨를 만나기 위해 ∨ 버스를 탔습니다. ∨ 유미 씨와 5시에 ∨ 한강공원에서 만나기로 약속했습니다. ∨ 그런데 피곤해서 그런지 ∨ 버스에서 깜빡 졸았습니다. ∨ 한강공원 정류장에 도착했는데도 ∨ 계속 조는 바람에 ∨ 내리지 못하고 지나쳤습니다. ∨ 마침내 ∨ 버스 종점까지 와 버렸습니다. ∨ 기사님이 ∨ 계속 잠들어 있는 영호 씨를 ∨ 깨웠습니다. ∨ 영호 씨는 ∨ 깜짝 놀라서 일어났습니다. ∨ 시계를 보니 ∨ 이미 ∨ 약속 시간이 많이 지나 있었습니다. ∨ 유미 씨에게 급하게 전화를 걸면서 ∨ 택시를 잡았습니다. ∨ 영호 씨는 ∨ 유미 씨가 많이 기다릴 것 같아서 ∨ 미안한 마음이 들었습니다.

▶ 중고급 수준의 수험자의 경우, 만점에 도전한다면 내용을 좀 더 구체적으로 설명하는 것이 좋습니다. 단, 너무 길어져 답변 시간을 초과하지 않도록 주의해야 합니다.
For intermediate- and advanced-level test takers who aim for a perfect score, it is best to explain your answer in more detail. However, you must be careful not to make your answer too long and exceed the response time.

| 발화 TIP Speaking tips **|**

기본적인 문형을 사용해서 말해 봅시다.
Speak using basic sentence structures.

- _____에서 _____-기로 했습니다.
- _____-ㄴ/는데도 _____-지 못했습니다.
- _____-ㄴ/는 바람에 _____-지 못했습니다.

3-2 | 문화생활 | 공연 Cultural life | Performances

Q 유미 씨는 퇴근하고 집으로 돌아가는 길입니다. 유미 씨에게 무슨 일이 있었는지 이야기하세요.

답변 틀 짜기 Framing your answer

 상황과 등장인물의 행동, 상태, 감정 파악하기
Grasping the situation and the character's actions, condition, and emotions

유미 씨는 퇴근하고 집으로 돌아가는 길입니다.
　　　↳등장인물　　　↳상황
　　　　Character　　　Situation

Step 2 준비하기 Preparing

그림 Picture	핵심어 메모 Key words	문장 만들기 Making sentences
1번	콘서트 광고 Concert advertisement	유미 씨가 퇴근했습니다. 지하철에서 BTS 콘서트 광고를 봤습니다. Yumi left work. In the subway, she saw an advertisement for a BTS concert.

2번	콘서트 예매/친구 Reserve concert tickets/ friend	유미 씨는 휴대 전화로 예매를 하려고 했지만 실패했습니다. 그래서 친구에게 예매를 부탁합니다. Yumi tried to reserve tickets using her cell phone, but she failed. So she asks her friend to reserve the tickets.
3번	친구와 콘서트 감 Going to the concert with a friend	친구와 같이 콘서트에 왔습니다. 콘서트를 보고 노래도 같이 부릅니다. Yumi and her friend came at the concert together. They watch the concert and sing songs together.
4번	상품 구매/ 사진 찍기 Buying merchandise/ Taking pictures	판매 상품도 사고 다른 팬들과 같이 사진도 찍었습니다. They bought merchandise and took pictures with other fans.

Step 3 답변 만들기 Creating your answer

유미 씨가 퇴근하고 집으로 가는 길에 지하철에서 BTS 콘서트 광고를 봤습니다. 바로 휴대 전화로 예매를 하려고 했는데 잘 안 되었습니다. 그래서 친구에게 전화를 해서 예매를 부탁했습니다. 친구가 예매를 해서 같이 콘서트에 갔습니다. 콘서트에서 공연도 보고 노래도 불렀습니다. 끝나고 판매 상품도 사고 다른 팬들과 함께 사진도 찍었습니다.

053

모범 답안 1 | Model answer 1

유미 씨가 ∨ 퇴근하고 집으로 가는 길에 ∨ 지하철에서 ∨ 콘서트 광고를 봤습니다. ∨ 유미 씨가 가장 좋아하는 ∨ BTS가 ∨ 5월에 ∨ 서울에서 ∨ 콘서트를 한다는 광고였습니다. ∨ 휴대 전화로 ∨ 바로 예매를 하려고 했는데 ∨ 잘 안 되었습니다. ∨ 그래서 ∨ 친한 친구에게 전화해서 ∨ 예매를 부탁했습니다. ∨ 다행히 ∨ 친구가 표를 예매해서 ∨ 콘서트에 같이 갔습니다. ∨ 콘서트를 보며 ∨ 신나게 ∨ 노래도 불렀습니다. ∨ 끝나고 ∨ 판매 상품도 사고 ∨ 다른 팬들과 함께 ∨ 사진도 찍었습니다.

▶ 초급 수준의 수험자일 경우, 답변을 어렵게 구성하기보다는 간단한 문장으로 답할 수 있도록 합시다.
If you are a beginner-level test taker, try to answer using simple sentences rather than constructing a difficult response.

모범 답안2 Model answer 2

유미 씨는 ∨ 퇴근하고 지하철을 타려고 ∨ 지하철 승강장으로 내려갔습니다. ∨ 그런데 ∨ 광고 게시판에 ∨ 못 보던 광고가 있는 걸 발견했습니다. ∨ 게시판에는 ∨ 유미 씨가 좋아하는 아이돌의 ∨ 콘서트 광고가 있었습니다. ∨ 서둘러 ∨ 핸드폰으로 표를 예매하려고 했지만 ∨ 예매를 실패했습니다. ∨ 그래서 유미 씨는 ∨ 친구한테 전화를 걸었습니다. ∨ 친구에게 콘서트에 같이 가고 싶은지 ∨ 의사를 물었는데 ∨ 친구가 기뻐하면서 ∨ '좋다'고 대답했습니다. ∨ 그리고 ∨ 표를 예매해 주었습니다. ∨ 유미 씨와 친구는 ∨ 콘서트에서 아이돌을 보고 ∨ 노래도 부르면서 ∨ 즐거운 시간을 보냈습니다. ∨ 콘서트가 끝나고 나갈 때 ∨ 아이돌 사진이 있는 ∨ 부채를 발견하고 ∨ 기념품으로 하나씩 ∨ 구매했습니다.

▶ 중고급 수준의 수험자의 경우, 만점에 도전한다면 내용을 좀 더 구체적으로 설명하는 것이 좋습니다. 단, 너무 길어져 답변 시간을 초과하지 않도록 주의해야 합니다.

For intermediate- and advanced-level test takers who aim for a perfect score, it is best to explain your answer in more detail. However, you must be careful not to make your answer too long and exceed the response time.

| 발화 TIP Speaking tips |

기본적인 문형을 사용해서 말해 봅시다.
Speak using basic sentence structures.

- _____ -(으)ㄴ/는 길에 _____ -습니다.
- _____에 _____ -(으)ㄴ/는 걸 발견했습니다.
- _____ 이/가 가장 좋아하는 _____ 이/가 _____ -(으)ㄴ/는다는 _____ (이)었습니다.
- _____ -(으)려고 했는데 안 되었습니다/실패했습니다.
- _____ -(으)ㄴ/는지 물었는데 _____ -고 대답했습니다.
- _____에서 _____ -고 _____ -(으)면서 즐거운 시간을 보냈습니다.

문화생활 | 영화 Cultural life | Movies

Q 영호 씨는 영화관에서 유미 씨를 만나기로 했습니다. 영호 씨에게 무슨 일이 있었는지 이야기하세요.

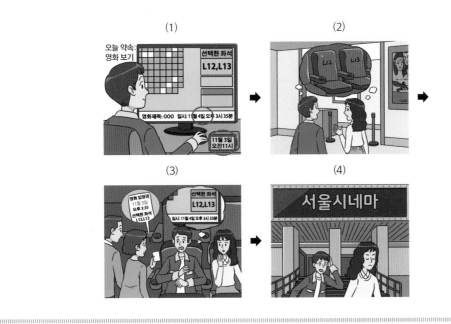

| 답변 틀 짜기 | Framing your answer |

Step 1 상황과 등장인물의 행동, 상태, 감정 파악하기
Grasping the situation and the character's actions, condition, and emotions

영호 씨는 유미 씨와 영화관에서 만나기로 했습니다.
 ↳등장인물 ① ↳등장인물 ② ↳상황
  Character ① Character ② Situation

Step 2 준비하기 Preparing

그림 Picture	핵심어 메모 Key words	문장 만들기 Making sentences
1번	영화 예매 Reserve movie tickets	영호 씨는 영화를 예매합니다. 11월 3일 오후 3시 35분 영화를 보려고 합니다. Youngho reserves movie tickets. He wants to see a movie on November 3 at 3:35 pm.

2번	유미와 만나서 영화 관람 Meet Yumi and watch the movie	오후에 영화관 입구에서 유미 씨를 만났습니다. 유미 씨와 같이 자리를 찾아 앉았습니다. In the afternoon, Youngho met Yumi at the movie theater entrance. He and Yumi find their seats and sit down.
3번	같은 자리/잘못 예매 Same seat/Making the wrong resenation	다른 커플이 표를 들고 왔습니다. 그들도 같은 자리였습니다. 영호 씨는 자기 표를 확인하니 오늘이 아니라 내일 영화표였습니다. Another couple comes with their tickets in hand. They have the same seats. Youngho checks his ticket and It was a movie ticket for tomorrow, not today.
4번	영화를 못 보고 영화관을 나옴/화가 남 Leaving the movie theater without seeing the movie/ Get angry	두 사람은 영화를 못 보고 영화관을 나왔습니다. 그래서 유미 씨는 화가 났습니다. They left the movie theater without seeing the movie. Yumi got angry.

Step 3 **답변 만들기** Creating your answer

영호 씨는 오전에 집에서 영화를 예매합니다. 11월 3일 오후 3시 35분 영화를 보려고 합니다. 오후에 영화관 입구에서 유미 씨를 만났습니다. 유미 씨와 같이 자리를 찾아 앉았습니다. 다른 커플이 와서 자기 자리라고 하며 표를 보여 줬습니다. 영호 씨가 다시 표를 확인하니 날짜가 달랐습니다. 영호 씨는 오늘 영화를 예매해야 하는데 내일 영화를 예매하고 왔습니다. 두 사람은 영화를 못 보고 영화관을 나왔습니다.

055

모범 답안 1 Model answer 1

영호 씨는 ∨ 오전에 집에서 ∨ 11월 3일 ∨ 오후 3시 35분 영화를 ∨ 예매했습니다. ∨ 오후에 유미 씨와 ∨ 영화관 입구에서 만났고 ∨ 영화를 보기 위해 ∨ 자리를 찾아 앉았습니다. ∨ 그런데 ∨ 조금 뒤에 ∨ 어떤 커플이 와서 ∨ 자기 자리라고 하면서 ∨ 표를 보여 줬습니다. ∨ 그래서 영호 씨가 자기 표를 다시 확인해 보니 ∨ 오늘이 아니라 ∨ 내일 영화표였습니다. ∨ 날짜를 잘못 보고 ∨ 예매한 것입니다. ∨ 영호 씨는 ∨ 미안하다고 이야기하고 ∨ 부끄러워서 ∨ 급하게 영화관을 나왔고 ∨ 유미 씨는 화가 났습니다.

▶ 초급 수준의 수험자일 경우, 답변을 어렵게 구성하기보다는 간단한 문장으로 답할 수 있도록 합시다.

If you are a beginner-level test taker, try to answer using simple sentences rather than constructing a difficult response.

모범답안2 Model answer 2

영호 씨는 오늘 ∨ 유미 씨와 영화를 보러 가기로 했습니다. ∨ 그래서 나가기 전에 ∨ 집에서 ∨ 미리 영화표를 ∨ 예매했습니다. ∨ 그리고 두 사람은 ∨ 영화관 앞에서 만나 ∨ 예매해 둔 자리를 찾아서 앉았습니다. ∨ 그런데 잠시 뒤 ∨ 어떤 커플이 다가와서 ∨ 표를 보여 주면서 ∨ 그 자리가 자신들의 자리라고 했습니다. ∨ 영호 씨가 당황하면서 ∨ 표를 다시 확인해 보니 ∨ 좌석은 맞는데 날짜가 달랐습니다. ∨ 영호 씨가 ∨ 표를 잘못 예매한 것이었습니다. ∨ 그래서 두 사람은 ∨ 영화를 보지 못하고 영화관을 ∨ 나왔습니다. ∨ 유미 씨는 화가 많이 났고 ∨ 영호 씨는 ∨ 그 모습을 보고 미안해서 ∨ 아무 말도 못 했습니다.

▶ 중고급 수준의 수험자의 경우, 만점에 도전한다면 내용을 좀 더 구체적으로 설명하는 것이 좋습니다. 단, 너무 길어져 답변 시간을 초과하지 않도록 주의해야 합니다.

For intermediate- and advanced-level test takers who aim for a perfect score, it is best to explain your answer in more detail. However, you must be careful not to make your answer too long and exceed the response time.

| **발화 TIP** Speaking tips |

기본적인 문형을 사용해서 말해 봅시다.
Speak using basic sentence structures.

- _____ -라고 하면서 _____
- _____ -아/어 보니 _____ 이/가 아니라 _____
- _____ -(으)ㄴ 것입니다.
- _____ -아/어서 아무 말도 못 했습니다.

문항 3-4 문화생활 | 스포츠 관람 Cultural life | Watching sports

Q 유미 씨는 오후 6시에 친구들을 만나기로 했습니다. 유미 씨에게 무슨 일이 있었는지 이야기하세요.

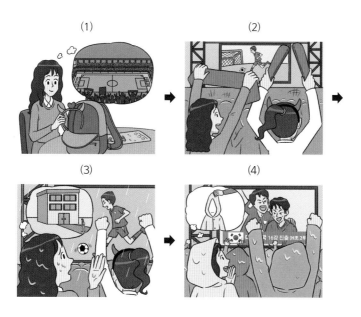

(1) (2) (3) (4)

답변 틀 짜기 Framing your answer

Step 1 상황과 등장인물의 행동, 상태, 감정 파악하기
Grasping the situation and the character's actions, condition, and emotions

유미 씨는 오후 6시에 친구들을 만나기로 했습니다.
└ 등장인물 ①   └ 등장인물 ②   └ 상황
  Character ①   Character ②   Situation

Step 2 준비하기 Preparing

그림 Picture	핵심어 메모 Key words	문장 만들기 Making sentences
1번	축구 경기 관람 준비 Prepare to watch a soccer game	유미 씨는 축구 경기를 보려고 합니다. 응원을 하기 위해 필요한 물건을 챙깁니다. Yumi is going to see a soccer game. She is preparing the items she needs to cheer for the team.

2번	거리 응원 Street cheering	유미 씨는 친구들을 만났습니다. 같이 거리 응원을 합니다. Yumi met her friends. They are cheering in the street together.
3번	비가 옴/집으로 갈까 고민 It rains / Yumi considers going home	응원을 하고 있는데 비가 옵니다. 집으로 돌아갈지 고민을 합니다. They are cheering, but it is raining. Yumi considers whether she should go home.
4번	비옷을 받음/ 우리 팀이 이김 They receive rain ponchos / Our team wins	사람들이 비옷을 나누어 줍니다. 비옷을 입고 끝까지 우리 팀을 응원합니다. 우리 팀이 이겼습니다. People are handing out rain ponchos. Yumi and her friends put on the rain ponchos and cheer for their team until the end. Our team won.

Step 3 답변 만들기 Creating your answer

유미 씨는 축구 경기를 보러 가려고 응원에 필요한 물건을 챙깁니다. 유미 씨는 친구들을 만나 같이 거리 응원을 합니다. 응원을 하고 있는데 비가 왔습니다. 집으로 돌아갈지 고민을 하고 있는데 사람들이 비옷을 나누어 줬습니다. 비옷을 입고 끝까지 우리 팀을 응원했습니다. 그 결과 우리 팀이 이겼습니다.

057

모범답안1 Model answer 1

유미 씨는 오늘 ∨ 축구 경기를 보러 갑니다. ∨ 미리 ∨ 응원 준비물도 챙겼습니다. ∨ 거리에서 사람들과 함께 ∨ 응원을 하면서 ∨ 축구 경기를 볼 것입니다. ∨ 그래서 ∨ 친구들을 만나서 ∨ 자리를 잡았습니다. ∨ 경기를 보면서 ∨ 열심히 응원을 하고 있는데 ∨ 갑자기 비가 왔습니다. ∨ 집으로 돌아가야 하는지 ∨ 고민하고 있는데 ∨ 사람들이 ∨ 비옷을 나눠 줬습니다. ∨ 비옷을 입고 ∨ 끝까지 ∨ 우리 팀을 응원했습니다. ∨ 우리 팀이 경기에서 이겼고 ∨ 유미 씨와 친구들은 ∨ 너무 기뻤습니다.

▶ 초급 수준의 수험자일 경우, 답변을 어렵게 구성하기보다는 간단한 문장으로 답할 수 있도록 합시다.

If you are a beginner-level test taker, try to answer using simple sentences rather than constructing a difficult response.

모범답안2 Model answer 2

유미 씨는 ∨ 친구들과 축구 경기를 ∨ 보러 가기로 했습니다. ∨ 그래서 ∨ 응원 준비물을 미리 챙겼습니다. ∨ 그리고 거리에서 ∨ 친구들을 만나 ∨ 전광판 앞에 서서 ∨ 경기를 관람했습니다. ∨ 유미 씨는 ∨ 응원 수건을, ∨ 유미 씨의 친구는 ∨ 응원 풍선을 들고 ∨ 큰 소리로 응원했습니다. ∨ 친구들과 ∨ 경기를 한참 신나게 보고 있는데 ∨ 예상치 못하게 ∨ 비가 내리기 시작했습니다. ∨ 유미 씨는 ∨ 우산을 가져오지 않아서 당황하면서 ∨ 집으로 돌아갈지 말지 ∨ 고민하였습니다. ∨ 그런데 ∨ 행사 주최 측에서 ∨ 비옷을 나눠 줘서 ∨ 응원을 계속할 수 있었고, ∨ 그 덕분인지 우리 팀이 경기에서 이겼습니다. ∨ 유미 씨와 친구들은 ∨ 너무 기뻐서 ∨ 더 큰 함성을 질렀습니다.

▶ 중고급 수준의 수험자의 경우, 만점에 도전한다면 내용을 좀 더 구체적으로 설명하는 것이 좋습니다. 단, 너무 길어져 답변 시간을 초과하지 않도록 주의해야 합니다.

For intermediate- and advanced-level test takers who aim for a perfect score, it is best to explain your answer in more detail. However, you must be careful not to make your answer too long and exceed the response time.

| 발화 TIP Speaking tips **|**

기본적인 문형을 사용해서 말해 봅시다.
Speak using basic sentence structures.

- _____ -(으)러 갑니다/갔습니다.
- _____ -기 시작했습니다.
- _____ -(으)ㄹ지 _____ -(으)ㄹ지 고민했습니다.
- _____ 덕분인지 _____

문화생활 | 여행 Cultural life | Traveling

Q 영호 씨는 3시에 수지 씨를 만나기로 했습니다. 영호 씨에게 무슨 일이 있었는지 이야기하세요.

답변 틀 짜기 Framing your answer

Step 1 상황과 등장인물의 행동, 상태, 감정 파악하기
Grasping the situation and the character's actions, condition, and emotions

영호 씨는 3시에 수지 씨를 만나기로 했습니다.
└ 등장인물 ① └ 등장인물 ② └ 상황
Character ①   Character ②   Situation

Step 2 준비하기 Preparing

그림 Picture	핵심어 메모 Key words	문장 만들기 Making sentences
1번	기차역에서 만남 Meeting at the train station	영호 씨와 수지 씨는 기차를 타고 부산으로 여행을 갈 겁니다. 서울역에서 3시에 만나기로 약속했습니다. Youngho and Suji are going to take the train and travel to Busan. They promised to meet at Seoul Station at 3:00.

2번	길이 막혀서 약속 시간까지 못 감 He couldn't make it on time due to traffic	버스를 타고 서울역까지 가려고 했습니다. 그런데 길이 막혀서 차가 움직이지 않았습니다. He got on the bus to go to Seoul Station. But there was a lot of traffic, so the bus wasn't moving.
3번	늦게 도착, 기차 출발 Arrived late, train departs	약속 시간보다 10분 늦게 서울역에 도착했습니다. 수지 씨가 없어서 기차를 타러 갔는데 기차가 떠났습니다. He arrived at Seoul Station 10 minutes later than planned. Suji wasn't there, so Youngho went to the platform to take the train, but the train left.
4번	수지 씨에게 연락 Contact Suji	놀라서 수지 씨에게 전화했는데 수지 씨는 기차표를 바꾸고 있었습니다. He was surprised, so he called Suji. She was changing her train ticket.

Step 3 **답변 만들기** Creating your answer

영호 씨와 수지 씨는 기차를 타고 부산으로 여행을 갈 겁니다. 서울역에서 3시에 만나기로 약속했습니다. 영호 씨는 버스를 탔는데 길이 막혀서 차가 움직이지 않았습니다. 서울역에 약속 시간보다 10분 늦게 도착했습니다. 영호 씨는 바로 기차를 타러 갔는데 기차가 벌써 떠났습니다. 놀라서 수지 씨에게 전화를 했는데 수지 씨는 기차표를 바꾸고 있었습니다.

059

모범 답안 1 Model answer 1

영호 씨와 수지 씨는 ∨ 기차를 타고 ∨ 부산으로 여행을 갈 겁니다. ∨ 서울역에서 ∨ 3시에 만나기로 약속했습니다. ∨ 영호 씨가 버스를 탔는데 ∨ 길이 막혀 ∨ 차가 움직이지 않았습니다. ∨ 그래서 ∨ 약속 시간보다 ∨ 10분 늦게 ∨ 서울역에 도착했는데 ∨ 수지 씨가 ∨ 그곳에 없었습니다. ∨ 놀라서 ∨ 기차를 타러 갔지만 ∨ 기차가 이미 떠났습니다. ∨ 영호 씨가 ∨ 수지 씨에게 ∨ 전화를 했더니 ∨ 수지 씨는 ∨ 영호 씨가 늦어서 ∨ 다음 시간으로 ∨ 기차표를 ∨ 바꾸고 있었습니다. ∨ 영호 씨는 ∨ 수지 씨에게 ∨ 고맙고 미안했습니다.

▶ 초급 수준의 수험자일 경우, 답변을 어렵게 구성하기보다는 간단한 문장으로 답할 수 있도록 합시다.
If you are a beginner-level test taker, try to answer using simple sentences rather than constructing a difficult response.

모범답안2 Model answer 2

영호 씨는 ∨ 수지 씨와 ∨ 부산 여행을 가기로 했습니다. ∨ 그래서 두 사람은 ∨ 오늘 오후 3시에 ∨ 서울역에서 만나기로 했고, ∨ 표는 ∨ 수지 씨가 ∨ 미리 예매를 해 두었습니다. ∨ 영호 씨는 ∨ 버스를 타고 가고 있었는데 ∨ 길이 너무 막혔습니다. ∨ 오후 2시 30분이 되자 ∨ 영호 씨는 ∨ 약속한 시간에 늦을까 봐 ∨ 걱정이 되기 시작했습니다. ∨ 영호 씨가 기차역에 도착했을 때 ∨ 기차가 떠난 지 ∨ 10분이 지난 상황이었고 ∨ 수지 씨도 ∨ 약속 장소에 없었습니다. ∨ 그래서 급하게 ∨ 수지 씨에게 전화했더니 ∨ 수지 씨는 벌써 ∨ 3시 45분 기차로 ∨ 표를 바꿨다고 했습니다. ∨ 영호 씨는 ∨ 수지 씨에게 ∨ 고맙고 미안했습니다.

▶ 중고급 수준의 수험자의 경우, 만점에 도전한다면 내용을 좀 더 구체적으로 설명하는 것이 좋습니다. 단, 너무 길어져 답변 시간을 초과하지 않도록 주의해야 합니다.

For intermediate- and advanced-level test takers who aim for a perfect score, it is best to explain your answer in more detail. However, you must be careful not to make your answer too long and exceed the response time.

| 발화 **TIP** Speaking tips |

기본적인 문형을 사용해서 말해 봅시다.
Speak using basic sentence structures.

- _____ 을/를 타고 _____ -(으)ㄹ 것입니다/-기로 했습니다.
- _____ -(으)ㄹ까 봐 걱정이 되었습니다.
- _____ 보다 _____ 늦게 _____
- _____ -지만 _____ 이/가 이미/벌써 _____
- _____ -았/었/더니 _____

학교생활 | 인물의 행동 School life | Character's behavior

Q 유미 씨의 체육 시간입니다. 유미 씨에게 무슨 일이 있었는지 이야기하세요.

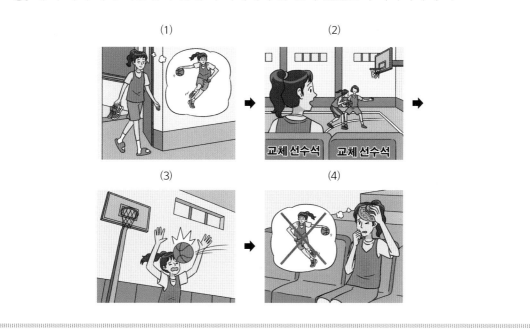

(1) (2) (3) (4)

| 답변 틀 짜기 Framing your answer |

 상황과 등장인물의 행동, 상태, 감정 파악하기
Grasping the situation and the character's actions, condition, and emotions

유미 씨는 체육 시간에 농구를 하려고 합니다.
└ 등장인물   └ 상황
  Character   Situation

Step 2 **준비하기** Preparing

그림 Picture	핵심어 메모 Key words	문장 만들기 Making sentences
1번	체육 시간-농구 Gym class - basketball	유미 씨는 학교에서 농구 시합을 합니다. 그래서 체육복을 입고 신발을 들고 체육관으로 갔습니다. Yumi has a basketball game at school, so she put on her gym clothes, grab her shoes, and headed to the gym.

2번	이번 경기의 선수가 아님 Not playing in this match	교체 선수석에서 친구들이 경기하는 모습을 보면서 차례를 기다렸습니다. She waited her turn on the substitute's bench, watching her friends play.
3번	공에 맞음 Hit by the ball	잠시 뒤에 유미 씨는 선수로 경기에 들어가게 되었습니다. 얼마 지나지 않아 상대편 선수의 공에 얼굴을 맞았습니다. A short while later, Yumi entered the match as a player. Not long after that, a player from the other team hit her in the face with the ball.
4번	다시 밖으로 Back outside again	얼굴을 다쳐서 경기를 못 뛰고 다시 밖으로 나왔습니다. 유미 씨는 다시 의자에 앉아서 경기를 구경했습니다. Her face was injured, so she couldn't play in the match and came back outside again. Yumi sat back down in a chair and watched the game.

Step 3 답변 만들기 Creating your answer

유미 씨는 오늘 학교에서 농구 시합을 합니다. 그래서 체육복을 입고 신발을 들고 체육관으로 갔습니다. 유미 씨는 교체 선수석에서 친구들이 농구하는 모습을 보면서 차례를 기다렸습니다. 드디어 유미 씨가 경기에 나 갔습니다. 수비를 하려고 서 있는데 상대편 선수의 공에 얼굴을 맞았습니다. 얼굴을 다쳐서 경기를 못 뛰고 다시 밖으로 나왔습니다. 유미 씨는 다시 의자에 앉아서 경기를 구경했습니다.

061

모범 답안 1 Model answer 1

유미 씨는 ∨ 오늘 학교에서 농구 시합을 합니다. ∨ 그래서 ∨ 체육복을 입고 ∨ 신발을 들고 ∨ 체 육관으로 갔습니다. ∨ 유미 씨는 ∨ 교체 선수석에서 ∨ 친구들이 농구하는 모습을 보면서 ∨ 차례를 기다렸습니다. ∨ 그리고 ∨ 언제 나갈 수 있을까 ∨ 계속 생각했습니다. ∨ 드디어 유미 씨가 경기에 나갔습니다. ∨ 하지만 ∨ 공을 잡으려다가 ∨ 날아오는 공에 ∨ 머리를 맞았습니다. ∨ 유미 씨는 ∨ 다시 교체 선수석에 앉아 ∨ 경기를 지켜보게 되었습니다. ∨ 오늘 ∨ 농구 경기에 ∨ 많이 참여하지 못해서 ∨ 너무 슬펐습니다.

▶ 초급 수준의 수험자일 경우, 답변을 어렵게 구성하기보다는 간단한 문장으로 답할 수 있도록 합시다.

If you are a beginner-level test taker, try to answer using simple sentences rather than constructing a difficult response.

모범답안2 Model answer 2

유미 씨는 ∨ 다음 시간이 체육이라 ∨ 체육복을 입고 ∨ 신발을 들고 나갔습니다. ∨ 체육 시간에 농구 시합을 하기 때문에 ∨ 팀을 나누어 경기를 하였습니다. ∨ 유미 씨는 ∨ 처음부터 경기에서 뛰고 싶었지만 ∨ 이번 경기에서는 선수가 아니어서 ∨ 밖에서 경기를 구경했습니다. ∨ 드디어 교체 시간에 ∨ 선수로 ∨ 경기에 들어가게 되었습니다. ∨ 수비를 하려고 서 있는데 ∨ 상대편 선수의 공에 ∨ 얼굴을 맞았습니다. ∨ 공을 맞고 얼굴이 부어서 ∨ 경기를 못 뛰고 ∨ 다시 밖으로 나왔습니다. ∨ 유미 씨는 ∨ 얼음 마사지를 하면서 ∨ 앉아서 경기를 구경했습니다. ∨ 경기를 제대로 하지 못하고 ∨ 구경만 해서 ∨ 유미 씨는 아쉬웠습니다.

▶ 중고급 수준의 수험자의 경우, 만점에 도전한다면 내용을 좀 더 구체적으로 설명하는 것이 좋습니다. 단, 너무 길어져 답변 시간을 초과하지 않도록 주의해야 합니다.

For intermediate- and advanced-level test takers who aim for a perfect score, it is best to explain your answer in more detail. However, you must be careful not to make your answer too long and exceed the response time.

| 발화 TIP Speaking tips **|**

기본적인 문형을 사용해서 말해 봅시다.
Speak using basic sentence structures.

- _____에서 _____-(으)면서 _____
- _____-(으)려다가 _____
- _____-(이)라서/때문에 _____
- _____-게 되었습니다.
- _____-지 못해서 슬펐습니다/아쉬웠습니다.

학교생활 | 상황 School life | Situations

Q 영호 씨의 학교생활입니다. 영호 씨에게 무슨 일이 있었는지 이야기하세요.

(1)   (2)

(3)   (4)

▌답변 틀 짜기 Framing your answer ▌

 Step 1 **상황과 등장인물의 행동, 상태, 감정 파악하기**
Grasping the situation and the character's actions, condition, and emotions

영호 씨의 학교생활입니다.
    └ 등장인물   └ 상황
    Character   Situation

Step 2 **준비하기** Preparing

그림 Picture	핵심어 메모 Key words	문장 만들기 Making sentences
1번	점심시간 Lunchtime	점심시간이 되어 친구들과 학생 식당에 갔습니다. 식사를 받고 맛있게 점심을 먹었습니다. At lunchtime, Youngho went to the student cafeteria with his friends. They received their food and enjoyed their lunch.

2번	수업 시간에 졸림 Sleepy during class time	수업 시간에 자꾸 잠이 왔습니다. 졸면서 수업을 들었습니다. He keeps falling asleep during class time. He sleepily listens to the lecture.
3번	잠을 자다가 들킴 Fell asleep and got caught	영호 씨는 수업 시간에 졸았습니다. 선생님이 영호 씨의 자는 모습을 보셨습니다. Youngho was sleepy during class time. The teacher saw Youngho sleeping.
4번	서서 수업 들음 Listening to the lecture while standing up	교실 뒤에서 서서 수업을 들었습니다. 창피했지만 그래도 잠은 오지 않았습니다. He listened to the lecture while standing in the back of the classroom. He was embarrassed, but even so, he didn't fall asleep anymore.

Step 3 답변 만들기 Creating your answer

점심시간이 되어 친구들과 학생 식당에 갔습니다. 식사를 받고 맛있게 점심을 먹었습니다. 수업 시간에 자꾸 잠이 왔습니다. 졸면서 수업을 들었습니다. 그러다가 잠에 들었습니다. 선생님이 영호 씨의 자는 모습을 보셨습니다. 교실 뒤에서 서서 수업을 들었습니다. 창피했지만 그래도 잠은 오지 않았습니다.

063

모범 답안 1 Model answer 1

점심시간이 되어 ∨ 친구들과 학생 식당에 갔습니다. ∨ 식사를 받고 ∨ 맛있게 점심을 먹었습니다. ∨ 점심이 맛있어서 ∨ 조금 많이 먹었습니다. ∨ 점심을 먹은 후, ∨ 수업 시간에 자꾸 잠이 왔습니다. ∨ 그래서 영호 씨는 ∨ 졸면서 수업을 들었습니다. ∨ 자신도 모르게 졸다가 ∨ 고개를 숙이고 ∨ 잠이 들었습니다. ∨ 그런데 선생님이 ∨ 영호 씨의 자는 모습을 보게 되었습니다. ∨ 영호 씨는 ∨ 교실 뒤에 서서 ∨ 수업을 듣게 되었습니다. ∨ 창피했지만 ∨ 그래도 ∨ 잠은 오지 않았습니다.

▶ 초급 수준의 수험자일 경우, 답변을 어렵게 구성하기보다는 간단한 문장으로 답할 수 있도록 합시다.

If you are a beginner-level test taker, try to answer using simple sentences rather than constructing a difficult response.

모범 답안 2 Model answer 2

영호 씨는 점심시간에 ∨ 친구들과 학생 식당에 가서 ∨ 점심 식사를 했습니다. ∨ 오늘은 맛있는 반찬이 많이 나와서 ∨ 밥을 ∨ 평소보다 많이 먹었습니다. ∨ 식사를 한 후 ∨ 수업 시간이 되어 ∨ 교실에서 수업을 들었습니다. ∨ 그런데 ∨ 밥을 너무 많이 먹어서 그런지 ∨ 졸음이 몰려 왔습니다. ∨ 그래서 영호 씨는 ∨ 자신도 모르게 졸다가 ∨ 나중에는 ∨ 고개를 숙이고 잠들어 버렸습니다. ∨ 선생님께서 그 모습을 발견하시고는 ∨ 영호 씨에게 주의를 주면서 ∨ 교실 뒤에 있는 ∨ '졸음 금지석'에서 ∨ 수업을 들으라고 하셨습니다. ∨ 영호 씨는 조금 창피했지만 ∨ 그래도 ∨ 잠이 더 이상 오지 않아서 ∨ 수업을 ∨ 제대로 들을 수 있었습니다.

▶ 중고급 수준의 수험자의 경우, 만점에 도전한다면 내용을 좀 더 구체적으로 설명하는 것이 좋습니다. 단, 너무 길어져 답변 시간을 초과하지 않도록 주의해야 합니다.

For intermediate- and advanced-level test takers who aim for a perfect score, it is best to explain your answer in more detail. However, you must be careful not to make your answer too long and exceed the response time.

┃ 발화 **TIP** Speaking tips ┃

기본적인 문형을 사용해서 말해 봅시다.
Speak using basic sentence structures.

- _____이/가 되어
- _____-(으)ㄴ 후
- _____-(으)면서
- 자신/나도 모르게 _____-다가
- _____-지만 그래도 _____-지 않았습니다.

3-8 학교생활 | 사건 School life | Incidents

Q 영호 씨는 수업 시간에 발표하기로 되어 있습니다. 영호 씨에게 무슨 일이 있었는지 이야기하세요.

(1)   (2)

(3)   (4)

| 답변 틀 짜기 | Framing your answer |

Step 1 상황과 등장인물의 행동, 상태, 감정 파악하기
Grasping the situation and the character's actions, condition, and emotions

영호 씨는 수업 시간에 발표하기로 되어 있습니다.
　┗ 등장인물　　┗ 상황
　Character　　Situation

Step 2 준비하기 Preparing

그림 Picture	핵심어 메모 Key words	문장 만들기 Making sentences
1번	발표 순서를 기다림/ 긴장됨 Waiting for his turn to present/feeling nervous	영호 씨는 오늘 발표가 있습니다. 발표 순서를 기다리고 있었습니다. 영호 씨는 긴장되었습니다. Youngho has a presentation today. He was waiting for his turn to present. Youngho was nervous.

2번	USB를 안 갖고 옴 Didn't bring his USB	영호 씨는 발표 자료가 들어있는 USB를 안 갖고 왔습니다. 집에 있는 책상 위에 두고 왔습니다. Youngho didn't bring the USB that has his presentation file. He left it on his desk at home.
3번	동생이 가져다줌 Younger sibling brings it	그때 동생이 교실에 들어왔는데 USB를 갖고 왔습니다. At that time, his younger sibling came into the classroom with Youngho's USB.
4번	발표/동생에게 고마움 Presentation/grateful toward younger sibling	마지막 순서로 발표를 잘 끝냈습니다. 영호 씨는 동생에게 고마웠습니다. He gave his presentation well in the last order. Youngho was grateful toward his younger sibling.

Step 3 답변 만들기 Creating your answer

영호 씨는 오늘 발표가 있습니다. 발표 순서를 기다리고 있었습니다. 영호 씨는 발표 자료가 들어있는 USB를 안 갖고 왔습니다. 집에 있는 책상 위에 두고 왔습니다. 동생이 교실에 들어왔는데 USB를 갖고 왔습니다. 마지막 순서로 발표 자료를 가지고 발표를 하였습니다. 영호 씨는 동생에게 고마웠습니다.

065

모범 답안 1 Model answer 1

영호 씨는 ∨ 오늘 수업 시간에 ∨ 발표가 있습니다. ∨ 긴장된 표정으로 ∨ 발표 순서를 기다리고 있었습니다. ∨ 그래도 ∨ 연습을 많이 해서 ∨ 자신이 있었습니다. ∨ 이제 ∨ 영호 씨의 발표 순서가 되어 ∨ 발표 자료가 들어있는 ∨ USB를 찾았는데 ∨ 보이지 않았습니다. ∨ 집 책상 위에 두고 온 것이 ∨ 기억났습니다. ∨ 그래서 ∨ 다시 자리에 돌아가 앉아 있는데 ∨ 동생이 ∨ 교실에 들어왔습니다. ∨ 동생은 ∨ 영호 씨의 USB를 갖고 왔습니다. ∨ 영호 씨는 ∨ 마지막 순서로 ∨ 발표를 잘 끝냈고 ∨ 동생이 너무 고마웠습니다.

▶ 초급 수준의 수험자일 경우, 답변을 어렵게 구성하기보다는 간단한 문장으로 답할 수 있도록 합시다.

If you are a beginner-level test taker, try to answer using simple sentences rather than constructing a difficult response.

066

모범 답안 2 Model answer 2

오늘은 ∨ 영호 씨에게 ∨ 중요한 발표 과제가 있는 날입니다. ∨ 영호 씨는 긴장되는 상태로 ∨ 차례를 기다리면서 ∨ 발표 내용을 ∨ 숙지하고 있었습니다. ∨ 그리고 ∨ 영호 씨의 차례가 다가오자 ∨ 발표 자료가 들어 있는 USB를 ∨ 주머니에서 꺼내려고 하였습니다. ∨ 그런데 어쩐 일인지 ∨ 주머니에는 ∨ 아무것도 없었습니다. ∨ 영호 씨는 ∨ 그제서야 ∨ USB를 집에 두고 왔다는 것이 ∨ 생각났습니다. ∨ 실망한 상태로 ∨ 다시 자리에 돌아가서 앉아 있는데 ∨ 다행히 ∨ 영호 씨의 동생이 ∨ USB를 가지고 ∨ 교실로 찾아왔습니다. ∨ 동생 덕분에 ∨ 영호 씨는 ∨ 발표를 잘 마무리할 수 있었고, ∨ 동생에게 너무 고마웠습니다.

▶ 중고급 수준의 수험자의 경우, 만점에 도전한다면 내용을 좀 더 구체적으로 설명하는 것이 좋습니다. 단, 너무 길어져 답변 시간을 초과하지 않도록 주의해야 합니다.

For intermediate- and advanced-level test takers who aim for a perfect score, it is best to explain your answer in more detail. However, you must be careful not to make your answer too long and exceed the response time.

| 발화 TIP Speaking tips **|**

기본적인 문형을 사용해서 말해 봅시다.
Speak using basic sentence structures.

- _____이/가 있습니다.
- _____-고 있었습니다.
- 어쩐 일인지 _____
- _____-자 _____-(으)려고 했습니다.
- _____에 두고 온 것이 기억났습니다/생각났습니다.

3-9 직장 생활 | 사건 Work Life | Incidents

Q 영호 씨는 회사에 출근했습니다. 영호 씨에게 무슨 일이 있었는지 이야기하세요.

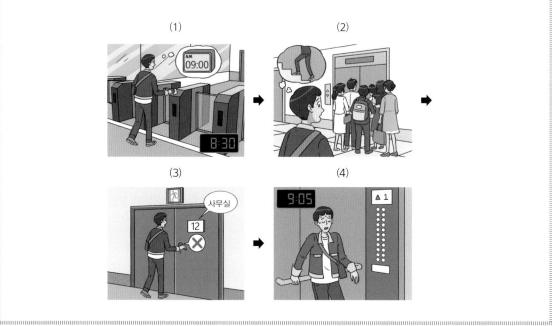

(1)   (2)

(3)   (4)

| 답변 틀 짜기 | Framing your answer |

Step 1 ▶ **상황과 등장인물의 행동, 상태, 감정 파악하기**
Grasping the situation and the character's actions, condition, and emotions

영호 씨는 회사에 출근했습니다.
   └ 등장인물   └ 상황
     Character   Situation

Step 2 ▶ **준비하기** Preparing

그림 Picture	핵심어 메모 Key words	문장 만들기 Making sentences
1번	출근 Going to work	영호 씨는 9시까지 회사에 출근해야 합니다. 30분 일찍 도착했습니다. Youngho has to arrive to work at his office by 9:00. He arrived 30 minutes early.

2번	엘리베이터 앞에 사람이 많음 A lot of people in front of the elevator	엘리베이터 앞에 사람들이 많이 서 있었습니다. 계단으로 올라가려고 합니다. Many people were standing in front of the elevator. He goes to take the stairs.
3번	계단으로 올라감/문이 안 열림 Going up the stairs / the door won't open	계단으로 힘들게 올라갔습니다. 12층 문을 열었는데 안 열립니다. He was struggling to go up the stairs. On the 12th floor, he tries to open the stairway door, but it won't open.
4번	다시 내려와서 엘리베이터를 탐 Going back down and take the elevator	당황해서 다시 계단으로 1층까지 내려왔습니다. 엘리베이터를 타고 시계를 보니 9시가 넘었습니다. He was flustered, so he took the stairs back down to the 1st floor. He took the elevator up, but it was past 9:00.

Step 3 답변 만들기 Creating your answer

영호 씨는 9시까지 회사에 출근해야 합니다. 30분 일찍 회사에 도착했습니다. 엘리베이터 앞에 사람들이 많이 서 있어서 계단으로 올라가려고 합니다. 계단으로 힘들게 올라갔는데 12층 문이 열리지 않습니다. 당황해서 다시 계단으로 1층까지 내려왔습니다. 엘리베이터를 타고 시계를 보니 9시가 넘었습니다.

067

모범 답안 1 Model answer 1

영호 씨는 ∨ 9시까지 ∨ 회사에 출근해야 합니다. ∨ 다행히 ∨ 30분 전에 ∨ 회사에 도착했습니다. ∨ 사무실에 ∨ 엘리베이터를 ∨ 타고 가려고 했는데 ∨ 사람들이 많이 서 있어서 ∨ 탈 수 없을 것 같았습니다. ∨ 계단으로 가는 것이 ∨ 빠를 것 같아서 ∨ 힘들게 ∨ 사무실이 있는 ∨ 12층까지 ∨ 걸어 올라갔습니다. ∨ 드디어 ∨ 12층에 도착해서 ∨ 문을 열었는데 ∨ 문이 ∨ 열리지 않았습니다. ∨ 당황한 나머지 ∨ 늦을까 봐 ∨ 다시 급하게 ∨ 계단을 내려왔습니다. ∨ 엘리베이터를 타고 나서 ∨ 시계를 보니 ∨ 9시가 넘었습니다.

▶ 초급 수준의 수험자일 경우, 답변을 어렵게 구성하기보다는 간단한 문장으로 답할 수 있도록 합시다.

If you are a beginner-level test taker, try to answer using simple sentences rather than constructing a difficult response.

모범답안 2 Model answer 2

영호 씨는 ∨ 오전 9시까지 ∨ 출근을 해야 하는데, ∨ 오늘은 ∨ 그것보다 30분 일찍 회사에 도착했습니다. ∨ 사원증을 찍고 ∨ 회사에 들어가니 ∨ 엘리베이터 앞에 ∨ 사람들이 ∨ 많이 서 있었습니다. ∨ 영호 씨는 ∨ 엘리베이터를 기다렸다가 올라가면 ∨ 지각을 할 것 같아서 ∨ 계단을 이용하기로 했습니다. ∨ 계단을 통해 ∨ 힘들게 ∨ 12층까지 올라가서 ∨ 문을 열려고 했지만 ∨ 이상하게 ∨ 비상구 문이 ∨ 열리지 않았습니다. ∨ 그래서 서둘러 ∨ 계단으로 다시 내려와서 ∨ 엘리베이터를 탔는데 ∨ 1층에서 탑승했을 때 ∨ 이미 ∨ 9시 5분이었습니다. ∨ 영호 씨는 ∨ 결국 ∨ 사무실에 늦게 도착하고 말았습니다.

▶ 중고급 수준의 수험자의 경우, 만점에 도전한다면 내용을 좀 더 구체적으로 설명하는 것이 좋습니다. 단, 너무 길어져 답변 시간을 초과하지 않도록 주의해야 합니다.

For intermediate- and advanced-level test takers who aim for a perfect score, it is best to explain your answer in more detail. However, you must be careful not to make your answer too long and exceed the response time.

▎발화 TIP Speaking tips ▎

기본적인 문형을 사용해서 말해 봅시다.
Speak using basic sentence structures.

- _____ -아/어야 합니다.
- _____ -(으)ㄹ 수 있습니다/없습니다.
- _____ -(으)ㄹ 것 같았습니다.
- _____ -(으)ㄹ까 봐

직장 생활 | 상황 Work Life | Situations

Q 영호 씨의 이번 주 회사 생활입니다. 영호 씨에게 무슨 일이 있었는지 이야기하세요.

답변 틀 짜기 Framing your answer

Step1 **상황과 등장인물의 행동, 상태, 감정 파악하기**
Grasping the situation and the character's actions, condition, and emotions

영호 씨의 이번 주 회사 생활입니다.
　　└ 등장인물　└ 상황
　　 Character 　 Situation

Step2 **준비하기** Preparing

그림 Picture	핵심어 메모 Key words	문장 만들기 Making sentences
1번	야근 Working overtime	영호 씨는 이번 주 월요일부터 목요일까지 계속 야근을 했습니다. 저녁 식사도 못하고 일을 했습니다. Youngho continuously worked late this week from Monday until Thursday. He worked without even eating dinner.

2번	미팅 Meeting	월요일에서 수요일까지는 2시부터 4시까지 사람들을 만나서 미팅을 했습니다. From Monday to Wednesday, from 2:00 to 4:00, he met people for meetings.
3번	피곤 & 스트레스 Tired and stressed	금요일에는 피곤해서 계속 하품을 했습니다. 그리고 스트레스가 쌓여서 짜증이 났습니다. On Friday, he kept yawning because he was tired. Also, because he had built up stress, he was annoyed.
4번	주말 계획 Weekend plans	이번 주말에는 휴대 전화를 꺼 놓을 겁니다. 그리고 종일 잠만 잘 것입니다. This weekend, he will turn off his cell phone. Also, he will sleep for a whole day.

Step 3 답변 만들기 Creating your answer

영호 씨는 이번 주 월요일부터 목요일까지 계속 야근을 했습니다. 저녁 식사도 못하고 일을 했습니다. 월요일
에서 수요일까지는 2시부터 4시까지 사람들을 만나고 미팅을 했습니다. 금요일에는 피곤해서 계속 하품을
했습니다. 그리고 스트레스가 쌓여서 짜증이 났습니다. 이번 주말에는 휴대 전화를 꺼 놓을 겁니다. 그리고
종일 잠만 잘 것입니다.

069

모범 답안 1 | Model answer 1

영호 씨는 ∨ 이번 주에 ∨ 일정이 너무 바빴습니다. ∨ 월요일부터 목요일까지 ∨ 계속 밤 ∨ 11시까
지 ∨ 야근을 했습니다. ∨ 야근하면서 ∨ 저녁 식사도 못하고 ∨ 일을 했습니다. ∨ 그리고 ∨ 월요일
부터 수요일까지는 ∨ 2시부터 4시까지 ∨ 사람들을 만나 ∨ 회의를 했습니다. ∨ 그러다 보니 ∨ 금
요일에는 ∨ 너무 피곤해서 ∨ 계속 하품이 나왔습니다. ∨ 그리고 ∨ 스트레스가 쌓여서 ∨ 일을 하
는데 ∨ 자꾸 짜증이 났습니다. ∨ 이번 주말에는 ∨ 휴대 전화를 꺼 놓고 ∨ 하루 종일 ∨ 잠만 잘 것
입니다.

▶ 초급 수준의 수험자일 경우, 답변을 어렵게 구성하기보다는 간단한 문장으로 답할 수 있도록 합시다.
If you are a beginner-level test taker, try to answer using simple sentences rather than constructing
a difficult response.

모범답안2 Model answer 2

영호 씨는 ∨ 이번 주에 ∨ 월요일에서 목요일까지 ∨ 연속으로 야근을 했습니다. ∨ 금요일에 ∨ 중요한 발표가 있었기 때문입니다. ∨ 4일 내내 ∨ 저녁 식사도 못하고 ∨ 밤 11시까지 ∨ 회사 업무에 집중했습니다. ∨ 그리고 ∨ 월요일부터 수요일까지 3일 동안에는 ∨ 오후 2시부터 2시간씩 ∨ 매일 회의를 진행했습니다. ∨ 그동안 ∨ 열심히 한 덕분에 ∨ 일은 잘 진행되었습니다. ∨ 하지만 ∨ 그동안 무리해서 그런지 ∨ 금요일부터 ∨ 머리가 아프기 시작했습니다. ∨ 영호 씨는 이번 주말에는 ∨ 쉬기로 마음먹었습니다. ∨ 휴대 전화를 ∨ 무음으로 해 놓고 ∨ 주중에 못 잤던 잠을 ∨ 실컷 자면서 ∨ 휴식을 취했습니다.

▶ 중고급 수준의 수험자의 경우, 만점에 도전한다면 내용을 좀 더 구체적으로 설명하는 것이 좋습니다. 단, 너무 길어져 답변 시간을 초과하지 않도록 주의해야 합니다.

For intermediate- and advanced-level test takers who aim for a perfect score, it is best to explain your answer in more detail. However, you must be careful not to make your answer too long and exceed the response time.

| 발화 **TIP** Speaking tips |

기본적인 문형을 사용해서 말해 봅시다.
Speak using basic sentence structures.

- _____에서/부터 _____까지
- _____-ㄴ/는 덕분에 _____
- _____-아/어서 그런지
- _____-기로 마음먹었습니다.
- _____-아/어 놓고

| 유용한 어휘 Useful vocabulary |

3-1 ▶ 약속 Appointments

☐ 버스를 타다/버스에서 내리다
to get on/off the bus

☐ 택시를 잡다 to catch a taxi

☐ 깜빡 졸다 to nod off

☐ 깨다/깨우다 to wake up

☐ 일어나다 to get up

☐ 잠을 자다 to fall asleep

☐ 도착(하다) to arrive

☐ 지나치다 to pass by

☐ 정류장 bus stop

☐ 버스 기사 bus driver

☐ 종점 last stop

☐ 벨을 누르다 to press the bell

☐ 마지막 last, final

☐ 출발지 point of departure
↔ 도착지 point of arrival

☐ 급히 urgently

☐ 마침내/드디어 finally

3-2 ▶ 공연 Performances

☐ (티켓/표)을/를 예매하다
to reserve (tickets)

☐ (티켓/표)을/를 취소하다
to cancel (tickets)

☐ 사다 to buy ↔ 팔다 to sell

☐ 전화하다 to call

☐ 인터넷에 접속하다
to connect to the internet

☐ 와이파이 wifi

☐ 불안하다 to be uneasy

☐ 신나다 to be excited

☐ 끝나다 to finish

☐ (촬영/사진) 금지
(recording/photography) prohibited

☐ 지하철역 subway station

☐ 광고 advertisement

☐ 홍보 publicity

☐ 콘서트 concert

☐ 공연 performance

☐ 연극 play

☐ 뮤지컬 musical

☐ 팬 fan

☐ 상품 merchandise

☐ 관련 relation, connection

☐ 바로 immediately

☐ 다행히 thankfully

3-3 영화 Movies

- [ ] 예매하다 to make a reservation
- [ ] 찾다 to find
- [ ] 보여 주다 to show
- [ ] 확인하다 to check
- [ ] 미안하다 to be sorry
- [ ] 부끄러워하다 to be embarrassed
- [ ] 나오다 to come out
- [ ] 급하다 to be in a hurry
- [ ] 화가 나다 to get angry
- [ ] 오전 morning ↔ 오후 afternoon
- [ ] 영화관 movie theater

- [ ] 입구 entrance
- [ ] 좌석 seat
- [ ] 자리 seat
- [ ] 앞 front ↔ 뒤 back
- [ ] 오늘/내일 today/tomorrow
- [ ] 일 day
- [ ] 표정 facial expression
- [ ] 어떤 which
- [ ] 그런데 but
- [ ] 그래서 so, therefore

3-4 스포츠 관람 Watching sports

- [ ] 경기를 보다 to watch a game/match
- [ ] 경기를 이기다/지다 to win/lose a game
- [ ] 관람하다 to watch
- [ ] 챙기다 to pack (up)
- [ ] 자리를 잡다 to find a seat
- [ ] 시작하다 to start
- [ ] 돌아가다 to go back
- [ ] 고민하다 to agonize, to worry
- [ ] 나눠 주다 to hand out
- [ ] 기쁘다 to be happy
- [ ] 축구 경기 soccer game

- [ ] 응원(하다) to cheer
- [ ] 준비물 supplies
- [ ] 경기장 stadium, arena
- [ ] 모니터 monitor
- [ ] 행사 관계자 staff, organizer
- [ ] 비옷 rain poncho
- [ ] 팀 team
- [ ] 열심히 diligently
- [ ] 갑자기 suddenly
- [ ] 계속 continuously
- [ ] 너무 very

3-5 ▶ 여행 Traveling

- ☐ 기차를 타다 to take the train
- ☐ 만나다 to meet
- ☐ 약속하다 to promise
- ☐ 길이 막히다 to be stuck in traffic
- ☐ 움직이다 to move
- ☐ 도착하다 to arrive
- ☐ 못하다 to be unable (to do something)
- ☐ 걱정이 되다 to be worried
- ☐ 놀라다 to be surprised
- ☐ 떠나다 to leave
- ☐ 바꾸다 to change

- ☐ 고맙다 to be grateful
- ☐ 미안하다 to be sorry
- ☐ 여행 travel, trip
- ☐ 자동차 car
- ☐ 장소 place
- ☐ 승강장 boarding platform
- ☐ 다음 next
- ☐ 기차표 train ticket
- ☐ 늦게 late
- ☐ 이미 already

3-6 ▶ 학교생활 | 인물의 행동 School life | Character's behavior

- ☐ 입다 to wear
- ☐ 들다 to carry
- ☐ 팀을 나누다 to divide into teams
- ☐ 뛰다 to run
- ☐ 구경하다 to watch
- ☐ 서다 to stand
- ☐ 들어가다 to enter
- ☐ 얼굴을 맞다 to get hit in the face
- ☐ 붓다 to swell
- ☐ 대다 to put, to apply
- ☐ 관람(하다) to watch

- ☐ 시간 time
- ☐ 체육 physical education
- ☐ 체육복 gym clothes
- ☐ 신발 shoes
- ☐ 농구 basketball
- ☐ 시합/경기 game/match
- ☐ 선수 athlete
- ☐ 교체 substitution
- ☐ 수비 defense
- ☐ 상대편 opponent
- ☐ 공 ball

- ☐ 얼음 ice
- ☐ 마사지 massage
- ☐ 곳 place

- ☐ 다음 next
- ☐ 세게 strongly
- ☐ 한 번도 once

3-7 학교생활 | 상황 School life | Situations

- ☐ 되다 to become
- ☐ 받다 to receive
- ☐ 맛있다 to be delicious
- ☐ 졸다 to doze off
- ☐ 수업을 듣다 to attend class
- ☐ 고개를 숙이다 to lower one's head
- ☐ 창피하다 to be embarrassed
- ☐ 점심 시간 lunch time
- ☐ 학생 식당 cafeteria

- ☐ 배식 distribute food
- ☐ 모습 appearance
- ☐ 교실 classroom
- ☐ 금지석 forbidden seat
- ☐ 자꾸 frequently
- ☐ 모르게 unconsciously
- ☐ 저절로 by itself, automatically
- ☐ 그래도 even so

3-8 학교생활 | 사건 School life | Incidents

- ☐ 발표(하다) to give a presentation
- ☐ 긴장되다 to be nervous
- ☐ 기다리다 to wait
- ☐ 들어있다 to contain
- ☐ 기억(이) 나다 to remember
- ☐ 갖고 오다 to bring
- ☐ 지켜보다 to observe
- ☐ 고맙다 to be thankful
- ☐ 표정 facial expression

- ☐ 순서 order
- ☐ 자료 data, material
- ☐ USB USB
- ☐ 호주머니 pocket
- ☐ 자리 seat
- ☐ 뒷문 back door
- ☐ 동생 younger sibling
- ☐ 마지막 last, final
- ☐ 운 좋게 luckily

3-9 직장 생활 | 사건 Work life | Incidents

- [ ] 출근하다 to go to work
- [ ] 서다 to stand
- [ ] 빠르다 to be fast
- [ ] 힘들다 to be difficult
- [ ] 올라가다 to go up
   ↔ 내려오다 to go down
- [ ] 문을 열다 to open a door
- [ ] 당황하다 to be flustered
- [ ] 늦다 to be late
- [ ] 급하다 to be in a hurry
- [ ] 넘다 to surpass

- [ ] 전 before
- [ ] 사무실 office
- [ ] 엘리베이터 elevator
- [ ] 계단 stairs
- [ ] 지각 tardy
- [ ] 시계 clock, watch
- [ ] 다행히 thankfully
- [ ] 드디어 finally
- [ ] 이런 such, like this
- [ ] 나머지 remaining

3-10 직장 생활 | 상황 Work life | Situations

- [ ] 바쁘다 to be busy
- [ ] 야근(하다) to work overtime
- [ ] 회의(를) 하다 to have a meeting
- [ ] 피곤하다 to be tired
- [ ] 나오다 to come out
- [ ] 쌓이다 to accumulate
- [ ] 짜증이 나다 to get annoyed
- [ ] 끄다 to turn off
- [ ] 잠을 자다 to sleep
- [ ] 일(을) 하다 to work
- [ ] 이번주 this week

- [ ] 월/화/수/목/금/토/일요일
   Monday/Tuesday/Wednesday/
   Thursday/Friday/Saturday/Sunday
- [ ] 일정 schedule
- [ ] 밤 night
- [ ] 식사 meal
- [ ] 하품 yawn
- [ ] 스트레스 stress
- [ ] 주말 weekend
- [ ] 하루 종일 an entire day
- [ ] 무조건 unconditionally

🔖 그림을 보고 미리 대화 상황을 예측해 두는 것이 중요합니다.
It is important to look at the picture and try to predict the conversation context in advance.

🔖 상대방의 말에 적절히 대응할 수 있도록 대화 상황과 나의 입장을 정확히 파악해야 합니다.
You must accurately understand the conversation context and your own position so that you can respond appropriately to what the other person says.

🔖 60초의 답변 시간을 최대한 활용할 수 있도록 5~6문장으로 답변하는 것이 좋습니다.
It is a good idea to answer using 5-6 sentences to make the most of the 60-second response time.

 제안하기 | Making a suggestion

Q 두 사람은 박물관 문화재 보호 방안에 대해 이야기하고 있습니다. 여자의 마지막 말을 듣고 남자가 할 말로 제안 의견을 말하십시오.

여자: 책에서 보던 문화재를 박물관에서 직접 보니까 멋지네요.

남자: 그런데 저 앞에서 함부로 문화재를 만지거나 사진을 찍는 사람들이 있던데 너무 속상했어요.

여자: 저도 그런 모습을 보고 안타까웠어요. 박물관에 있는 문화재를 보호하기 위해서 어떻게 해야 할까요?

Step 1 **화제와 의도 파악하기** Identifying the topic and intention

두 사람이 <u>박물관 문화재 보호 방안</u>에 대해 이야기하고 있습니다.
　　　　　↳ 화제
　　　　　Topic: Ways to protect cultural assets in museums.

여자의 마지막 말을 듣고 남자가 할 말로 제안 의견을 말하십시오.
↳ 여자 의견 파악　　　　　　　↳ 나의 역할: 남자
Identifying the woman's opinion　　My role: Man

남자: 그런데 저 앞에서 함부로 문화재를 만지거나 사진을 찍는 사람들이 있던데 너무 속상했어요.
　　　　　　↳ 남자의 입장: 언짢은 마음
　　　　　　Man's position: Upset

여자: 저도 그런 모습을 보고 안타까웠어요. 박물관에 있는 문화재를 보호하기 위해서 어떻게 해야 할까요?
↳ 여자의 입장: 공감　　　　　　　↳ 나: 문화재 보호 방법 제안
Woman's position: Sympathy　　　Me: Suggesting a way to protect cultural assets

Step 2 **대화 구조 생각하기** Thinking of the conversation structure

	대화 구조 Conversation structure	관련 내용 Relevant content
1단계	의견 말하기 Saying your opinion	박물관 규칙 안내하기 Informing museum rules : 남자의 입장과 같음 – 박물관 문화재 보호를 위해 규칙 설명 Same position as the man – Explaining rules for protecting cultural assets in museums
2단계	예시 Example	– 사진 찍으면 안 됨 Taking pictures is not allowed – 문화재를 만지면 안 됨 Touching cultural assets is not allowed
3단계	제안하기 Suggesting	규칙이 지켜지지 않을 경우 더 강한 규정 제시 If rules are not followed, suggest stronger regulations

Step 3 **최종 답변 만들기** Creating your final answer

남자: (의견) 박물관 관람객들에게 규칙을 정확하게 알려 줘야 해요.
　　　(예시) 예를 들면, 사진을 찍으면 안 된다거나, 문화재를 만지지 말고 멀리서 눈으로만 봐야 한다는
　　　　　　　규칙이요.
　　　(제안) 이렇게 했는데도 사람들이 문화재를 보호하지 않는다면 벌금을 내게 해야 해요.

모범 답안 1 Model answer 1

남자: 일단 관람객들에게 ∨ 박물관에서 지켜야 하는 규칙을 ∨ 정확하고 자세하게 ∨ 알려 줘야 한다고 생각해요. ∨ 예를 들면 ∨ 사진을 찍으면 안 된다거나, ∨ 문화재를 만지지 말고 ∨ 멀리서 눈으로만 봐야 한다는 규칙이요. ∨ 이렇게 했는데도 ∨ 사람들이 ∨ 문화재를 보호하지 않는다면 ∨ 벌금을 내게 해야 해요. ∨ 사람들이 ∨ 함부로 행동하지 못하게 해야 ∨ 박물관의 문화재를 ∨ 보호할 수 있다고 생각해요. ∨ 문화재를 잘 지키면 ∨ 많은 사람들이 ∨ 오랫동안 ∨ 박물관에서 ∨ 문화재를 볼 수 있을 거예요.

▶ 초급 수준의 수험자일 경우, 답변을 어렵게 구성하기보다는 간단한 문장으로 답할 수 있도록 합시다.

If you are a beginner-level test taker, try to answer using simple sentences rather than constructing a difficult response.

모범 답안 2 Model answer 2

남자: 박물관은 ∨ 한 국가와 민족의 문화를 전시하는 ∨ 중요한 장소일 뿐만 아니라, ∨ 역사와 문화, ∨ 예술을 가르치는 ∨ 중요한 교실이기도 해요. ∨ 그러니까 ∨ 박물관에서 관람할 때 ∨ 유물을 만지면 안 되는 것은 ∨ 기본이에요. ∨ 또 ∨ 다른 방문객들이 집중할 수 있도록 ∨ 휴대 전화는 무음으로 바꿔 놓고 ∨ 큰 소리로 이야기하는 것을 피해야 해요. ∨ 사진 촬영 시에는 ∨ 플래시를 사용하지 말아야 하고 ∨ 박물관 내에서는 ∨ 음식과 흡연을 금지해야 하고요. ∨ 이런 규칙을 잘 지켜야 ∨ 많은 사람들이 ∨ 문화재를 오랫동안 볼 수 있어요. ∨ 박물관의 유물들을 ∨ 미래 세대도 볼 수 있도록 유지하는 게 ∨ 중요하니까요. ∨ 엄격한 규칙이 필요하다고 생각해요.

▶ 중고급 수준의 수험자의 경우, 만점에 도전한다면 내용을 좀 더 구체적으로 설명하는 것이 좋습니다. 단, 너무 길어져 답변 시간을 초과하지 않도록 주의해야 합니다.

For intermediate- and advanced-level test takers who aim for a perfect score, it is best to explain your answer in more detail. However, you must be careful not to make your answer too long and exceed the response time.

기본적인 문형을 사용해서 말해 봅시다.
Speak using basic sentence structures.

- _____ -ㄴ/는다고 생각해요.
- 예를 들면, _____
- _____ -(으)면 안 되고 _____ -지 말아야 해요.
- _____ -지 않는다면 _____ -아/어야 해요.

 4-2 조언/충고하기 Giving advice

Q 두 사람이 친구와 화해하는 방법에 대해 이야기하고 있습니다. 남자의 마지막 말을 듣고 여자가 할 조언을 말하십시오.

남자: 어제 룸메이트랑 좀 싸웠어요. 서로 누구 의견이 맞는지 이야기하다가 싸우게 되었어요.

여자: 어, 룸메이트면 계속 얼굴을 볼 텐데, 화해는 했어요?

남자: 아직 어색한 상태예요. 어떻게 하면 자연스럽게 화해할 수 있을까요?

Step 1 화제와 의도 파악하기 Identifying the topic and intention

두 사람이 <u>친구와 화해하는 방법</u>에 대해 이야기하고 있습니다.
└→ 화제
Topic: How to reconcile with friends.

남자의 마지막 말을 듣고 여자가 할 조언을 말하십시오.
└→ 남자의 의견 파악   └→ 나의 역할: 여자
Identifying the man's opinion   My role: Woman

여자: 룸메이트면 계속 얼굴을 볼 텐데, 화해는 했어요?
└→ 여자의 입장: 걱정하는 마음
Woman's position: Worried

남자: 아직 어색한 상태예요. 어떻게 하면 자연스럽게 화해할 수 있을까요?
└→ 남자의 입장: 불편한 상태   └→ 나: 화해하는 방법 조언
Man's position: Uncomfortable   Me: Achieving how to reconcile

Step 2 대화 구조 생각하기 Thinking of the conversation structure

	대화 구조 Conversation structure	관련 내용 Relevant content
1단계	조언하기 Giving advice	– 왜 싸웠는지 다시 생각하기 Thinking again about why you fought – 자기 잘못 인정하기 Acknowledging what you did wrong
2단계	화해하는 방법 Ways to reconcile	– 먼저 대화하기 Starting a conversation first – 편지 쓰기 Writing a letter

Step 3 최종 답변 만들기 Creating your final answer

남자: (조언) 왜 싸웠는지 다시 한번 생각해 보세요. 혹시 잘못한 것이 있다면 인정하고 사과하세요.
    (화해하는 방법) 먼저 친구에게 이야기하세요. 직접 말하기 어려우면 편지를 쓰는 것도 좋아요.

073

| 모범 답안 1 | Model answer 1 |

여자: 먼저 ∨ 왜 싸우게 되었는지 ∨ 다시 한번 ∨ 천천히 생각해 보세요. ∨ 그러면 ∨ 혹시 ∨ 내가
잘못한 것이 있는지 ∨ 알 수 있을 거예요. ∨ 그리고 ∨ 친구에게 ∨ 먼저 사과하세요. ∨ 먼저
사과하는 것이 ∨ 처음에는 어렵지만 ∨ 용기를 내서 ∨ 친구와 이야기해 보면 ∨ 금방 ∨ 예전
처럼 ∨ 친하게 지낼 수 있을 거예요. ∨ 직접 만나서 ∨ 사과하기 어려우면 ∨ 편지를 쓰는 것도

∨ 좋은 방법이에요. ∨ 그런데 ∨ 빨리 화해하지 않으면 ∨ 점점 더 ∨ 화해하기 힘들어질 거예요. ∨ 얼른 가서 ∨ 이야기해 보세요.

▶ 초급 수준의 수험자일 경우, 답변을 어렵게 구성하기보다는 간단한 문장으로 답할 수 있도록 합시다.
If you are a beginner-level test taker, try to answer using simple sentences rather than constructing a difficult response.

074

모범답안2 Model answer 2

여자: 룸메이트와 좋은 관계를 유지하는 것은 ∨ 아주 중요해요. ∨ 매일 룸메이트와 함께 생활하는데 ∨ 계속 말다툼을 한다면 ∨ 서로 기분이 상하게 되고 ∨ 같이 생활하는 사이에 ∨ 모두에게 ∨ 좋지 않은 영향을 끼치게 될 거예요. ∨ 그러니까 ∨ 룸메이트에게 ∨ 먼저 자연스럽게 인사하면서 말을 걸어 봐요. ∨ 그리고 ∨ 두 사람이 ∨ 왜 싸우게 되었는지 ∨ 솔직하게 이야기해 봐요. ∨ 서로 싸운 원인을 분석해 보고 ∨ 만약 ∨ 나의 잘못이라면 ∨ 먼저 사과하면 되고요. ∨ 친구의 잘못이 있다면 ∨ 감정적으로 말하지 말고 ∨ 왜 내 기분이 나빴는지 ∨ 설명해 주는 게 중요하고요. ∨ 시간이 지날수록 ∨ 문제를 해결하기 ∨ 더 어려워질 수 있으니까 ∨ 고민하지 말고 ∨ 얼른 화해하는 것을 추천해요.

▶ 중고급 수준의 수험자의 경우, 만점에 도전한다면 내용을 좀 더 구체적으로 설명하는 것이 좋습니다. 단, 너무 길어져 답변 시간을 초과하지 않도록 주의해야 합니다.
For intermediate- and advanced-level test takers who aim for a perfect score, it is best to explain your answer in more detail. However, you must be careful not to make your answer too long and exceed the response time.

| 발화 TIP Speaking tips **|**

기본적인 문형을 사용해서 말해 봅시다.
Speak using basic sentence structures.

- 먼저/우선, _____
- _____ -(으)면 _____ -(으)ㄹ 거예요.
- 그리고 _____ -아/어 보세요.
- 만약/만약에 _____

거절하기 Refusing

Q 두 사람이 교실 청소에 대해 이야기하고 있습니다. 여자의 마지막 말을 듣고 남자가
할 말로 거절 의견을 말하십시오.

여자: 다른 반들도 청소를 하던데, 갑자기 왜 대청소 하는
거예요?

남자: 내일 요리 만들기 특별 수업이 있대요. 하지만 저는
빨리 아르바이트 가야 하는데….

여자: 우리도 어서 청소해야 할 것 같은데 지금 같이
청소할까요?

| 답변 틀 짜기 Framing your answer |

Step 1 **화제와 의도 파악하기** Identifying the topic and intention

두 사람이 교실 청소에 대해 이야기하고 있습니다.
　　　　　↳ 화제
　　　　　　Topic: Cleaning the classroom

여자의 마지막 말을 듣고 남자가 할 말로 거절 의견을 말하십시오.
　↳ 여자 의도 파악　　　　　　　　↳ 나의 역할: 남자
　　Identifying the woman's intent　　My role: Man

남자: 내일 요리 만들기 특별 수업이 있대요. 하지만 저는 빨리 아르바이트 가야 하는데….
　　　　　　　　　　　　↳ 남자의 입장: 청소를 할 수 없는 상황
　　　　　　　　　　　　　Man's position: Unable to clean

여자: 우리도 어서 청소해야 할 것 같은데 지금 같이 청소할까요?
　　↳ 여자의 입장: 청소 빨리 하자　↳ 나: 청소할 수 없다고 거절
　　　Woman's position: Let's clean quickly　　Me: Refusing and saying that I can't clean

대화 구조 생각하기 Thinking of the conversation structure

	대화 구조 Conversation structure	관련 내용 Relevant content
1단계	거절하기 Refusing	청소를 같이 하지 못함 I can't clean with you
2단계	이유 말하기 Saying your reason	아르바이트가 있음 I have a part-time job
3단계	대안 제시하기 Suggesting an alternative	내일 아침 일찍 와서 교실 정리 & 수업 준비물 챙기기 I'll come early tomorrow and organize the classroom/class materials 다음 대청소는 혼자 하기 I'll clean alone next time

최종 답변 만들기 Creating your final answer

남자: (거절) 미안해요. 지금 같이 청소를 못 할 것 같아요.

(이유) 아르바이트하는 식당에서 사장님이 오늘은 중요한 날이라고 하셨어요. 손님들이 아주 많이 오는 날이라서 반드시 일찍 가야 해요.

(대안) 대신에 내일 아침 일찍 와서 교실을 정리하고 요리 수업 준비물을 챙길게요. 아니면 다음 대청소는 저 혼자 해도 좋아요.

075

모범 답안 1 Model answer 1

남자: 미안해요. ∨ 저는 ∨ 오늘 아르바이트를 ∨ 꼭 하러 가야 해서요. ∨ 지금은 청소를 못 할 것 같아요. ∨ 아르바이트하는 식당에서 ∨ 사장님이 ∨ 오늘은 중요한 날이라고 하셨어요. ∨ 손님들이 아주 많이 오는 날이라서 ∨ 반드시 일찍 가야 해요. ∨ 대신에 ∨ 제가 ∨ 내일 아침에 일찍 와서 ∨ 교실을 정리할게요. ∨ 그리고 ∨ 요리 수업에 필요한 준비물도 ∨ 제가 챙길게요. ∨ 아니면 ∨ 다음 대청소는 ∨ 저 혼자 해도 좋아요. 혼자만 먼저 가서 ∨ 정말 미안해요. ∨ 반 친구들한테도 ∨ 제 상황을 말하고 갈게요. ∨ 다음 대청소 때는 ∨ 이런 일 없을 거예요.

▶ 초급 수준의 수험자일 경우, 답변을 어렵게 구성하기보다는 간단한 문장으로 답할 수 있도록 합시다.

If you are a beginner-level test taker, try to answer using simple sentences rather than constructing a difficult response.

모범답안2 Model answer 2

남자: 미안해요. ∨ 오늘은 ∨ 제가 청소할 시간이 ∨ 없을 것 같아요. ∨ 오늘 저녁에 ∨ 아르바이트 하는 식당에 ∨ 단체 손님이 예약되어 있어서 ∨ 굉장히 중요한 날이거든요. ∨ 얼른 가서 ∨ 단체 손님을 맞이할 준비를 해야 해서요. ∨ 지금 바로 ∨ 가 봐야 할 것 같아요. ∨ 이번에는 ∨ 정말 빠질 수가 없어요. ∨ 대신에 ∨ 제가 내일 아침에 일찍 와서 ∨ 교실을 정리할게요. ∨ 그리고 ∨ 요리 수업에 필요한 준비물도 ∨ 제가 챙길게요. ∨ 아니면 ∨ 다음 대청소는 ∨ 저 혼자 해도 좋아요. ∨ 혼자만 먼저 가서 ∨ 정말 미안해요. ∨ 반 친구들한테도 ∨ 제 상황을 말하고 갈게요. ∨ 다음 대청소 때는 ∨ 이런 일 없을 거예요. ∨ 다음에는 정말 열심히 청소할게요. ∨ 약속해요.

▶ 중고급 수준의 수험자의 경우, 만점에 도전한다면 내용을 좀 더 구체적으로 설명하는 것이 좋습니다. 단, 너무 길어져 답변 시간을 초과하지 않도록 주의해야 합니다.

For intermediate- and advanced-level test takers who aim for a perfect score, it is best to explain your answer in more detail. However, you must be careful not to make your answer too long and exceed the response time.

| **발화 TIP** Speaking tips |

기본적인 문형을 사용해서 말해 봅시다.
Speak using basic sentence structures.

- 미안해요. ＿＿＿＿＿＿＿ 못 할 것 같아요.
- ＿＿＿＿＿＿＿ -아/어서요.
- 대신에 ＿＿＿＿＿＿＿.
- 아니면 ＿＿＿＿＿＿＿ 도 좋아요.
- 다음 ＿＿＿＿＿＿＿ 때는 이런 일 없을 거예요.

요청하기 Making a request

Q 두 사람이 대학 진학에 대해 이야기하고 있습니다. 여자의 마지막 말을 듣고 남자가 할 말로 요청 의견을 말하십시오.

여자: 마크 씨, 어서 오세요. 무슨 고민이 있어요?

남자: 네, 선생님. 전공 결정을 아직 못 했어요.

여자: 어떤 것이 가장 큰 고민이에요?

답변 틀 짜기 Framing your answer

 Step 1 **화제와 의도 파악하기** Identifying the topic and intention

두 사람이 대학 진학에 대해 이야기하고 있습니다.
    └ 화제
       Topic: Going to university

여자의 마지막 말을 듣고 남자가 할 말로 요청 의견을 말하십시오.
  └ 여자의 의견 파악   └ 나의 역할: 남자
    Identifying the woman's position   My role: Man

남자: 선생님, 아직 대학의 전공을 결정하지 못했어요.
        └ 남자의 입장: 전공 결정이 고민스러움
         Man's position: Concerned about choosing a major

여자: 어떤 것이 가장 큰 고민이에요?
  └ 여자: 고민 상담사   └ 나: 고민 해결을 요청
    Woman: Counselor   Me: Requesting a way to resolve my concern

대화 구조 생각하기 Thinking of the conversation structure

대화 구조 Conversation structure		관련 내용 Relevant content
1단계	요청하기 Making a request	전공을 결정할 때 무엇이 더 중요한지 알고 싶다 I want to know what is more important while choosing a major
2단계	이유 말하기 Saying your reason	– 취업이 잘 되는 전공으로 결정할지 　Should I choose a major that will help me get a job? – 적성에 맞게 결정할지 　Should I choose one that suits my aptitude?

최종 답변 만들기 Creating your final answer

남자: (요청) 대학 입학과 관련해서 상담하고 싶어서요. 이번 가을에 대학교에 지원해야 하는데 어떤 전공을 선택해야 할지 잘 모르겠어요.

(이유) 친구들은 전공보다 대학을 보고 결정해야 한다고 하는데, 전 취업까지 생각하면 전공이 더 중요하다고 생각해요. 그런데 전공을 보고 결정하려고 해도 또 다른 고민이 있어요. 취업 잘 되는 전공을 선택해야 할지 제 적성을 생각해야 할지 잘 모르겠어요.

077

모범 답안 1 Model answer 1

남자: 대학 입학과 관련해서 ∨ 상담하고 싶어서요. ∨ 이번 가을에 ∨ 대학교에 지원해야 하는데 ∨ 어떤 전공을 선택해야 할지 ∨ 잘 모르겠어요. ∨ 친구들은 ∨ 전공보다 ∨ 대학을 보고 ∨ 결정해야 한다고 하는데, ∨ 전 ∨ 취업까지 생각하면 ∨ 전공이 더 중요하다고 생각해요. ∨ 그런데 ∨ 전공을 보고 결정하려고 해도 ∨ 또 다른 고민이 있어요. ∨ 취업이 잘 되는 전공을 선택해야 할지 ∨ 제 적성을 생각해야 할지 ∨ 잘 모르겠어요. ∨ 그래서 ∨ 아직 전공을 선택하지 못해서 ∨ 상담을 하고 싶어요. ∨ 선생님, ∨ 어떤 전공을 고르는 것이 ∨ 더 좋을까요?

▶ 초급 수준의 수험자일 경우, 답변을 어렵게 구성하기보다는 간단한 문장으로 답할 수 있도록 합시다.

If you are a beginner-level test taker, try to answer using simple sentences rather than constructing a difficult response.

모범 답안 2 Model answer 2

남자: 전공 선택과 관련해서 ∨ 상담하고 싶어서요. ∨ 이번에 ∨ 대학교 전공 선택을 해야 하는데 ∨ 어떤 전공을 선택해야 할지 ∨ 잘 모르겠어요. ∨ 가족들은 ∨ 취직이 잘 되는 전공을 ∨ 선택해야 한다고 하는데, ∨ 취직이 잘 된다고 ∨ 적성에 안 맞는 전공을 선택하면 ∨ 공부하기 힘들까 봐 걱정돼요. ∨ 그래도 ∨ 취업이 어렵다고 하니까 ∨ 취업이 잘 되는 전공을 ∨ 선택해야 할 것 같기도 하고요. ∨ 친구들은 또 ∨ 학교 이름이 중요하니까 ∨ 학교도 봐야 한다고 말하는데 ∨ 뭐가 맞는 선택인지 잘 모르겠어요. ∨ 고민해야 할 게 너무 많아서 ∨ 머리가 아파요. ∨ 선생님, ∨ 전공 선택에서 ∨ 제일 중요한 건 뭘까요?

▸ 중고급 수준의 수험자의 경우, 만점에 도전한다면 내용을 좀 더 구체적으로 설명하는 것이 좋습니다. 단, 너무 길어져 답변 시간을 초과하지 않도록 주의해야 합니다.

For intermediate- and advanced-level test takers who aim for a perfect score, it is best to explain your answer in more detail. However, you must be careful not to make your answer too long and exceed the response time.

발화 TIP Speaking tips

기본적인 문형을 사용해서 말해 봅시다.
Speak using basic sentence structures.

- _____와/과 관련해서 _____-고 싶어요.
- _____-아/어야 할지 모르겠어요/고민이에요.
- _____-아/어야 한다고 하는데
- _____-(으)ㄹ까 봐 걱정돼요.

4-5 부탁하기 Asking a favor

Q 두 사람이 영화 예매에 대해 이야기하고 있습니다. 여자의 마지막 말을 듣고 남자가 할 말로 부탁 의견을 말하십시오.

여자: 도준 씨, 저는 영화관에 도착했어요. 어디까지 왔어요?

남자: 지금 영화관으로 가고 있는데 차가 막혀서 조금 늦을 것 같아요.

여자: 영화 시간이 얼마 안 남아서 얼른 영화표부터 예매해야 해요.

| 답변 틀 짜기 | Framing your answer |

Step 1 **화제와 의도 파악하기** Identifying the topic and intention

두 사람이 영화 예매에 대해 이야기하고 있습니다.
　　　　　　┗→ 화제
　　　　　　　　Topic: Reserving movie tickets

여자의 마지막 말을 듣고 남자가 할 말로 부탁 의견을 말하십시오.
　┗→ 여자 의견 파악　　　　　　　　┗→ 나의 역할: 남자
　　　Identifying the woman's opinion　　My role: Man

남자: 지금 영화관으로 가고 있는데 차가 막혀서 조금 늦을 것 같아요.
　　　　┗→ 남자의 입장: 약속 시간에 늦어서 미안함
　　　　　　Man's position: Sorry for being late to their scheduled time

여자: 영화 시간이 얼마 안 남아서 얼른 영화표부터 예매해야 해요.
　┗→ 여자의 입장:　　　　　　　　┗→ 나: 영화표 구입을 부탁
　　　영화표를 예매해야 한다고 생각　　　Me: Asking her to buy the movie tickets
　　　Woman's position: Thinking that they
　　　need to reserve movie tickets

대화 구조 생각하기 Thinking of the conversation structure

	대화 구조 Conversation structure	관련 내용 Relevant content
1단계	사과하기 Apologizing	늦어서 미안함 Sorry for being late

2단계	부탁하기
	Asking a favor
		– 미리 영화표 구매
		  Buying the movie tickets in advance
		– 간식도 먹고 싶으면 주문
		  If you want to eat snacks, order them as well

3단계	보답하기 Offering something in return	저녁은 내가 사기 I'll buy dinner

최종 답변 만들기 Creating your final answer

남자: (사과) 주희 씨, 늦어서 미안해요.

(부탁) 영화표를 미리 사 주면 좋을 것 같아요. 제가 도착해서 사면 늦을 것 같아서요.
그리고 주희 씨가 먹고 싶으면 팝콘이랑 콜라도 주문하고 기다려 주세요.

(보답) 제가 영화 끝나고 맛있는 저녁을 살게요.

079

모범 답안 1 Model answer 1

남자: 주희 씨, ∨ 미안한데요. ∨ 주희 씨가 영화표를 ∨ 미리 사 주면 ∨ 좋을 것 같아요. ∨ 제가 도착해서 사면 ∨ 너무 늦을 것 같아서요. ∨ 제가 영화를 보여 준다고 말했는데 ∨ 미안해요. ∨ 조금 있다 ∨ 제가 돈을 드릴 테니 ∨ 부탁할게요. ∨ 자리는 ∨ 아무데나 괜찮아요. ∨ 남은 자리 중에서 ∨ 주희 씨가 ∨ 마음에 드는 자리로 ∨ 골라 주세요. ∨ 그리고 ∨ 주희 씨가 먹고 싶으면 ∨ 팝콘이랑 콜라도 주문하고 ∨ 기다려 주세요. ∨ 대신 ∨ 제가 영화 끝나고 ∨ 맛있는 저녁을 살게요. ∨ 집에서 좀 더 일찍 나왔어야 했는데 ∨ 미안해요. ∨ 최대한 빨리 갈게요. ∨ 조금 이따 봐요.

▶ 초급 수준의 수험자일 경우, 답변을 어렵게 구성하기보다는 간단한 문장으로 답할 수 있도록 합시다.

If you are a beginner-level test taker, try to answer using simple sentences rather than constructing a difficult response.

080

남자: 주희 씨, ∨ 미안해요. ∨ 아무래도 ∨ 약속 시간보다 ∨ 늦게 도착할 것 같아요. ∨ 제가 도착
해서 영화표를 사려면 ∨ 시간이 너무 부족할 것 같은데요. ∨ 음, ∨ 그러면 ∨ 일단 주희 씨
가 ∨ 영화 표를 구매해 주면 좋을 것 같아요. ∨ 제가 영화를 보여 준다고 해 놓고 ∨ 이렇게
돼서 미안해요. ∨ 제가 영화관에 가서 돈 드릴 테니 ∨ 부탁할게요. ∨ 자리는 제일 앞자리만
아니면 ∨ 어디든 괜찮아요. ∨ 주희 씨가 보고 ∨ 마음에 드는 자리로 골라 주세요. ∨ 이따
영화 끝나고 ∨ 커피도 제가 살게요. ∨ 시간을 잘못 보고 ∨ 너무 늦게 출발했네요. ∨ 좀 더
빨리 나왔어야 했는데 ∨ 미안해요. ∨ 가능한 빨리 갈 테니까 ∨ 조금만 기다려 주세요.

▶ 중고급 수준의 수험자의 경우, 만점에 도전한다면 내용을 좀 더 구체적으로 설명하는 것이 좋습니다.
단, 너무 길어져 답변 시간을 초과하지 않도록 주의해야 합니다.

For intermediate- and advanced-level test takers who aim for a perfect score, it is best to explain
your answer in more detail. However, you must be careful not to make your answer too long and
exceed the response time.

| 발화 **TIP** Speaking tips |

기본적인 문형을 사용해서 말해 봅시다.
Speak using basic sentence structures.

- _____-아/어 주면 좋을 것 같아요.
- _____-(으)ㄹ 테니 _____을/를 _____-아/어 주세요.
- _____-고 기다려 주세요.
- 제가 살게요./쏠게요./한턱낼게요.

4-6 위로하기 Consoling

Q 두 사람이 시험에 대해 이야기하고 있습니다. 여자의 마지막 말을 듣고 남자가 할 말로 위로 의견을 말하십시오.

여자: 어제 자격증 시험을 봤는데 너무 긴장을 해서 망쳤어.

남자: 중요한 시험이라고 몇 개월 전부터 열심히 준비했잖아.

여자: 맞아. 그런데 너무 긴장해서 시험을 잘 못 본 것 같아서 속상해.

| **답변 틀 짜기** Framing your answer |

Step 1 **화제와 의도 파악하기** Identifying the topic and intention

두 사람이 <u>시험</u>에 대해 이야기하고 있습니다.
└▸ 화제
　Topic: An exam

여자의 마지막 말을 듣고 남자가 할 말로 위로 의견을 말하십시오.
└▸ 여자의 의견 파악　　　　　└▸ 나의 역할: 남자
　Identifying the woman's opinion　　My role: Man

남자: 중요한 시험이라고 몇 개월 전부터 열심히 준비했잖아.
└▸ 남자의 입장: 속상해하는 마음을 공감함
　Man's position: Sympathizes with her upset feelings

여자: 맞아. 그런데 너무 긴장해서 시험을 잘 못 본 것 같아서 <u>속상해</u>.
└▸ 여자의 입장: 속상해함　└▸ 나: 친구 위로
　Woman's position: Upset　　Me: Consoling friend

Step 2 **대화 구조 생각하기** Thinking of the conversation structure

	대화 구조 Conversation structure	관련 내용 Relevant content
1단계	위로하기 Consoling	시험을 못 본 속상한 마음에 공감하기 Sympathizing with her being upset about not doing well on the exam
2단계	조언하기 Giving advice	결과를 모르는 상황에서 너무 걱정하지 말라고 조언하기 Giving advice not to worry too much if she doesn't know her exam result yet
3단계	응원하기 Giving support	다음 시험을 보더라도 잘 볼 것이라고 응원하기 Encouraging her by saying that she would do well on the next exam even if she takes it

Step 3 **최종 답변 만들기** Creating your final answer

남자: (위로) 시험 잘 못봐서 속상하겠다.

(조언) 미리 너무 걱정하지 마. 숨을 깊이 쉬었다가 내쉬면 스트레스를 해소하는 데 도움이 될 거야.

(응원) 다음에는 잘 볼 수 있을 거야.

081

모범 답안 1 Model answer 1

남자: 이 시험을 위해 ∨ 너는 이미 오랫동안 열심히 준비했어. ∨ 매일 열심히 하는 모습을 ∨ 계속 봤으니까 잘 알고 있어. ∨ 그냥 시험을 잘 보고 싶어서 ∨ 긴장한 거야. ∨ 사실 ∨ 너는 시험을 잘 봤을 거라고 생각해. ∨ 그리고 ∨ 아직 결과가 나온 것도 아니니까 ∨ 미리 너무 속상해 하지 마. ∨ 생각을 많이 하지 않고 ∨ 잘 쉬는 게 중요해. ∨ 그리고 만약에 ∨ 이번에 잘 보지 못했어도 ∨ 다음에 다시 기회가 있어. ∨ 이번에 열심히 했으니까 ∨ 다음에는 ∨ 더 잘할 수 있을 거야. ∨ 일단 ∨ 우리 맛있는 것을 먹으러 가자. ∨ 내가 살게.

▶ 초급 수준의 수험자일 경우, 답변을 어렵게 구성하기보다는 간단한 문장으로 답할 수 있도록 합시다.

If you are a beginner-level test taker, try to answer using simple sentences rather than constructing a difficult response.

모범답안2 Model answer 2

남자: 열심히 준비했는데 ∨ 시험을 잘 못 본 것 같아서 ∨ 많이 속상하겠다. ∨ 그런데 ∨ 아직 결과
가 ∨ 나온 게 아니잖아. ∨ 일단 ∨ 심호흡을 하면서 ∨ 생각을 비워 봐. ∨ 숨을 깊이 쉬었다
가 내쉬면 ∨ 스트레스를 해소하는 데 ∨ 도움이 될 거야. ∨ 그리고 ∨ 너무 미리 걱정하지 말
고 ∨ 다른 즐거운 일을 하면서 ∨ 생각을 전환하는 것도 필요해. ∨ 전에 보고 싶다고 한 영화
가 있었잖아. ∨ 지금 그 영화를 보러 가면 어떨까? ∨ 그리고 ∨ 맛있는 저녁도 먹고 오자. ∨
네가 얼마나 열심히 준비했는지 아는데 ∨ 꼭 합격할 수 있을 거라고 생각해. ∨ 그런데 ∨ 정
말 만약에 ∨ 시험에 합격하지 못해도 ∨ 다음에 다시 기회가 있잖아. ∨ 그건 나중에 생각해
도 늦지 않아.

▶ 중고급 수준의 수험자의 경우, 만점에 도전한다면 내용을 좀 더 구체적으로 설명하는 것이 좋습니다.
단, 너무 길어져 답변 시간을 초과하지 않도록 주의해야 합니다.

For intermediate- and advanced-level test takers who aim for a perfect score, it is best to explain
your answer in more detail. However, you must be careful not to make your answer too long and
exceed the response time.

| 발화 TIP Speaking tips |

기본적인 문형을 사용해서 말해 봅시다.
Speak using basic sentence structures.

- _____-는데 _____-아/어서 속상하겠다/마음이 아프겠다.
- 너무 속상해하지 마/걱정하지 마.
- 다음에 다시 기회가 있어.
- 다음에는 더 잘할 수 있을 거야.
- 꼭 합격할 수 있을 거야.

4-7 유감 표현하기 Expressing Pity

Q 두 사람이 휴가 신청에 대해 이야기하고 있습니다. 남자의 마지막 말을 듣고 여자가
할 말로 유감 의견을 말하십시오.

남자: 부장님, 제가 급하게 휴가 신청을 내야 할 것 같습니다.

여자: 무슨 일인가요? 당일에 휴가 신청을 하는 것은 곤란한데.

남자: 어머니가 갑자기 몸이 안 좋아지셔서요. 제가 병원에
모시고 가야 할 것 같습니다.

| 답변 틀 짜기 | Framing your answer |

 Step 1 화제와 의도 파악하기 Identifying the topic and intention

두 사람이 휴가 신청에 대해 이야기하고 있습니다.
└ 화제
   Topic: Requesting leave from work

남자의 마지막 말을 듣고 여자가 할 말로 유감 의견을 말하십시오.
└ 남자의 의도 파악   └ 나의 역할: 여자
   Identifying the man's attention   My role: Woman

남자: 부장님, 지금 급하게 휴가 신청을 해야 할 것 같습니다.
└ 남자의 의도: 휴가 신청
   Man's position: Requesting leave from work

남자: 어머니가 갑자기 몸이 안 좋아지셔서요. 제가 병원에 모시고 가야 할 것 같습니다.
└ 이유: 어머니를 모시고 병원에 가야 함   └ 나: 유감 표현하며 승낙
   Reason: Needs to bring his mother to   Me: Expressing pity and approve the request
   the hospital

Step2 **대화 구조 생각하기** Thinking of the conversation structure

	대화 구조 Conversation structure	관련 내용 Relevant content
1단계	유감 표현하기 Expressing pity	어머니의 건강이 나빠져서 유감이다. I'm sorry that your mother's health has declined.
2단계	승낙하기 Giving approval	휴가 신청을 확인했으니얼른 어머니께 가 보아라. I've confirmed your request for leave from work, so hurry and go see your mother.

3단계	위로하기
	Consoling
		– 어머니가 금방 괜찮아지실 테니 너무 걱정 말아라.
		  Your mother will get better soon, so don't worry too much.
		– 업무는 신경 쓰지 말고 어머니를 잘 돌봐 드릴 것.
		  Don't worry about work and take good care of your mother.

Step3 **최종 답변 만들기** Creating your final answer

여자: (유감) 어머니의 건강이 갑자기 나빠지셨다니 유감이네요.

(승낙) 휴가 신청을 확인했으니 얼른 어머니께 가 보세요.

(위로) 어머니는 금방 괜찮아지실 테니 너무 걱정하지 말고요. 업무는 신경 쓰지 말고 어머니를 잘 돌봐 드리세요. 무슨 일 있으면 연락 주시고요.

083

모범 답안 1 Model answer 1

여자: 어머니의 건강이 ∨ 갑자기 나빠지셨다니 ∨ 유감이에요. ∨ 휴가 신청을 확인했으니까 ∨ 얼른 ∨ 어머니께 가 보세요. ∨ 일은 걱정하지 말고요. ∨ 병원이 ∨ 여기서 멀다고 했지요? ∨ 조금 더 지나면 ∨ 길에 ∨ 차가 많아질 거예요. ∨ 그 전에 ∨ 어서 출발하세요. ∨ 어머니는 ∨ 금방 괜찮아지실 거예요. ∨ 너무 걱정 마세요. ∨ 병원에 가서 ∨ 어머니를 잘 돌봐 드리세요. ∨ 아직 ∨ 휴가가 많이 있으니까 ∨ 며칠 더 ∨ 휴가를 신청해도 괜찮아요. ∨ 휴가가 더 필요하다면 ∨ 말해 주세요. ∨ 혹시 ∨ 다른 일이 있으면 ∨ 연락해 주세요.

▶ 초급 수준의 수험자일 경우, 답변을 어렵게 구성하기보다는 간단한 문장으로 답할 수 있도록 합시다.

If you are a beginner-level test taker, try to answer using simple sentences rather than constructing a difficult response.

여자: 어머니의 건강이 ∨ 갑자기 나빠지셨다니 ∨ 유감이네요. ∨ 많이 괜찮아지셨다고 했는데 ∨ 갑자기 ∨ 그런 소식을 들어서 ∨ 놀랐겠어요. ∨ 휴가 신청을 승인할 테니 ∨ 얼른 어머니께 가 보세요. ∨ 어머니는 ∨ 금방 괜찮아지실 테니 ∨ 너무 ∨ 걱정하지 말고요. ∨ 업무는 신경 쓰지 말고 ∨ 어머니를 잘 돌봐 드리세요. ∨ 무슨 일 있으면 ∨ 연락 주시고요. ∨ 조금 있으면 ∨ 점심시간이라 길이 막힐 테니까 ∨ 그 전에 얼른 출발하세요. ∨ 어머니가 입원하신 병원이 ∨ 회사에서 멀다고 했죠? ∨ 아직 ∨ 올해 휴가가 많이 남아 있으니까, ∨ 며칠 더 휴가가 필요하면 ∨ 말씀해 주세요. ∨ 어머니가 얼른 괜찮아지시기를 ∨ 바랄게요.

▶ 중고급 수준의 수험자의 경우, 만점에 도전한다면 내용을 좀 더 구체적으로 설명하는 것이 좋습니다. 단, 너무 길어져 답변 시간을 초과하지 않도록 주의해야 합니다.

For intermediate- and advanced-level test takers who aim for a perfect score, it is best to explain your answer in more detail. However, you must be careful not to make your answer too long and exceed the response time.

| 발화 TIP Speaking tips |

기본적인 문형을 사용해서 말해 봅시다.
Speak using basic sentence structures.

- ＿＿＿＿＿＿＿＿＿＿-다니/라니 유감이네요/놀랐겠어요.
- ＿＿＿＿＿＿＿＿＿＿-(으)ㄹ 테니 너무 걱정 말아요/힘내요.
- ＿＿＿＿＿＿＿＿＿＿도 괜찮아요.
- ＿＿＿＿＿＿＿＿＿＿-기를 바랄게요.

설득하기 Persuading

Q 두 사람이 결혼식 장소에 대해 이야기하고 있습니다. 여자의 마지막 말을 듣고 남자가 할 말로 설득 의견을 말하십시오.

여자: 친구 민지가 결혼을 하는데 가족들하고 친한 친구들 몇 명만 초대한다고 해요.

남자: 그래요? 요즘 작은 결혼식이 유행이라고 하더라고요. 비용 부담도 적고 좋은 것 같아요.

여자: 그래도 평생에 한 번뿐인 결혼식인데 너무 작게 하면 아쉬울 것 같아요.

| 답변 틀 짜기 | Framing your answer |

Step 1 **화제와 의도 파악하기** Identifying the topic and intention

두 사람이 <u>결혼식 장소</u>에 대해 이야기하고 있습니다.
→ 화제
Topic: Wedding venues

<u>여자의 마지막 말을 듣고 남자</u>가 할 말로 <u>설득 의견</u>을 말하십시오.
→ 여자의 의견 파악   → 나의 역할: 남자
Identifying the woman's opinion   My role: Man

남자: 요즘 <u>작은 결혼식이 유행이라고 하더라고요. 비용 부담도 적고 좋은 것 같아요.</u>
→ 남자의 입장: 작은 결혼식에 대한 긍정적
Man's position: Positive opinion of small weddings

여자: 그래도 <u>평생에 한 번뿐인 결혼식인데 너무 작게 하면 아쉬울 것 같아요.</u>
→ 여자의 입장: 작은 결혼식에 대한 아쉬움
Woman's position: A small wedding would be a shame
→ 나: 작은 결혼식의 장점 주장
Me: Asserting the advantages of small weddings

	대화 구조 Conversation structure	관련 내용 Relevant content
1단계	설득하기 Persuading	작은 결혼식의 장점 주장하기 Asserting the advantages of small weddings
2단계	근거 제시하기 Providing evidence	– 어떤 결혼식을 하든지 행복한 결혼식을 하면 된다. No matter what kind of wedding you have, it just has to be happy. – 결혼식 비용을 아껴서 다른 곳에 사용할 수 있다. You can save money on your wedding and use it for other things.
3단계	요약하기 Summarizing	평생 한 번뿐인 결혼식이므로 의미 있는 작은 결혼식을 하면 기억에 남을 것이다 A wedding is a once-in-a-lifetime event, so having a small, meaningful wedding would be memorable

Step 3 최종 답변 만들기 Creating your final answer

남자: (주장) 작은 결혼식을 하면 장점이 많이 있어요.

(근거) 결혼은 사랑하는 두 사람이 하는 거니까 두 사람이 행복하면 된다고 생각해요. 그리고 결혼식을 크게 하기 위해 너무 많은 돈을 쓰면 나중에 필요한 것을 사기 힘들 수 있어요.

(요약) 결혼식의 크기보다는 두 사람이 정말로 하고 싶은 것으로 정하는 것이 중요해요.

085

모범답안1 Model answer 1

남자: 작은 결혼식을 하면 장점이 많이 있어요. ∨ 결혼은 ∨ 사랑하는 두 사람이 하는 거니까 ∨ 두 사람이 행복하면 ∨ 된다고 생각해요. ∨ 그리고 ∨ 결혼식보다 더 중요한 것은 ∨ 결혼한 다음에 잘 사는 거니까요. ∨ 결혼식을 크게 하기 위해 ∨ 너무 많은 돈을 쓰면 ∨ 나중에 필요한 것을 ∨ 사기 힘들 수 있어요. ∨ 또 ∨ 어떤 사람들은 ∨ 결혼식을 작게 하고, ∨ 가고 싶었던 곳으로 ∨ 신혼여행을 가기도 해요. ∨ 결혼식의 크기보다는 ∨ 무엇보다 ∨ 두 사람이 정말로 하고 싶은 것으로 정하는 것이 ∨중요해요.

▶ 초급 수준의 수험자일 경우, 답변을 어렵게 구성하기보다는 간단한 문장으로 답할 수 있도록 합시다.

If you are a beginner-level test taker, try to answer using simple sentences rather than constructing a difficult response.

모범 답안 2 Model answer 2

남자: 모든 사람이 ∨ 규모가 크고 ∨ 성대한 결혼식을 선호하는 건 ∨ 아니니까요. ∨ 결혼식을 크게 하려면 ∨ 비용도 많이 들고 ∨ 또 ∨ 준비하느라 시간이 많이 들잖아요. ∨ 평소에 일도 바쁘고 ∨ 개인 시간도 많지 않은데 ∨ 결혼식까지 크게 준비하는 건 ∨ 너무 힘들 것 같아요. ∨ 그리고 부모님 손님 때문에 ∨ 결혼식을 크게 하기보다는 ∨ 두 사람이 좋은 쪽으로 선택하는 게 ∨ 낫다고 생각해요. ∨ 결혼식 비용을 많이 들이지 않고 ∨ 그 돈을 아꼈다가 ∨ 신혼 집에 필요한 물건을 사는 게 ∨ 더 낫다고 봐요. ∨ 아니면 ∨ 신혼여행을 좋은 곳에 가서 ∨ 하고 싶었던 것을 ∨ 마음껏 하는 것도 좋고요. ∨ 그래서 저는 ∨ 작은 결혼식에 장점이 많다고 생각해요.

▶ 중고급 수준의 수험자의 경우, 만점에 도전한다면 내용을 좀 더 구체적으로 설명하는 것이 좋습니다. 단, 너무 길어져 답변 시간을 초과하지 않도록 주의해야 합니다.

For intermediate- and advanced-level test takers who aim for a perfect score, it is best to explain your answer in more detail. However, you must be careful not to make your answer too long and exceed the response time.

| **발화 TIP** Speaking tips |

기본적인 문형을 사용해서 말해 봅시다.
Speak using basic sentence structures.

- ＿＿＿＿＿＿＿＿ 은/는 장점이 많이 있어요.
- ＿＿＿＿＿＿＿＿ -(으)면 된다고 생각해요.
- ＿＿＿＿＿＿＿＿ 때문에 ＿＿＿＿＿＿＿＿ -는 것보다 ＿＿＿＿＿＿＿＿.
- ＿＿＿＿＿＿＿＿ 이/가 더 낫다고 봐요.
- 무엇보다도/강조하자면 ＿＿＿＿＿＿＿＿＿＿＿＿＿＿.

4-9 이유 대기 Giving reasons

Q 두 사람이 약속 시간에 대해 이야기하고 있습니다. 여자의 마지막 말을 듣고 남자가
할 말로 이유를 대는 말을 하십시오.

여자: 여보세요? 지금 어디야?

남자: 유미야, 미안해. 지금 출발해서 30분 정도 더 걸릴 것 같아.

여자: 지금 20분 동안 기다렸는데…. 미리 연락을 했어야지.

| 답변 틀 짜기 Framing your answer |

 화제와 의도 파악하기 Identifying the topic and intention

두 사람이 약속 시간에 대해 이야기하고 있습니다.
┗→ 화제
    Topic: Appointment time

여자의 마지막 말을 듣고 남자가 할 말로 이유를 대는 말을 하십시오.
┗→ 여자 의견 파악   ┗→ 나의 역할: 남자
Identifying the woman's opinion   My role: Man

남자: 유미야, 미안해. 지금 출발해서 30분 정도 더 걸릴 것 같아.
      ┗→ 남자의 입장: 약속 시간에 늦어 미안함
        Man's position: Sorry for being late

여자: 지금 20분 동안 기다렸는데…. 미리 연락을 했어야지.
   ┗→ 여자의 입장: 늦은 연락과 오랜 기다림으로 화가 남.
    Woman's position: Angry because he contacted her late and she waited a long time
   ┗→ 나: 약속 시간에 늦은 이유 대기
    Me: Giving a reason for being late

	대화 구조 Conversation structure	관련 내용 Relevant content
1단계	사과하기 Apologizing	– 약속 시간에 늦은 것에 대한 사과 Apologize for being late – 미리 연락하지 못한 이유 설명 Explanation for not contacting in advance
2단계	이유 대기 Giving a reason	– 어제 저녁 늦게 야근으로 새벽 귀가 Worked late last night and came home at dawn – 잠깐 쉰다는 것이 잠이 들어 버림 Rested for a moment and ended up falling asleep
3단계	약속하기 Making a promise	– 다시는 이런 일 없을 것이다. This won't happen again

Step 3 최종 답변 만들기 Creating your final answer

남자: (사과) 정말 미안해. 미리 연락을 했어야 하는데 급하게 준비한다고 바빴어.

(이유) 어제 회사에서 야근을 하고 새벽에 들어왔어. 잠깐 쉰다고 누웠는데 잠이 들어 버려서 이제 일어났어.

(약속) 다음부터는 이런 일 없을 거야.

087

모범 답안 1 Model answer 1

남자: 유미야, ∨ 정말 미안해. ∨ 미리 연락을 했어야 하는데 ∨ 급하게 준비한다고 ∨ 바빴어. ∨ 어제 회사에서 야근을 하고 ∨ 새벽에 들어왔어. ∨ 잠깐 ∨ 침대에서 쉬었다가 일어나서 씻으려고 했는데 ∨ 나도 모르게 잠이 들었어. ∨ 그리고 알람 소리를 못 듣고 ∨ 늦잠을 자서 ∨ 조금 전에 일어났어. ∨ 얼른 준비해야 한다고 생각해서 ∨ 휴대폰을 못 봤어. ∨ 다음부터는 ∨ 이런 일 없을 거야. ∨ 미안해. ∨ 이제 출발해서 ∨ 서울역을 지나고 있어. ∨ 약속 장소 옆에 카페가 있으니까 ∨ 거기에서 ∨ 커피를 마시면서 기다려 줄래?

▶ 초급 수준의 수험자일 경우, 답변을 어렵게 구성하기보다는 간단한 문장으로 답할 수 있도록 합시다.

If you are a beginner-level test taker, try to answer using simple sentences rather than constructing a difficult response.

모범답안 2 Model answer 2

남자: 유미야, ∨ 정말 미안해. ∨ 늦을 것 같아서 ∨ 전화를 하려고 보니까 ∨ 휴대폰을 안 가지고 나온 걸 ∨ 그때 알았어. ∨ 아침에 알람 소리를 듣지 못해서 ∨ 늦잠을 잤는데 ∨ 급하게 나오다가 ∨ 집에 두고 나왔나 봐. ∨ 그리고 ∨ 회사에서도 ∨ 정신없이 바빠서 ∨ 하루종일 ∨ 휴대폰이 없는지도 ∨ 모르고 있었어. ∨ 너하고 연락이 안 될까 봐 ∨ 조금 전에 집에 가서 ∨ 휴대폰을 들고 나오는 길이야. ∨ 그래서 이렇게 늦은 거야. ∨ 정말 미안해. ∨ 이번 한 번만 용서해 줘. ∨ 내가 커피 쿠폰을 방금 보냈어. ∨ 근처에 있는 카페에서 ∨ 커피를 마시면서 기다려 줄래? ∨ 더 일찍 연락 못해서 정말 미안해. ∨ 최대한 빨리 갈게.

▶ 중고급 수준의 수험자의 경우, 만점에 도전한다면 내용을 좀 더 구체적으로 설명하는 것이 좋습니다. 단, 너무 길어져 답변 시간을 초과하지 않도록 주의해야 합니다.

For intermediate- and advanced-level test takers who aim for a perfect score, it is best to explain your answer in more detail. However, you must be careful not to make your answer too long and exceed the response time.

발화 **TIP** Speaking tips

기본적인 문형을 사용해서 말해 봅시다.
Speak using basic sentence structures.

- _____-았/었다가 _____-는데
- _____-(으)ㄹ까 봐
- _____-ㄴ/는 길이야.
- 다음부터는 _____ 이런 일 없을 거야.
- 이번 한 번만 용서해 줘.

반대하기 Opposing

Q 두 사람이 로봇 기술에 대해 이야기하고 있습니다. 여자의 마지막 말을 듣고 남자가 할 말로 반대 의견을 말하십시오.

여자: 일상생활에서 쓸 수 있는 로봇이 만들어졌대요.

남자: 네, 저도 뉴스에서 봤어요. 그런데 로봇이 인간을 대체하게 되면 문제가 생길 것 같아요.

여자: 하지만 인간 대신에 로봇이 위험한 일을 할 수 있다면 전 좋다고 생각해요.

| 답변 틀 짜기 | Framing your answer **|**

Step 1 **화제와 의도 파악하기** Identifying the topic and intention

두 사람이 로봇 기술에 대해 이야기하고 있습니다.
    └→ 화제
     Topic: Robot technology

여자의 마지막 말을 듣고 남자가 할 말로 반대 의견을 말하십시오.
  └→ 여자 의견 파악   └→ 나의 역할: 남자
   Identifying the woman's opinion   My role: Man

남자: 그런데 로봇이 인간을 대체하게 되면 문제가 생길것 같아요.
      └→ 남자의 입장: 로봇 기술에 대한 부정적
       Man's position: Negative toward robot technology

여자: 하지만 인간 대신에 로봇이 위험한 일을 할 수 있다면 전 좋다고 생각해요.
      └→ 여자의 입장: 인간을 대체하는 로봇 기술에 대한 긍정적
       Woman's position: Positive about replacing humans with robots
      └→ 나: 긍정적 의견에 반박
       Me: Refusing her positive opinion

대화 구조 생각하기 Thinking of the conversation structure

	대화 구조 Conversation structure	관련 내용 Relevant content
1단계	반대하기 Opposing	로봇이 일상생활에서 인간을 대체하는 것에 반대한다. I am against replacing humans with robots in everyday life.
2단계	이유 말하기 Saying your reason	– 인간의 일자리를 빼앗는다. 　It takes jobs away from people. – 제대로 다루지 못하면 사고의 위험이 있다. 　There is a risk of accidents if they're not handled properly.
3단계	요약하기 Summarizing	로봇을 사용하는 것이 편하다고 해도 인간을 대체하는 것은 위험하다. Even if using robots is comfortable, it's dangerous to replace humans with them.

Step 3 **최종 답변 만들기** Creating your final answer

남자: (반대) 저는 로봇이 일상생활에서 인간을 대체하는 것에 반대해요.

　　　(이유) 로봇이 인간을 대신하면 일자리를 잃는 사람들이 생길 거예요. 그리고 로봇을 잘못 다루면 큰 사고가 일어날 수 있어요.

　　　(요약) 로봇을 사용하는 것이 편하다고 해도 인간을 대체하는 것은 위험해요.

089

모범 답안 1 Model answer 1

남자: 저는 ∨ 로봇이 ∨ 일상생활에서 인간을 대체하는 것에 반대해요. ∨ 로봇이 인간을 대신하면 ∨ 일자리를 잃는 사람들이 생길 거예요. ∨ 그러면 ∨ 사람이 살기 ∨ 점점 힘들어져서 ∨ 모두에게 ∨ 좋지 않은 일이 생길 거라고 생각해요. ∨ 로봇은 사람을 위해서 ∨ 만들어진 거니까요. ∨ 또 로봇을 잘못 사용하면 ∨ 큰 사고가 생길 수 있어요. ∨ 로봇을 잘 사용하지 못하는 사람들은 ∨ 예전보다 더 ∨ 불편하게 살게 될 수도 있고요. ∨ 그래서 저는 ∨ 로봇이 일상생활에서 ∨ 인간을 대체하는 것은 ∨ 위험하다고 생각해요.

▶ 초급 수준의 수험자일 경우, 답변을 어렵게 구성하기보다는 간단한 문장으로 답할 수 있도록 합시다.

If you are a beginner-level test taker, try to answer using simple sentences rather than constructing a difficult response.

남자: 저는 ∨ 로봇이 일상생활에서 ∨ 인간을 대체하는 것에 ∨ 반대해요. ∨ 로봇의 등장으로 ∨ 일자리를 잃는 사람들이 늘어나면서 ∨ 인간의 삶을 ∨ 위협하게 될 테니까요. ∨ 비용을 아낀다는 이유로 ∨ 로봇을 사용하는 사람들이 ∨ 점점 늘어나다 보면, ∨ 전체적으로 ∨ 사람들의 삶의 질은 ∨ 낮아질 수밖에 없어요. ∨ 사람을 위한다는 이유로 만들어진 로봇이 ∨ 사람을 위협하는 건 ∨ 앞뒤가 바뀐 일이잖아요. ∨ 그리고 ∨ 안전을 위해 로봇을 사용한다고 해도 ∨ 잘못 다루면 ∨ 오히려 큰 사고가 발생할 수 있어요. ∨ 위험한 상황이 생겼을 때 ∨ 빠르게 판단하기도 힘들고요. ∨ 그래서 저는 ∨ 일상생활에서 로봇을 사용하는 것의 편리함에 비해 ∨ 그 위험성이 ∨ 훨씬 더 높다고 생각해요.

▶ 중고급 수준의 수험자의 경우, 만점에 도전한다면 내용을 좀 더 구체적으로 설명하는 것이 좋습니다. 단, 너무 길어져 답변 시간을 초과하지 않도록 주의해야 합니다.

For intermediate- and advanced-level test takers who aim for a perfect score, it is best to explain your answer in more detail. However, you must be careful not to make your answer too long and exceed the response time.

┃ 발화 TIP Speaking tips ┃

기본적인 문형을 사용해서 말해 봅시다.

Speak using basic sentence structures.

- (저는) ＿＿＿＿＿＿＿에 반대한다/반대 의견이 있다.
- (저는) 그렇게 생각하지 않는다.
- ＿＿＿＿＿＿＿-(으)면 ＿＿＿＿＿＿＿-(으)ㄹ 것이다/수 있다.
- 그래서 ＿＿＿＿＿＿＿라고 생각한다.

4-1 제안하기 Making a suggestion

- [ ] 박물관 museum
- [ ] 관람객 spectator
- [ ] 규칙 rule
- [ ] 문화재 cultural asset
- [ ] 벌금 penalty fee
- [ ] 지키다 to protect
- [ ] 알려 주다 to be known
- [ ] 만지다 to touch
- [ ] 보호하다 to protect, to safeguard

- [ ] 내다 to pay
- [ ] 행동하다 to behave
- [ ] 못하다 to be unable (to do something)
- [ ] 옳다 to be proper
- [ ] 정확하게 precisely
- [ ] 자세히 in detail
- [ ] 멀리 from far away
- [ ] 함부로 carelessly

4-2 조언/충고하기 Giving advice

- [ ] 룸메이트 roommate
- [ ] 자신 oneself
- [ ] 부분 part
- [ ] 처음 first
- [ ] 직접 directly
- [ ] 편지 letter
- [ ] 방법 method
- [ ] 싸우다 to fight
- [ ] 잘못하다 to make a mistake
- [ ] 발견하다 to discover
- [ ] 사과하다 to apologize

- [ ] 화해하다 to reconcile
- [ ] 시작하다 to start
- [ ] 어렵다 to be difficult
- [ ] 친하다 to be close (with someone)
- [ ] 왜 why
- [ ] 다시 한번 once again
- [ ] 천천히 slowly
- [ ] 먼저 first
- [ ] 막상 in the event (of)
- [ ] 금방 immediately
- [ ] 예전 in the past

4-3 거절하기 Refusing

- ☐ 청소 cleaning
- ☐ 수업 class
- ☐ 아르바이트 part-time job
- ☐ 교실 classroom
- ☐ 자리 seat
- ☐ 정리 organization, claning-up
- ☐ 요리 수업 cooking class

- ☐ 준비물 supplies
- ☐ 끝나다 to finish
- ☐ 챙기다 to pack
- ☐ 지금 right now
- ☐ 대신에 instead of
- ☐ 일찍 early

4-4 요청하기 Making a request

- ☐ 대학 입학 entering university
- ☐ 가을 autumn
- ☐ 전공 major (of study)
- ☐ 어떤 which
- ☐ 취업 employment
- ☐ 적성 aptitude
- ☐ 고민 concern
- ☐ 기준 standard
- ☐ 관련하다 to be related

- ☐ 상담하다 to counsel
- ☐ 지원하다 to support
- ☐ 선택하다 to choose
- ☐ 모르다 to not know
- ☐ 결정하다 to decide
- ☐ 중요하다 to be important
- ☐ 고려하다 to consider
- ☐ 선별하다 to select
- ☐ 곰곰이 thoroughly

4-5 부탁하기 Asking a favor

- ☐ 티켓 ticket
- ☐ 돈 money
- ☐ 팝콘 popcorn
- ☐ 콜라 cola
- ☐ 간식 snack
- ☐ 주문하다 to order

- ☐ 구매하다 to purchase
- ☐ 도착하다 to arrive
- ☐ 드리다 to give
- ☐ 미리 in advance
- ☐ 조금 있다(가) a bit later

4-6 위로하기 Consoling

- ☐ 자격증 certificate, license
- ☐ 긴장 tension
- ☐ 심호흡 deep breath
- ☐ 숨 breath
- ☐ 상황 situation
- ☐ 실패 failure
- ☐ 성공 success
- ☐ 분위기 atmosphere
- ☐ 비슷하다 to be similar
- ☐ 연습하다 to practice

- ☐ 속상하다 to be upset
- ☐ 준비하다 to prepare
- ☐ 망치다 to mess up
- ☐ 긴장하다 to be nervous
- ☐ 쉬다 to rest
- ☐ 완화하다 to relax
- ☐ 도움되다 to be helpful
- ☐ 익숙해지다 to become familiar
- ☐ 실제 reality
- ☐ 아무것도 anything

4-7 유감 표현하기 Expressing pity

- ☐ **부장** department head
- ☐ **급하다** to be urgent
- ☐ **휴가** to leave (from work), vacation time
- ☐ **연차** annual leave
- ☐ **퇴근** to leave work
- ☐ **신청** application, request

- ☐ **상황** situation
- ☐ **유감이다** to be a pity
- ☐ **승낙하다** to approve
- ☐ **업무** work, duty
- ☐ **몸이 안 좋다** to be physically unwell

4-8 설득하기 Persuasding

- ☐ **결혼식** wedding ceremony
- ☐ **결혼식장** wedding venue
- ☐ **유행** trend
- ☐ **비용** cost
- ☐ **부담** burden
- ☐ **평생** entire life
- ☐ **방식** method
- ☐ **상황** situation
- ☐ **아쉽다** to be a shame
- ☐ **사랑하다** to love

- ☐ **행복하다** to be happy
- ☐ **독특하다** to be distinctive
- ☐ **늘다** to increase
- ☐ **달라지다** to become different
- ☐ **부르다** to call
- ☐ **맞다** to be correct
- ☐ **반드시** without fail
- ☐ **최근** recently
- ☐ **무조건** unconditionally

4-9 이유 대기 Giving reasons

- 회사 company
- 야근 overtime work
- 새벽 dawn
- 침대 bed
- 눕다 to lie down
- 알람 소리 alarm
- 늦잠 oversleep
- 급하다 to be in a hurry

- 들어오다 to come back
- 여보세요. Hello?
- 걸리다 to take (time)
- 일어나다 to get up
- 씻다 to wash
- 미리 in advance
- 정도 approximately
- 잠깐 a moment

4-10 반대하기 Opposing

- 현대 modern times
- 과학 science
- 기술 technology
- 로봇 robot
- 생명 life
- 감정 emotion
- 기기 equipment
- 종류 type
- 인간 human
- 사고 accident
- 도구 tool

- 존재 existence
- 대신하다 to replace
- 대체하다 to substitute
- 괜찮다 to be okay
- 완전하다 to be complete
- 개발하다 to develop
- 보호하다 to protect
- 망가지다 to be ruined
- 새롭다 to be new
- 또 again

✿ 듣기 지시문을 듣고 70초 동안 대답을 준비해야 한다.
Listen to the instructions, and then you must prepare your answer in 70 seconds.

✿ 도표나 그래프와 같은 시각 자료를 해석할 때 자주 쓰는 표현을 연습해 두자.
Practice commonly used expressions when interpreting visual data such as diagrams and graphs.

✿ 80초 동안 자신의 의견을 일관성 있게 진술하는 연습이 중요하다.
It is important to practice expressing your opinion consistently for 80 seconds.

문항 5-1 경제 Economy

Q 뉴스를 듣고 자료에 제시된 사회 현상의 변화를 설명하십시오. 그리고 이러한 현상이 사회에 미치는 영향을 두 가지 말하십시오.

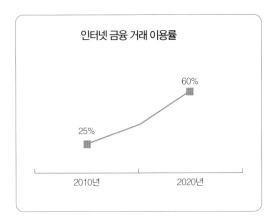

인터넷 금융 거래 이용률

25% (2010년) → 60% (2020년)

**은행 지점 수,
10년 동안 천 개 이상 줄어**

지난 10년 동안 은행 지점 수가 천 개 이상 줄어든 것으로 조사되었다. 최근 보고서에 따르면 은행 지점이 문을 닫고 있는 것으로 밝혀졌으며, 이는 모바일 뱅킹, 인터넷 뱅킹의 확대에 영향을 받은 것으로 보인 분석이 뒤따르고 있다. 이는 사용자들이 온라인이나 스마트폰으로 편리하게 은행 업무를 보는 것을 선호하기 때문이다. 하지만 이런 기술에 익숙하지 않은 노년층에게는 요즘의 변화는 초래할 것으로 예상하며, 이를 열거하서 노년층에 대한 모바일, 인터넷 뱅킹 등등의 서비스 제공, 인터넷 예방 등등 관련 지원 서비스의 확대가 필요할 것으로 예상된다.

다음 뉴스입니다. 요즘 인터넷으로 은행 업무를 보는 사람들이 많은데요. 조사 결과 2010년부터 2020년까지 인터넷 금융 거래 이용률에 큰 변화가 있었습니다. 같은 기간 은행 지점 수 역시 달라진 것으로 나타났습니다.

Step 1 듣기 내용 & 시각 자료 파악하기 Grasping the listening content & visual data

뉴스를 듣고 자료에 제시된 사회 현상의 변화를 설명하십시오.
　　　└ 매체　　　　　　　　　└ 시각 자료 내용
　　　　Medium　　　　　　　　Content of the visual data

그리고 이러한 현상이 사회에 미치는 영향을 두 가지 말하십시오.
　　　　　└ 자신의 의견 제시　　　　└ 조건
　　　　　　Suggesting one's own opinion　　Condition

다음 뉴스입니다. 요즘 인터넷으로 은행 업무를 보는 사람들이 많은데요. 조사 결과
2010년부터 2020년까지 인터넷 금융 거래 이용률에 큰 변화가 있었습니다.
　　　　　　　　　　　　└ 사회 현상 변화 ①
　　　　　　　　　　　　　Change in social phenomenon ①

같은 기간 은행 지점 수 역시 달라진 것으로 나타났습니다.
　└ 사회 현상 변화 ②
　　Change in social phenomenon ②

Step 2 말하기 구조 만들기 Creating a speaking structure

자료 해석하기 Analyzing the data	이유 Reason	영향 Impact
① 인터넷 금융 거래 이용률 2010년 25%에서 2020년 60%로 증가 Usage of online financial transactions increased from 25% in 2010 to 60% in 2020	– 전자 기기로 인해 금융 거래 환경이 변화 The environment for financial transactions has changed due to electronic devices.	[부정적 영향 Negative impact] – 지점이 줄면서 인터넷을 다루지 못하는 사람들이 불편함, 은행 일자리 감소 As the number of branches decreases, people who don't know how to use the internet feel uncomfortable, and bank jobs decrease.
② 은행 지점 수 10년 동안 천 개 이상 감소 Number of bank branches dropped by more than 1,000 in 10 years	– 은행에 직접 방문하던 과거와 달리, 인터넷 금융 거래로 인해 지점의 필요성이 줄어듦. With the rise of online financial transactions, the need for physical branches has decreased compared to the past when people used to visit banks in person.	[긍정적 영향 Positive impact] – 지점 유지 비용을 줄임 Reduction in cost of maintaining branches – 시스템 구축 비용 투입 Investment in constructing systems

최종 답변 만들기 Creating your final answer

(자료해석) 자료에 따르면 2010년부터 2020년까지 10년간 인터넷 금융 거래 이용률은 25%에서 60%까지 증가했는데 같은 기간 은행 지점 수는 천 개 이상 줄어듦.

(이 유) 스마트폰과 같은 전자 기기를 통해 손쉽게 금융 거래를 할 수 있는 환경이 조성되었기 때문. 과거에는 은행에 직접 방문해서 처리하던 일들을 지금은 인터넷으로 하는 경우가 많아지면서 은행 지점의 필요성이 줄어들어 지점 수가 감소한 것.

(영 향) 부정적인 측면과 긍정적인 측면이 모두 있음. 은행 지점이 크게 줄어든 것은 인터넷을 잘 다루지 못하는 사람들에게는 매우 불편함. 은행 일자리가 줄어들 가능성. 반면, 은행은 지점 유지 비용을 줄이고 이를 더 나은 금융 거래 시스템을 구축하는 데 투입함으로써 경쟁력 향상 가능.

091

모범 답안 1 Model answer 1

뉴스에 의하면 ∨ 인터넷 금융 거래 이용률이 ∨ 2010년에는 ∨ 25%였는데 ∨ 2020년에는 ∨ 60%까지 ∨ 늘어났다는 것을 알 수 있었습니다. ∨ 또한 ∨ 10년 동안 ∨ 은행 지점 수는 천 개 이상 ∨ 줄었습니다. ∨ 이러한 변화가 나타난 이유는 ∨ 인터넷으로 쉽게 ∨ 금융 거래를 할 수 있는 환경이 ∨ 만들어졌기 때문입니다. ∨ 과거에는 ∨ 금융 거래를 하기 위해 ∨ 은행에 직접 가야 했는데 ∨ 지금은 ∨ 인터넷으로 할 수 있게 되면서 ∨ 은행 지점 수가 ∨ 점점 줄어들게 된 것입니다.

이러한 현상이 사회에 미치는 영향은 ∨ 두 가지로 ∨ 살펴볼 수 있습니다. ∨ 첫째, ∨ 인터넷 금융 거래가 점점 늘어나면 ∨ 인터넷 은행이 새로 생겨 ∨ 소비자들이 선택할 수 있는 것이 더 많아질 수 있습니다. ∨ 둘째, ∨ 은행 지점 수가 줄면 ∨ 인터넷을 사용할 수 없는 사람들은 ∨ 금융 거래를 할 수 없습니다.

▶ 초급 수준의 수험자일 경우, 답변을 어렵게 구성하기보다는 간단한 문장으로 답할 수 있도록 합시다.

If you are a beginner-level test taker, try to answer using simple sentences rather than constructing a difficult response.

092

모범 답안 2 Model answer 2

자료에 따르면 ∨ 2010년부터 2020년까지 10년간 ∨ 인터넷 금융 거래 이용률은 ∨ 25%에서 60%까지 ∨ 큰 폭으로 증가했는데 ∨ 같은 기간 은행 지점 수는 ∨ 천 개 이상 줄었습니다. ∨ 이러한 변화가 나타난 이유는 ∨ 스마트폰과 같은 ∨ 전자 기기를 통해 손쉽게 ∨ 금융 거래를 할 수 있는 환경이 ∨ 조성되었기 때문입니다. ∨ 인터넷으로 ∨ 주로 은행을 이용하다 보니 ∨ 은행 지점의 필요성이 적어지면서 ∨ 지점 수가 감소한 것입니다. ∨

이러한 현상이 사회에 미치는 영향은 ∨ 부정적인 측면과 긍정적인 측면이 ∨ 모두 있습니다. ∨ 은행 지점이 크게 줄어들면서 ∨ 인터넷을 잘 다루지 못하는 사람들이 ∨ 매우 큰 불편함을 느낄 것이고, ∨ 은행 일자리가 줄어들 가능성이 있다는 ∨ 부정적 영향을 ∨ 예상할 수 있습니다. ∨ 반면, ∨ 은행의 입장에서는 ∨ 지점 유지 비용을 줄일 수 있고 ∨ 이 비용을 ∨ 더 나은 시스템을 구축하는 데 사용함으로써 ∨ 경쟁력을 향상할 수 있다는 ∨ 긍정적 영향을 예상할 수 있습니다.

▶ 중고급 수준의 수험자의 경우, 만점에 도전한다면 내용을 좀 더 구체적으로 설명하는 것이 좋습니다. 단, 너무 길어져 답변 시간을 초과하지 않도록 주의해야 합니다.

For intermediate- and advanced-level test takers who aim for a perfect score, it is best to explain your answer in more detail. However, you must be careful not to make your answer too long and exceed the response time.

| **발화 TIP** Speaking tips |

기본적인 문형을 사용해서 말해 봅시다.
Speak using basic sentence structures.

- _____에 따르면 (   )년부터 (   )년까지 _____은/는 (   )%에서 (   )%까지 큰 폭으로 증가/감소했다.
- 같은 기간 _____은/는 _____.
- 이러한 변화가 나타난 이유는 _____ 때문이다.
- 이러한 현상이 사회에 미치는 영향은 부정적인 측면과 긍정적인 측면이 모두 있다.
- _____-다는/라는 부정적 영향을 예상할 수 있다.
- 반면, _____ 입장에서는 _____-다는/라는 긍정적인 영향을 예상할 수 있다.

Q 뉴스를 듣고 자료에 제시된 사회 현상의 변화를 설명하십시오. 그리고 이러한 현상의 이유와 전망에 대해 말하십시오.

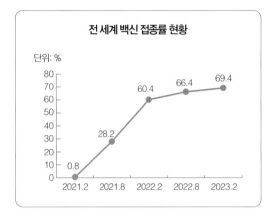

전 세계 백신 접종률 현황

단위: %

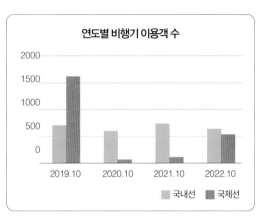

연도별 비행기 이용객 수

다음 뉴스입니다. 2019년 12월에 시작된 코로나19 감염증의 세계적인 확산세가 치료제와 백신의 개발 등으로 인해 그 기세가 꺾이면서 여행객이 증가하는 추세입니다.

| 답변 틀 짜기 Framing your answer |

Step 1 듣기 내용 & 시각 자료 파악하기 Grasping the listening content & visual data

뉴스를 듣고 자료에 제시된 사회 현상의 변화를 설명하십시오.
┗ 매체   ┗ 시각 자료 내용
  Medium   Content of the visual data

그리고 이러한 현상의 이유와 전망에 대해 말하십시오.
         ┗ 자신의 의견 제시
           Suggesting one's own opinion

다음 뉴스입니다. 2019년 12월에 시작된 코로나19 감염증의 세계적인 확산세가
치료제와 백신의 개발 등으로 인해 그 기세가 꺾이면서 여행객이 증가하는 추세입니다.
┗ 사회 현상 변화 ①   ┗ 사회 현상 변화 ②
  Change in social phenomenon ①   Change in social phenomenon ②

말하기 구조 만들기 Creating a speaking structure

자료 해석하기 Analyzing the data	이유 Reason	영향 Impact
① 세계적으로 백신 접종률이 증가함. The vaccination rates are increasing globally.	– 코로나19 치료제와 백신 개발이 활발하게 진행 Development of COVID-19 treatments and vaccines is actively progressing.	– 코로나의 위험성은 앞으로 더 감소하여 해외여행의 제한이 줄어들 것 The risk of COVID-19 is expected to decrease further, leading to a relaxation of restrictions on overseas travel.
② 코로나 이전과 이후 비행기 이용객 수 비교 Comparison of the number of airplane passengers before and after COVID-19	– 감염 상황이 진정되면서 출입국 제한을 해제한 국가가 많음. As the infection situation stabilizes, many countries are lifting their travel restrictions.	– 그동안 못 갔던 해외여행을 가기 위한 국제선 이용 고객 수는 더욱 증가할 것으로 전망됨. It is anticipated that the number of international travelers will continue to increase as people seek to make up for missed opportunities to travel abroad.

Step 3 **최종 답변 만들기** Creating your final answer

(자료해석) 국토교통부에 의하면 코로나19 이전에는 국내선보다 국제선 이용객이 절대적으로 많았음. 코로나19 이후에는 감염 위험으로 인해 국제선의 이용이 빠르게 줄어듦. 2022년 10월에 국제선 이용객 수가 다시 늘어남. 또한 전 세계에서 백신 접종률이 계속 늘어남.

(이 유) 코로나19 치료제와 백신 개발로 상황이 나아지면서 코로나 19의 위험성이 줄어듦. 해외로 이동을 못하게 하던 나라에서도 다시 여행할 수 있도록 하는 일이 많아짐.

(전 망) 앞으로 위험이 더욱 줄어들어 해외여행이 점점 더 자유로워질 것으로 예상되며, 그동안 못 갔던 해외여행을 가기 위한 국제선 이용 고객의 수는 더욱 증가할 것으로 보임.

093

모범답안1 Model answer 1

국토교통부에 의하면 ∨ 이전과 달리 ∨ 코로나19 때에는 ∨ 국제선을 이용하는 사람 수가 ∨ 매우 빠르게 ∨ 줄어들었습니다. ∨ 그러다가 ∨ 2022년 10월에 ∨ 국제선 이용객 수가 ∨ 다시 늘어나는 모습을 보였습니다. ∨ 나라 사이를 이동하는 사람들이 ∨ 다시 많아진 것입니다. ∨ 또한 ∨ 전 세계에서 ∨ 백신 접종률이 ∨ 계속해서 늘어나고 있다는 것을 ∨ 알 수 있습니다. ∨ 치료제와 백신 개발로 ∨ 상황이 나아지면서 ∨ 코로나19의 위험성이 ∨ 줄어든 것입니다. ∨ 그래서 ∨ 코로나19 때문에 ∨ 이동을 못하게 하던 나라에서도 ∨ 다시 해외여행을 할 수 있게 하는 일이 ∨ 많아졌습니다. ∨ 앞으로 위험이 더욱 줄어들어서 ∨ 해외여행이 ∨ 점점 더 자유로워질 것으로 예상됩니다. ∨ 또한 ∨ 그동안 가지 못했던 ∨ 해외여행을 가기 위한 ∨ 국제선 이용 고객의 수는 ∨ 더욱 증가할 것으로 보입니다.

▶ 초급 수준의 수험자일 경우, 답변을 어렵게 구성하기보다는 간단한 문장으로 답할 수 있도록 합시다.

If you are a beginner-level test taker, try to answer using simple sentences rather than constructing a difficult response.

094

모범답안2 Model answer 2

국토교통부에 의하면 ∨ 이전과 달리 ∨ 코로나19 시기에는 ∨ 국제선 이용객 수가 ∨ 대폭 감소했습니다. ∨ 그러다가 ∨ 2022년 10월에 ∨ 국제선 이용객 수가 ∨ 다시 급증하는 변화가 있었습니다. ∨ 이를 통해 ∨ 해외로 이동하려는 사람들의 수가 ∨ 코로나19 이전과 ∨ 비슷한 수준으로 회복되었음을 ∨ 짐작할 수 있습니다. ∨ 또한 ∨ 전 세계의 백신 접종 현황을 살펴보면 ∨ 접종률이 ∨ 꾸준히 증가하고 있음을 확인할 수 있습니다. ∨ 치료제와 백신 개발 등으로 ∨ 감염 상황이 ∨ 어느 정도 진정되면서 ∨ 코로나19의 위험성이 ∨ 감소한 것입니다. ∨ 이로 인해 ∨ 출입국 통제를 해제한 국가의 수 역시 ∨ 늘어났습니다. ∨ 그러므로 ∨ 코로나19의 위험성은 ∨ 앞으로 더욱 감소하여 ∨ 해외여행의 제한이 ∨ 줄어들 것으로 예상됩니다. ∨ 또한 ∨ 그동안 가지 못했던 해외여행을 가기 위한 ∨ 국제선 이용 고객의 수는 ∨ 더욱 증가할 것으로 전망됩니다.

▶ 중고급 수준의 수험자의 경우, 만점에 도전한다면 내용을 좀 더 구체적으로 설명하는 것이 좋습니다. 단, 너무 길어져 답변 시간을 초과하지 않도록 주의해야 합니다.

For intermediate- and advanced-level test takers who aim for a perfect score, it is best to explain your answer in more detail. However, you must be careful not to make your answer too long and exceed the response time.

기본적인 문형을 사용해서 말해 봅시다.
Speak using basic sentence structures.

- _____에 의하면 이전과 달리 _____ 때에는 _____ 수가 매우 빠르게 늘어났다/줄어들었다.
- 그러다가 _____에 다시 늘어나는/줄어드는 모습을 보였다.
- 또한 _____이/가 계속해서 늘어나고/줄어들고 있다는 것을 알 수 있다/확인할 수 있다.
- 앞으로 _____ 것으로 예상된다.
- 또한 _____ 것으로 보인다/전망된다.

5-3 〉 사회 문제 Social issues

Q 뉴스를 듣고 자료에 제시된 사회 현상의 변화를 설명하십시오. 그리고 이러한 현상의 이유와 전망에 대해 말하십시오.

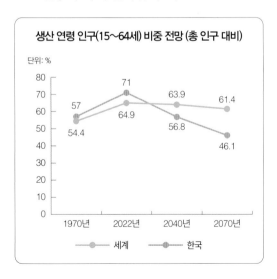

생산 연령 인구(15~64세) 비중 전망 (총 인구 대비)

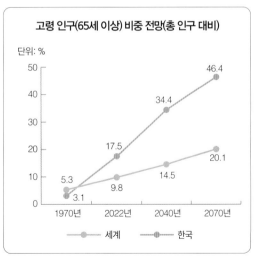

고령 인구(65세 이상) 비중 전망(총 인구 대비)

다음 뉴스입니다. 통계청 자료에 의하면 전 세계적으로 생산 연령 인구는 줄고 고령 인구는 증가하는 추세라고 합니다. 한국은 더 심각한 상황이라고 합니다.

Step 1 **듣기 내용 & 시각 자료 파악하기** Grasping the listening content & visual data

뉴스를 듣고 자료에 제시된 사회 현상의 변화를 설명하십시오.
　　　↳ 매체 Medium　　　　　　　↳ 시각 자료 내용 Content of the visual data

그리고 이러한 현상으로 나타난 문제점과 대책에 대해 말하십시오.
　　　　↳ 자신의 의견 제시 Suggesting one's own opinion

다음 뉴스입니다. 통계청 자료에 의하면
전 세계적으로 생산 연령 인구는 줄고 고령 인구는 증가하는 추세라고 합니다.
한국은 더 심각한 상황이라고 합니다.　　↳ 사회 현상 변화 ②
　　　↳ 사회 현상 변화 ①　　　　　Change in social phenomenon ②
　　　Change in social phenomenon ①

Step 2 **말하기 구조 만들기** Creating a speaking structure

자료 해석하기 Analyzing the data	이유 Reason	영향 Impact
① 생산 인구 감소 Declining working population: 2022년 이후 세계 하락 비율보다 한국은 급속한 하락세 After 2022, the rate of decline in Korea has been more rapid than the global rate of decline. ② 고령 인구 증가 Increasing elderly population: 2022년 이후 세계 상승 비율보다 한국은 급격한 상승세 After 2022, the rate of increase in Korea has been more rapid than the global rate of increase.	– 생산 인구 감소로 노동력 부족 Labor shortage due to the decrease in the working population – 노인 인구 증가로 인한 사회 복지 부담 증가 Increase in social welfare burden due to growing elderly population	– 해외 노동 인력, 출산 장려 지원금 Foreign workers, subsidies to encourage childbirth – 노인 일자리 및 사회 보장 제도 마련 Create jobs and social security systems for elderly people

Step 3 **최종 답변 만들기** Creating your final answer

(자료해석) 통계청 자료에 따르면 한국의 경우 2022년 이후 생산 연령 인구의 급속한 하락으로 2070년에는 세계 생산 연력 인구 비율인 61.4%보다 낮을 뿐만 아니라 전체 인구의 절반 이하인 46.1%밖에 안 될 것으로 전망됨. 반면 고령 인구는 2022년 이후 급격한 상승세를 보이고 있는데 2070년에는 세계 고령 인구 비율인 20.1%의 두 배가 넘는 46.4%에 달할 것으로 보임.

(문제점) 이로 인해 일을 할 수 있는 인력이 부족하고 생산 인구가 부양해야 하는 고령 인구가 증가하는 문제가 발생함. 고령 인구가 증가하면 사회 복지 부담이 늘어나고 세금이 증가함. 그렇게 되면 생산 인구의 소득이 감소하여 생활의 질이 나빠질 우려가 있음.

(대책) 따라서 국가에서는 한국에서의 해외 인력의 노동을 지원하고 출산 장려 정책을 마련해야 함. 그리고 고령 인구를 위한 일자리 창출과 사회 복지 제도를 마련해야 할 것임.

095

모범 답안 1 Model answer 1

통계청 자료에 의하면 ∨ 전 세계적으로 ∨ 생산 인구는 줄고 ∨ 고령 인구는 ∨ 늘어나고 있다고 합니다. ∨ 물론 ∨ 세계 생산 인구의 비율과 비교하면 ∨ 아직 한국은 ∨ 비율은 큰 편이지만 ∨ 앞으로 50년 동안 ∨ 계속해서 줄어들 것으로 예상됩니다. ∨ 2070년까지 ∨ 세계 생산 연령 인구 비율은 ∨ 61.4%으로 예상되는데 ∨ 한국은 ∨ 46.1% 정도가 될 것으로 보입니다. ∨ 그리고 ∨ 고령 인구 비율도 빠르게 늘어서 ∨ 2070년에는 ∨ 46.4%가 될 것입니다. ∨ 그러면 ∨ 세계 고령 인구 비율의 ∨ 2배가 넘게 됩니다. ∨

생산 연령 인구가 부족하면 ∨ 세계적으로 ∨ 먹을 게 충분하지 않다는 문제가 ∨ 생길 수 있습니다. ∨ 그리고 ∨ 공장에서 일할 사람도 부족해지면서 ∨ 자원이 충분히 공급되기 ∨ 어려울 수 있습니다. ∨ 그때는 ∨ 로봇을 사용하는 등 ∨ 해결 방안을 고려해야 할 것입니다.

▶ 초급 수준의 수험자일 경우, 답변을 어렵게 구성하기보다는 간단한 문장으로 답할 수 있도록 합시다.
If you are a beginner-level test taker, try to answer using simple sentences rather than constructing a difficult response.

096

모범 답안 2 Model answer 2

통계청 자료에 따르면 ∨ 한국의 경우 ∨ 2022년 이후 ∨ 생산 연령 인구의 급속한 하락으로 ∨ 2070년에는 ∨ 세계 생산 연령 인구 비율인 ∨ 61.4%보다 ∨ 낮을 뿐만 아니라 ∨ 전체 인구의 ∨ 절반 이하인 ∨ 46.1%밖에 ∨ 안 될 것으로 전망하고 있습니다. ∨ 반면 ∨ 고령 인구는 ∨ 2022년 이후 ∨ 한국은 급격한 상승세를 보이고 있는데 ∨ 2070년에 ∨ 세계 고령 인구 비율인 ∨ 20.1%의 ∨ 두 배가 넘는 ∨ 46.4%에 달한다고 합니다. ∨ 이로 인해 ∨ 실제 노동 인력이 부족해지고 ∨ 1인당 부양 인구 수가 증가하는 등의 ∨ 문제가 발생합니다. ∨ 또한 고령 인구 증가로 ∨ 노인의 사회 복지 부담률이 늘어나고 ∨ 세금이 증가하게 되면 실제 소득이 감소하여 ∨ 생활의 질적 하락이 발생할 수 있습니다. ∨ 따라서 ∨ 정부는 ∨ 해외 노동 인력의 수입과 ∨ 출산 장려 정책을 마련하고 ∨ 노인 일자리 창출과 ∨ 사회 보장제도의 확대 등의 대책도 ∨ 준비해야 할 것입니다.

▶ 중고급 수준의 수험자의 경우, 만점에 도전한다면 내용을 좀 더 구체적으로 설명하는 것이 좋습니다. 단, 너무 길어져 답변 시간을 초과하지 않도록 주의해야 합니다.
For intermediate- and advanced-level test takers who aim for a perfect score, it is best to explain your answer in more detail. However, you must be careful not to make your answer too long and exceed the response time.

기본적인 문형을 사용해서 말해 봅시다.
Speak using basic sentence structures.

- _____ 자료에 의하면 전 세계적으로 _____ 은/는 늘고/줄고, _____ 은/는 늘어나고/줄어들고 있다고 한다.
- _____ 의 경우 ( )년 이후 _____ (으)로 _____ 인 ( )% 밖에 안 될 것으로 보고/전망하고 있다.
- 반면 _____ 은/는 ( )년 이후 급격한 상승세/하락세를 보이고 있는데, ( )년에 _____ 의 ( )배가 넘는 ( )%에 달한다고 한다.
- 앞으로 _____ 것으로 예상된다.
- _____ -면 _____ -다는/라는 문제가 생길 수 있다.
- 그때는 _____ -는 해결 방안을 고려해야 할 것이다.
- 따라서 정부는 _____ 을/를 마련하고 _____ 의 대책을 준비해야 할 것이다.

5-4 문화 Culture

> Q 뉴스를 듣고 자료에 제시된 사회 현상의 변화를 설명하십시오. 그리고 이러한 현상이 사회에 미치는 원인 및 전망에 대해 말하십시오.

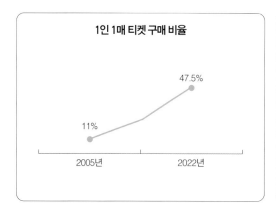

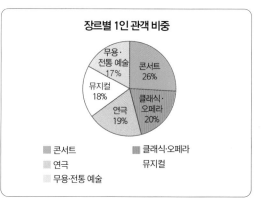

다음 뉴스입니다. 한 티켓 예매 사이트에 따르면 공연의 1인 관객 비중은 2005년 11%에서 2020년 47.5%로 증가한 것으로 나타났습니다.

| 답변 틀 짜기 Framing your answer |

Step 1 듣기 내용 & 시각 자료 파악하기 Grasping the listening content & visual data

뉴스를 듣고 자료에 제시된 사회 현상의 변화를 설명하십시오.
└→ 매체   └→ 시각 자료 내용
    Medium   Content of the visual data

그리고 이러한 현상이 사회에 미치는 원인 및 전망에 대해 말하십시오.
                  └→ 자신의 의견 제시
                     Suggesting one's own opinion

다음 뉴스입니다. 한 티켓 예매 사이트에 따르면 공연의 1인 관객 비중은 2005년 11%에서 2020년 47.5%로 증가한 것으로 나타났습니다.
                                            └→ 사회 현상 변화
                                             Change in social phenomenon

Step 2 말하기 구조 만들기 Creating a speaking structure

자료 해석하기 Analyzing the data	이유 Reason	영향 Impact
① 공연의 1인 관객의 비중이 전체 관객의 약 절반에 해당할 정도로 증가함. The proportion of single spectators at performances has increased to about half of the total audience.	– 다른 사람의 시선을 의식하지 않고 혼자서 공연을 즐기려는 사람들이 늘어남. An increasing number of people want to enjoy performances by themselves without being conscious of what other people think.	– 앞으로도 공연의 1인 관객 비중은 갈수록 늘어날 것으로 보임. In the future, it appears that the proportion of single spectators at performances will continue to increase.
② 장르별 1인 관객의 비중은 콘서트가 가장 높음. Concerts had the highest proportion of single spectators by genre.	– 자신이 좋아하는 공연을 반복해서 보는 사람이 늘어났기 때문 This is because an increasing number of people are repeatedly watching their favorite performances.	

Step 3 최종 답변 만들기 Creating your final answer

(자료해석) 티켓 예매 사이트에 따르면 공연의 1인 관객의 비중이 전체 관객의 약 절반에 해당할 정도로 증가함. 장르별 1인 관객의 비중은 콘서트가 가장 높음.

(원 인) 다른 사람의 시선을 의식하지 않고 혼자서 공연을 즐기려는 사람들이 늘어났으며, 자신이 좋아하는 공연을 반복해서 보는 사람이 늘어났기 때문.

(전 망) 앞으로도 공연의 1인 관객 비중은 갈수록 늘어날 것으로 보임.

097

모범답안1 Model answer 1

공연 예매 사이트에 따르면 ∨ 공연의 1인 관객 비중은 ∨ 2005년 11%에서 ∨ 2020년 47.5%로 ∨ 4배가 넘게 ∨ 증가한 것으로 ∨ 나타났습니다. ∨ 그리고 ∨ 장르별 1인 관객의 비중은 ∨ 콘서트가 가장 높았습니다. ∨ 이처럼 ∨ 1인 관객이 ∨ 전체 관객의 ∨ 약 절반이 될 정도로, ∨ 공연장에서 ∨ 1인 관객은 ∨ 자연스러운 분위기로 ∨ 자리잡았습니다. ∨ 1인 관객이 증가한 이유는 ∨ 함께 보러 갈 사람을 신경 쓰지 않고 ∨ 혼자서 공연을 즐기고 싶어 하는 사람들이 ∨ 늘어났기 때문입니다. ∨ 혼자서 공연을 본다면 ∨ 자신이 좋아하는 것을 ∨ 마음껏 즐길 수 있고, ∨ 또 ∨ 공연이 재미있다면 ∨ 같은 공연을 ∨ 여러 번 볼 수도 있습니다. ∨ 요즘에는 ∨ 혼자서 ∨ 공연이나 영화, 식사를 즐기는 것이 ∨ 이상하지 않기 때문에 ∨ 앞으로도 ∨ 공연의 1인 관객의 수는 ∨ 점점 늘어날 것으로 보입니다.

▶ 초급 수준의 수험자일 경우, 답변을 어렵게 구성하기보다는 간단한 문장으로 답할 수 있도록 합시다.
If you are a beginner-level test taker, try to answer using simple sentences rather than constructing a difficult response.

098

모범답안2 Model answer 2

공연 예매 사이트에 따르면 ∨ 공연의 1인 관객 비중은 ∨ 2005년 11%에서 ∨ 2020년 47.5%로 ∨ 4배가 넘게 ∨ 증가한 것으로 나타났습니다. ∨ 그리고 장르별 1인 관객의 비중은 ∨ 콘서트가 가장 높았으며, ∨ 이어서 ∨ 클래식 · 오페라, 연극, 뮤지컬, 무용 · 전통 예술 ∨ 순이었습니다. ∨ 1인 관객이 ∨ 전체 관객의 약 절반에 이를 정도로, ∨ 공연장에서 1인 관객은 ∨ 자연스러운 분위기로 ∨ 자리잡았습니다. ∨ 1인 관객이 증가한 원인은 ∨ 다른 사람의 시선을 의식하지 않고 ∨ 혼자서 공연을 즐기려는 사람들이 ∨ 늘어났기 때문입니다. ∨ 동행인의 취향 등을 고려하기보다는 ∨ 자신이 좋아하는 것을 ∨ 자유롭게 즐기려는 경향이 강해진 것인데요. ∨ 또 ∨ 자신이 좋아하는 공연을 ∨ 반복해서 보는 사람들이 늘어난 것 역시 ∨ 1인 관객이 늘어난 이유로 ∨ 꼽을 수 있습니다. ∨ 더는 ∨ 나 홀로 문화 생활을 즐기는 것이 드물지 않은 요즘, ∨ 앞으로도 ∨ 공연의 1인 관객의 수는 ∨ 점점 늘어날 전망입니다.

▶ 중고급 수준의 수험자의 경우, 만점에 도전한다면 내용을 좀 더 구체적으로 설명하는 것이 좋습니다. 단, 너무 길어져 답변 시간을 초과하지 않도록 주의해야 합니다.
For intermediate- and advanced-level test takers who aim for a perfect score, it is best to explain your answer in more detail. However, you must be careful not to make your answer too long and exceed the response time.

기본적인 문형을 사용해서 말해 봅시다.
Speak using basic sentence structures.

- _____에 따르면 _____은/는 (   )년 (   )%에서 (   )년 (   )%로 (   )배가 넘게 증가/감소한 것으로 나타났다.
- 그리고 _____은/는 _____이/가 가장 높았다/낮았다.
- 이어서 _____ 순이었다.
- _____은/는 자연스러운 분위기로 자리잡았다.
- _____이/가 증가/감소한 이유는 _____-기 때문이다.
- _____ 역시 _____ 이유로 꼽을 수 있다.
- 앞으로도 _____은/는 점점 늘어날/줄어들 것으로 보인다/전망된다.

예술 Art

Q 뉴스를 듣고 자료에 제시된 사회 현상의 변화를 설명하십시오. 그리고 이러한 현상이 사회에 미치는 영향을 두 가지로 말하십시오.

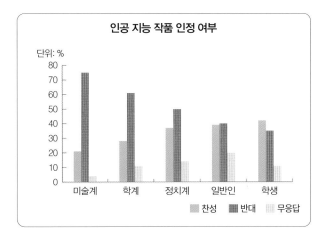

인공 지능 작품 인정 여부
단위: %
(미술계 / 학계 / 정치계 / 일반인 / 학생)
■ 찬성 ■ 반대 ■ 무응답

AI가 그린 작품, 미술 대회에서 1등

미국의 한 미술 대회에서 인공 지능이 그린 작품이 1등, 연일 뜨거운 논란

미술계, "노력 없이 그린 그림은 작품이 아니다"라며 인공 지능의 작품 인정 못해

학계 역시 "노력과 실력이 빠져 있다"고 비판

다음 뉴스입니다. 요즘은 인공 지능이 그림을 그리는 시대입니다. 미국에서는 한 미술 대회에서 인공 지능의 작품이 1등을 해 논란이 되고 있습니다.

Step 1 듣기 내용 & 시각 자료 파악하기 Grasping the listening content & visual data

뉴스를 듣고 자료에 제시된 <u>사회 현상의 변화를</u> 설명하십시오.
    ↳ 매체   ↳ 시각 자료 내용
      Medium   Content of the visual data

그리고 <u>이러한 현상이 사회에 미치는 영향</u>을 <u>두 가지</u>로 말하십시오.
    ↳ 자신의 의견 제시   ↳ 조건
      Suggesting one's own opinion   Condition

남자: 다음 뉴스입니다. 요즘은 인공 지능이 그림을 그리는 시대입니다. 미국에서는 <u>한 미술 대회에서</u>
    <u>인공 지능의 작품이 1등을 해 논란</u>이 되고 있습니다.
        ↳ 사회 현상
         Social phenomenon

Step 2 말하기 구조 만들기 Creating a speaking structure

자료 해석하기 Analyzing the data	이유 Reason	영향 Impact
① 인공 지능의 작품이 미술 대회 1등 A piece drawn by AI won 1st place in an art competition. ② 분야에 따라 작품 인정 여부가 다름. Recognition of the work varies by field.	– 분야에 따라 인정 여부와 인정하는 이유가 다름. Recognition of the work and reasons for recognition vary by field. ① 미술계, 학계, 정치계: 불인정 – 노력과 실력 없음. Art, academia, politics: disapproval – no effort or skill ② 일반인: 찬성 비율 = 반대 비율 Average people: percentage in favor = percentage in opposition ③ 학생: 인정 Students: approve	– 자신과 직접적인 관계가 있으면 반대 의견 People with a direct relationship to art are against it. – 자신과 관계없으면 무관심 People with no personal relationship to art are not interested.

Step 3 최종 답변 만들기 Creating your final answer

(자료해석) 미국의 한 미술 대회에서 사람이 아닌 인공 지능이 그린 그림이 1등을 해서 논란이 됨. 이에 대해 분야별로 입장이 다름.

(이 유) 미술계에서는 인공 지능의 작품을 인정하지 않음. 자신의 노력 없이 그린 작품이라 인정 못함. 학계, 정치계에서도 마찬가지로 노력과 실력이 담겨 있지 않았으므로 인정하지 않음. 일반인의 경우 찬성과 반대 입장이 비슷하고 학생들은 찬성하는 입장이 더 높게 나타남. 20% 넘게 높은 비율로 무응답함.

(영 향) 자신의 분야와 관련이 있는 경우 반대 입장을 나타냈고 상대적으로 관련이 없으면 무응답이거나 찬성과 반대의 의견이 비슷하게 나타남.

099

모범 답안 1 Model answer 1

뉴스에 의하면 ∨ 미국의 한 미술 대회에서 ∨ 인공 지능의 작품이 ∨ 1등을 해서 ∨ 문제가 되고 있습니다. ∨ 이 사건을 ∨ 찬성하는 사람도 있지만 ∨ 반대하는 사람이 ∨ 더 많습니다. ∨ 특히 ∨ 미술계에서 ∨ 70%가 넘게 ∨ 반대하고 있습니다. ∨ 학계와 정치계도 ∨ 반대하는 사람이 많습니다. ∨ 일반인은 ∨ 반대하는 사람과 찬성하는 사람의 수가 ∨ 거의 비슷합니다. ∨ 학생들은 오히려 ∨ 찬성하는 사람이 ∨ 더 많습니다.

이 사건은 ∨ 사회에 ∨ 두 가지 영향을 미칠 것입니다. ∨ 먼저 ∨ 모두가 힘들게 노력하기보다는 ∨ 인공 지능으로 ∨ 창조 활동이나 생산 활동을 하는 사회가 ∨ 될 수 있습니다. ∨ 그리고 ∨ 학생들이 인공 지능으로 ∨ 과제나 작품을 만들면 ∨ 학생의 창의력과 행동력이 ∨ 점점 줄어들 것입니다. ∨ 그래서 ∨ 인공 지능이 ∨ 대회에 나오지 못하게 막아야 하고, ∨ 당연히 ∨ 상도 주지 말아야 한다고 생각합니다.

▶ 초급 수준의 수험자일 경우, 답변을 어렵게 구성하기보다는 간단한 문장으로 답할 수 있도록 합시다.
If you are a beginner-level test taker, try to answer using simple sentences rather than constructing a difficult response.

모범 답안 2 Model answer 2

자료에 따르면 ∨ 미국의 한 미술 대회에서 ∨ 사람이 아닌 인공 지능이 그린 그림이 ∨ 1등을 해 ∨ 논란이 되고 있습니다. ∨ 인공 지능의 그림을 ∨ 작품으로 인정할 것인지에 대한 의견이 ∨ 분야별로 ∨ 각각 다르게 나타나고 있습니다. ∨ 특히 ∨ 미술계에서 ∨ 인공 지능이 그린 그림을 ∨ 작품으로 인정할 수 없다는 의견이 70%로 ∨ 가장 ∨ 강한 반대 입장을 내놓았습니다. ∨ 반대 이유로는 ∨ 자신의 노력이 없으므로 ∨ 작품으로 ∨ 인정하지 못한다고 하였습니다. ∨ 학계에서도 마찬가지로 ∨ 인공 지능이 그린 그림을 ∨ 작품으로 인정할 수 없다는 ∨ 반대 입장의 의견이 60%에 달했습니다. ∨ 그러나 ∨ 일반인의 경우 ∨ 찬성과 반대 입장이 ∨ 비슷한 것으로 나타났습니다. ∨ 그리고 학생들의 대답을 보면 ∨ 반대보다 ∨ 찬성하는 입장이 ∨ 조금 더 높게 나타났고 ∨ 무응답의 비율도 ∨ 20%로 ∨ 전체 응답 중에 ∨ 가장 높게 나타났습니다. ∨ 이러한 결과를 보면 ∨ 자신의 일과 ∨ 직접적인 관련이 있는 경우 ∨ 강한 반대 입장을 나타내고 ∨ 상대적으로 ∨ 관련이 없거나 ∨ 관심이 없는 사람들은 ∨ 무응답이거나 ∨ 찬성과 반대의 의견이 ∨ 비슷하다는 것을 ∨ 알 수 있습니다.

▶ 중고급 수준의 수험자의 경우, 만점에 도전한다면 내용을 좀 더 구체적으로 설명하는 것이 좋습니다. 단, 너무 길어져 답변 시간을 초과하지 않도록 주의해야 합니다.
For intermediate- and advanced-level test takers who aim for a perfect score, it is best to explain your answer in more detail. However, you must be careful not to make your answer too long and exceed the response time.

기본적인 문형을 사용해서 말해 봅시다.
Speak using basic sentence structures.

- _____에 의하면 _____에서 _____이/가 문제가 되고 있다.
- 이 사건을 찬성/반대하는 사람도 있지만 반대/찬성하는 사람이 더 많다.
- 특히 _____에서 (   )%가 넘게 찬성/반대하고 있다.
- _____도 찬성/반대하는 사람이 많다.
- _____에서도 마찬가지로 찬성/반대 입장이 (   )%에 달했다.
- 그러나 _____의 경우 _____(으)로 나타났다.
- 이 사건은 사회에 (   )가지 영향을 미칠 것이다.
- 이러한 결과를 보면 _____-다는/라는 것을 알 수 있다.
- 그래서 _____-아/어야 한다고 생각한다.

5-6 환경 Environment

Q 뉴스를 듣고 자료에 제시된 사회 현상의 변화를 설명하십시오. 그리고 이러한 현상이
나타나게 된 이유와 앞으로의 대책을 말하십시오.

화석 에너지원 발전 비율의 변화
[단위: %]

	2010	2020
석탄	45.1	44
석유	2.9	0.3
LNG	17.5	15

▶ 출처: 에너지경제연구원, 「에너지수급통계」

신재생 에너지원 비율의 변화
[단위 : GWh, %]

	2012	2020	2021
총발전량(GWh)	532,215	579,999	611,015
신·재생에너지 발전량(GWh)	19,522	43,124	50,657
신·재생에너지 발전 비율(%)	3.67	7.44	8.29

▶ 출처: 한국에너지공단, 「신재생에너지보급실적조사」

다음 뉴스입니다. 최근 들어 석유, 석탄 등과 같은 화석 에너지를 대체할 신재생 에너지의 사용 비중이 증가하고
있습니다.

Step 1 듣기 내용 & 시각 자료 파악하기 Grasping the listening content & visual data

뉴스를 듣고 자료에 제시된 사회 현상의 변화를 설명하십시오.
　└→ 매체　　　　　　　　　　　　└→ 시각 자료 내용
　　　Medium　　　　　　　　　　　　Content of the visual data

그리고 이러한 현상이 나타나게 된 이유와 앞으로의 대책을 말하십시오.
　　　└→ 자신의 의견 제시
　　　　　Suggesting one's own opinion

다음 뉴스입니다. 최근 들어 석유, 석탄 등과 같은 화석 에너지를 대체할 신재생 에너지의 사용 비중이
증가하고 있습니다.　　　└→ 사회 현상 변화
　　　　　　　　　　　　　Change in social phenomenon

Step 2 말하기 구조 만들기 Creating a speaking structure

자료 해석하기 Analyzing the data	이유 Reason	영향 Impact
① 화석 에너지원 비율이 줄어들고 있음. Sources of fossil fuels are declining. ② 신재생 에너지원 비율이 늘어나고 있음. The proportion of new, renewable energy sources is increasing.	- 기후 위기를 극복하기 위해 세계 여러 나라에서 저탄소 에너지를 사용하기로 협의함. To overcome the climate crisis, several countries worldwide agreed to use low-carbon energy. - 신재생 발전 설비를 대규모로 늘리면서 재생 에너지 시장 확대를 위해 노력하고 있음. Efforts are being made to expand the renewable energy market by increasing renewable energy generation facilities on a large scale.	- 신재생 에너지 사업이 더 높은 경쟁력을 갖출 수 있도록 해야 함. Renewable energy companies should equipped for a higher rate of competition. - 신재생 에너지의 보급 확대를 위해 힘써야 함. Efforts should be made to expand the supply of new, renewable energy sources.

Step 3 최종 답변 만들기 Creating your final answer

(자료해석)　에너지 경제 연구원에 따르면 2010년에 비해 2020년에 화석 에너지원 비중이 줄어든 것을 볼 수
　　　　　　있음. 반면에 신재생 에너지원의 비율은 늘어남.

(이 유)　　기후 위기를 극복하기 위해 세계 여러 나라에서 저탄소 에너지를 사용하기로 협의했기 때문. 신재
　　　　　　생 발전 설비를 대규모로 늘리면서 재생 에너지 시장 확대를 위해 노력하고 있기 때문.

(제 안)　　신재생 에너지 사업이 더 높은 경쟁력을 갖출 수 있도록 가격 관련 정책을 마련해야 하며,
　　　　　　신재생 에너지의 보급 확대를 위해 힘써야 함.

101

모범 답안 1 Model answer 1

에너지 경제 연구원에 따르면 ∨ 석탄, 석유와 같은 화석 ∨ 에너지의 사용 비율은 ∨ 2020년까지 ∨ 많이 줄어든 동시에 ∨ 신재생 에너지의 비율은 ∨ 늘어났습니다. ∨ 왜냐하면 ∨ 화석 에너지원의 사용 때문에 ∨ 환경 오염이 ∨ 심해졌기 때문입니다. ∨ 세계 여러 나라는 ∨ 화석 에너지원의 사용을 ∨ 기후 변화의 중요한 원인이라고 보고 ∨ 사용하는 양을 ∨ 줄이기로 약속했습니다. ∨ 그리고 ∨ 신재생 에너지를 더 많이 개발하고 ∨ 그 시장을 넓히기 위해 ∨ 노력했습니다. ∨ 하지만 ∨ 아직 ∨ 신재생 에너지의 사용 비율은 ∨ 화석 에너지의 사용 비율에 비해 ∨ 한참 ∨ 부족한 상황입니다. ∨ 앞으로 ∨ 신재생 에너지 사업을 ∨ 더 효과적으로 할 수 있도록 ∨ 나라에서 ∨ 도와줘야 합니다. ∨ 게다가 ∨ 신재생 에너지를 ∨ 더 많은 곳에서 사용할 수 있도록 ∨ 노력해야 합니다.

▶ 초급 수준의 수험자일 경우, 답변을 어렵게 구성하기보다는 간단한 문장으로 답할 수 있도록 합시다.

If you are a beginner-level test taker, try to answer using simple sentences rather than constructing a difficult response.

102

모범 답안 2 Model answer 2

에너지 경제 연구원에 따르면 ∨ 2010년에 비해 ∨ 2020년에 ∨ 석탄, 석유 등의 ∨ 화석 에너지원의 비율이 ∨ 줄어들었습니다. ∨ 반면에 ∨ 신재생 에너지의 비중은 ∨ 2012보다 ∨ 2020년에 ∨ 증가한 것을 알 수 있습니다. ∨ 이처럼 ∨ 신재생 에너지원의 비율이 증가한 이유는 ∨ 기후 위기를 극복하기 위해 ∨ 세계 여러 나라에서 ∨ 저탄소 에너지를 사용하기로 ∨ 협의했기 때문입니다. ∨ 뿐만 아니라 ∨ 신재생 발전 설비를 ∨ 대규모로 늘리면서 ∨ 재생 에너지 시장 확대를 위해 ∨ 노력하고 있기 때문입니다. ∨ 산업이 발전하려면 ∨ 에너지가 반드시 필요하지만 ∨ 화석 에너지는 ∨ 환경 문제를 발생시킵니다. ∨ 따라서 ∨ 신재생 에너지의 사용 비중을 ∨ 더 늘려야 합니다. ∨ 이를 위해서 ∨ 신재생 에너지 사업이 ∨ 더 높은 경쟁력을 갖출 수 있도록 ∨ 가격 관련 정책을 마련해야 합니다. ∨ 더불어 ∨ 신재생 에너지의 보급 확대를 위해 ∨ 힘쓰는 것도 ∨ 중요합니다.

▶ 중고급 수준의 수험자의 경우, 만점에 도전한다면 내용을 좀 더 구체적으로 설명하는 것이 좋습니다. 단, 너무 길어져 답변 시간을 초과하지 않도록 주의해야 합니다.

For intermediate- and advanced-level test takers who aim for a perfect score, it is best to explain your answer in more detail. However, you must be careful not to make your answer too long and exceed the response time.

기본적인 문형을 사용해서 말해 봅시다.
Speak using basic sentence structures.

- _____에 따르면 _____은/는 줄어든/늘어난 동시에 _____은/는 늘어났다/줄어들었다.
- _____에 따르면 (   )년에 비해 (   )년에 _____이/가 늘어났다/줄어들었다.
- 반면에 _____은/는 _____을/를 알 수 있다.
- 이처럼 _____ 이유는 _____-기 때문이다.
- 세계 여러 나라는 _____을/를 _____의 원인이라고 보고 _____-기로 약속했다/협의했다.
- 하지만 _____은/는 _____에 비해 한참 부족한 상황이다.
- 앞으로 _____-(으)ㄹ 수 있도록 _____

5-7 ▷ 대중 매체 Mass media

Q 뉴스를 듣고 자료에 제시된 사회 현상의 변화를 설명하십시오. 그리고 이러한 현상이 나타나게 된 이유를 두 가지로 말하십시오.

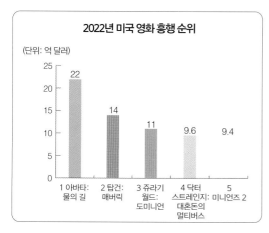

2022년 미국 영화 흥행 순위
(단위: 억 달러)

순위	금액
1 아바타: 물의 길	22
2 탑건: 매버릭	14
3 쥬라기 월드: 도미니언	11
4 닥터 스트레인지: 대혼돈의 멀티버스	9.6
5 미니언즈 2	9.4

2022년 흥행 영화의 원작 개봉 시기

순위	영화 제목	특징	원작 개봉 연도
1	아바타: 물의 길	속편	2009
2	탑건: 매버릭	리부트	1986
3	쥬라기 월드: 도미니언		1993
4	닥터 스트레인지: 대혼돈의 멀티버스	속편	2016
5	미니언즈 2		2015

- 속편: 원작의 이야기를 이어서 제작한 작품.
- 리부트: 원작의 핵심 컨셉트와 캐릭터는 유지하면서 재해석하고 영상미를 더한 작품.

다음 뉴스입니다. 2022년 매출액 기준에 따른 미국 영화 흥행 순위를 살펴보니 흥미로운 점을 알 수 있었습니다. 흥행 영화의 특징과 원작의 개봉 연도를 살펴봅시다.

Step 1 **듣기 내용 & 시각 자료 파악하기** Grasping the listening content & visual data

뉴스를 듣고 자료에 제시된 사회 현상의 변화를 설명하십시오.
    └ 매체   └ 시각 자료 내용
      Medium   Content of the visual data

그리고 이러한 결과가 나타나게 된 이유를 두 가지로 말하십시오.
        └ 자신의 의견 제시   └ 조건 Condition
          Suggesting one's own opinion

다음 뉴스입니다. 2022년 매출액 기준에 따른 미국 영화 흥행 순위를 살펴보니 흥미로운 점을 알 수 있었습니다. 흥행 영화의 특징과 원작의 개봉 연도를 살펴봅시다.
                            └ 조사 결과
                            Survey results

Step 2 **말하기 구조 만들기** Creating a speaking structure

자료 해석하기 Analyzing the data	이유 Reason
① 2022년 미국 영화 흥행 순위 상위 5위가 모두 리부트 혹은 속편임. All of the top 5 movies in the U.S. in 2022 are reboots or sequels.	- OTT 플랫폼이 다양해지면서 기존 콘텐츠의 재활용이 활발해짐. As OTT platforms become more diverse, the recycling of existing content has become more active.
② 5편의 흥행 영화의 원작 개봉 연도는 다양한 편임. The year that the original work was released for each of the 5 movies varies widely.	- 코로나19 이후 경기 불황으로 새 작품에 투자하기보다는 인기 있는 기존 작품을 활용 Due to the economic recession following the COVID-19 pandemic, popular existing works are utilized rather than investing in new works.

Step 3 **최종 답변 만들기** Creating your final answer

(자료해석) 2022년에 세계 박스 오피스에서 흥행한 미국 영화는 상위 5개 편이 모두 기존 작품의 속편이거나 혹은 리부트 작품임. 각 영화의 원작 개봉 연도는 1980년대부터 2010년대까지 다양함.

(이유) 최근 OTT 플랫폼이 다양해지면서 기존에 있던 영화나 드라마를 다시 방영하거나 콘텐츠를 다시 만드는 경우가 많아짐. 예를 들어 기존에 있던 영화를 드라마로 다시 만들거나 혹은 영화나 드라마의 후속 이야기를 방영하기도 함. 또 코로나19 이후 경기 불황으로 인해 새 작품에 투자하기보다는 기존에 인기 있던 작품을 활용하여 안정적으로 수익을 내고자 함.

103

모범답안 1 Model answer 1

자료에 따르면 ∨ 2022년에 ∨ 전 세계에서 흥행한 ∨ 미국 영화는 ∨ 1위부터 5위가 ∨ 모두 속편이 거나 ∨ 리부트 작품입니다. ∨ 5개 영화 중에 ∨ 리부트 작품은 한 편, ∨ 속편은 4편입니다. ∨ 이 영화들의 ∨ 원작 영화 개봉 연도는 ∨ 1986년부터 2016년까지 ∨ 다양합니다. ∨ 요즘 ∨ 속편, 리부트 컨텐츠가 많아진 이유는 ∨ 최근에 ∨ 많은 OTT 플랫폼이 생겨나면서 ∨ 원래 있던 영화나 드라마를 ∨ 많이 재활용하기 때문입니다. ∨ 예를 들면 ∨ 원래 있던 영화의 주인공들이 ∨ 새 드라마에도 ∨ 나오는 경우가 있습니다. ∨ 그리고 ∨ 코로나19 때문에 ∨ 경제가 어려워지면서 ∨ 새로운 작품을 만들지 않고 ∨ 예전에 인기 있던 작품으로 ∨ 돈을 벌려고 하는 사람들이 ∨ 많아졌습니다. ∨ 그래서 ∨ 최근 영화나 드라마는 ∨ 원래 있던 작품의 ∨ 속편이나 ∨ 리부트 작품인 경우가 많습니다.

▶ 초급 수준의 수험자일 경우, 답변을 어렵게 구성하기보다는 간단한 문장으로 답할 수 있도록 합시다.
If you are a beginner-level test taker, try to answer using simple sentences rather than constructing a difficult response.

모범답안 2 Model answer 2

자료에 따르면 ∨ 2022년에 ∨ 세계 박스 오피스에서 흥행한 ∨ 미국 영화는 ∨ 상위 5위를 ∨ 모두 ∨ 기존 작품의 속편이거나 ∨ 혹은 ∨ 리부트 작품이 차지하였습니다. ∨ 그중에서도 ∨ 대부분의 상위 순위는 ∨ 모두 ∨ 기존 영화의 속편이 차지했는데요. ∨ 이런 현상이 나타나는 이유는 ∨ 최근에 ∨ 다양한 OTT 플랫폼이 생겨나면서 ∨ 기존에 있던 ∨ 영화나 드라마를 ∨ 재활용하는 경향이 있기 때문입니다. ∨ 예를 들어 ∨ 기존에 있던 영화에 등장한 주인공들이 ∨ 똑같이 등장하는 드라마를 제작하거나 ∨ 혹은 ∨ 기존 영화나 드라마의 후속 이야기를 ∨ 새로운 컨텐츠로 제작하여 ∨ 방영하는 경우가 있습니다. ∨ 또한 ∨ 코로나19로 인해 ∨ 심해진 경기 불황으로 인해 ∨ 위험을 감수하면서 ∨ 새로운 작품에 투자를 하지 않고 ∨ 기존에 인기 있던 작품을 활용하여 ∨ 안정적으로 홍보를 하고 ∨ 수익을 내고자 하는 분위기가 ∨ 생겨났습니다. ∨ 그래서 ∨ 최근 영화나 드라마에서 ∨ 이런 경향이 나타나는 것으로 보입니다.

▶ 중고급 수준의 수험자의 경우, 만점에 도전한다면 내용을 좀 더 구체적으로 설명하는 것이 좋습니다. 단, 너무 길어져 답변 시간을 초과하지 않도록 주의해야 합니다.
For intermediate- and advanced-level test takers who aim for a perfect score, it is best to explain your answer in more detail. However, you must be careful not to make your answer too long and exceed the response time.

기본적인 문형을 사용해서 말해 봅시다.
Speak using basic sentence structures.

- _____에 따르면 (   )년에 _____은/는 _____.
- 이러한 현상이 나타난 이유는 _____-ㄴ/는 경향이 있기 때문이다.
- 예를 들면 _____-ㄴ/는 경우가 있다.
- 또한 _____(으)로 인해 _____-ㄴ/는 분위기가 생겨났다.
- 그래서 _____-ㄴ/는 경우가 많다.
- 그래서 _____에서 이런 경향이 나타나는 것으로 보인다.

유용한 어휘 Useful vocabulary

5-1 경제 Economy

- ☐ **-률** rate
- ☐ **퍼센트(%)** percent
- ☐ **현상** phenomenon
- ☐ **영향** impact
- ☐ **긍정적** positive ↔ **부정적** negative
- ☐ **장점** advantage ↔ **단점** disadvantage

- ☐ **증가하다** to increase
  ↔ **감소하다** to decrease
- ☐ **늘어나다** to increase
  ↔ **줄어들다** to decrease
- ☐ **상승하다** to rise ↔ **하락하다** to fall
- ☐ **예상하다/예측하다** to predict
- ☐ **추측하다** to guess

5-2 정치 Politics

- ☐ **절대적** absolute
- ☐ **대신** instead
- ☐ **대폭** drastically
- ☐ **이전** before ↔ **이후** after
- ☐ **그러다** to do so
- ☐ **국제선/국내선** domestic/international
- ☐ **비행** plane
- ☐ **이용객** passenger
- ☐ **감염** infection
- ☐ **마스크** mask

- ☐ **착용** use, wear
- ☐ **의무화** mandatory
- ☐ **교류** exchange
- ☐ **추세** trend
- ☐ **해제되다** to be removed
- ☐ **활발해지다** to become lively
- ☐ **문을 잠그다** to lock the door
- ☐ **유지되다** to be maintained
- ☐ **전환되다** to be changed

5-3 사회 문제 Social issues

- [ ] 생산 production
- [ ] 연령 age
- [ ] 이상/이하 more than/less than
- [ ] 절반 half
- [ ] 밖에 outside of
- [ ] 전망(하다) prospect (to predict)
- [ ] 상승세 upward trend
  ↔ 하락세 downward trend
- [ ] 비율 rate, proportion
- [ ] 배 X times (more/less)
- [ ] 실제 actual
- [ ] 소득 income
- [ ] 혜택 benefit
- [ ] 다자녀 family with multiple children

- [ ] 가구 household
- [ ] 지원 support
- [ ] 대책 countermeasure
- [ ] 질적 qualitative ↔ 양적 quantitative
- [ ] 전폭적 fully
- [ ] 에 달하다 to amount to (something)
- [ ] 급속하다 to be rapid
- [ ] 급격하다 to be drastic
- [ ] 우려되다 to be concerned
- [ ] 마련하다 to prepare, to arrange
- [ ] 시급하다 to be urgent
- [ ] 장려하다 to encourage, to promote

5-4 문화 Culture

- [ ] 예매 reservation
- [ ] 공연 performance
- [ ] 관객 spectator
- [ ] 장르 genre
- [ ] 비중 ratio
- [ ] 콘서트 concert
- [ ] 클래식 classical
- [ ] 오페라 opera
- [ ] 연극 play

- [ ] 뮤지컬 musical
- [ ] 무용 dance
- [ ] 전통 예술 traditional arts
- [ ] 시선 one's gaze, attention
- [ ] 의식하다 to be aware of
- [ ] 반복하다 to repeat
- [ ] -순 order
- [ ] 동행인 companion
- [ ] 취향 taste, preference

☐ 고려하다 to consider	☐ 꼽다 to count
☐ 경향 tendency	☐ 드물다 to be unusual

5-5 ▶ 예술 Art

☐ 미술 대회 art competition	☐ 일반인 average person
☐ 인공 지능 artificial intelligence	☐ 무응답 no response
☐ 작품 work (of art)	☐ 반대자 against ↔ 찬성자 for
☐ 등 etc.	☐ 직접적 direct ↔ 간접적 indirect
☐ 논란 controversy	☐ 과제 task
☐ 인정 recognition	☐ 입장을 내 놓다 to take a stance
☐ 여부 whether or not	☐ 인정하다 to recognize, to acknowledge
☐ 분야별 field, sector	☐ 빠지다 to be dropped
☐ -계 world, field	☐ 비슷하다 to be similar
☐ 찬성 pros ↔ 반대 cons	☐ 영향을 미치다 to have an influence/ impact
☐ 노력 effort	
☐ 실력 skill	

5-6 ▶ 환경 environment

☐ 석탄 coal	☐ 비율 rate
☐ 석유 petroleum	☐ 저탄소 low carbon
☐ 화석 에너지 fossil fuel	☐ 발전 development
☐ 비중 ratio	☐ 설비 facility
☐ 신재생 에너지 new renewable energy	☐ 대규모 large scale

- ☐ 경쟁력 competitiveness
- ☐ 정책 policy
- ☐ 보급 supply
- ☐ 발생 occurrence
- ☐ 기후 위기 climate crisis
- ☐ 지구 온난화 global warming
- ☐ 탄소 배출량 carbon emission
- ☐ 유지 maintain

- ☐ 철저히 thoroughly
- ☐ 희박하다 to be rare, sparse
- ☐ 확대하다 to expand
- ☐ 마련하다 to prepare
- ☐ 힘쓰다 to make an effort
- ☐ 극복하다 to overcome
- ☐ 협의하다 to discuss
- ☐ 발생시키다 to generate

5-7 대중 매체 Mass media

- ☐ 박스오피스 box office
- ☐ OTT 플랫폼 OTT platform
- ☐ 흥행 box office
- ☐ 순위 ranking
- ☐ 원작 original work
- ☐ 개봉 release
- ☐ 시기 time
- ☐ 속편 sequel
- ☐ 리부트 reboot
- ☐ 상위 high rank
- ☐ 경향 trend
- ☐ 주인공 main character
- ☐ 후속 follow-up
- ☐ 컨텐츠 contents

- ☐ 재활용 recycling
- ☐ 경기 economic
- ☐ 불황 recession
- ☐ 위험 danger
- ☐ 안정적 stable
- ☐ 홍보 publicity
- ☐ 방영하다 to broadcast
- ☐ 투자하다 to invest
- ☐ 활용하다 to utilizse
- ☐ 차지하다 to possess
- ☐ 감수하다 to endure
- ☐ 수익을 내다 to make a profit
- ☐ 제외하다 to exclude

✦ 문제를 잘 듣고 묻는 내용을 모두 답할 수 있도록 70초 동안 차례대로 준비해야 한다.
Listen carefully to the question, and then you must prepare to answer all of the questions in turn in 70 seconds.

✦ 우선 쉬운 어휘와 표현으로 내용을 떠올린 후 고급 어휘와 표현으로 바꾸어 보자.
First, think of easy vocabulary words and expressions, and then change them to advanced-level vocabulary words and expressions.

✦ 80초라는 답변 시간을 채우려고 불필요한 말을 하는 것보다 정확도를 높이는 것이 훨씬 중요하다.
Accuracy is far more important than saying unnecessary things to fill the response time of 80 seconds.

6-1 경영·경제 Business management and economics

Q 리더는 자신이 속한 조직을 이끄는 사람입니다. 리더의 생각과 행동은 조직은 물론 그 조직에 속한 구성원 전체에게 영향을 미칩니다. 훌륭한 리더의 조건은 무엇이라고 생각 합니까? 리더가 갖춰야 할 조건 두 가지와 그 근거를 말하십시오.

> ※ 리더: 조직이나 단체에서 전체를 이끌어 가는 위치에 있는 사람

| 답변 틀 짜기 | Framing your answer

 Step 1 질문 파악하기 Grasping the question

리더의 조건은 무엇인가?
What are the qualifications of a leader?

Step 2 의견 정하고 이유 및 근거 만들기 Deciding your opinion and reasons/basis for your opinion

나의 의견 My opinion	판단력, 추진력 Judgment, initiative
근거 1 Reason 1	리더는 결정을 내려야 하는 순간이 자주 있다. 리더의 판단에 따라 일의 성패가 결정되고 진행될 수 있다. Leaders often have moments when they must make decisions. The work's success or failure can be determined and progressed depending on the leader's judgment.

| 근거 2
Reason 2 | 정확한 판단을 했어도 추진력이 없으면 계획대로 진행되지 않는다.
Even if one makes an accurate judgment, without any initiative, the work will not progress as planned. |
| 마무리
Conclusion | 훌륭한 리더가 갖춰야 할 조건은 판단력과 추진력이다.
The qualifications that an outstanding leader must have are judgment and initiative. |

Step 3 **틀에 넣어 최종 답변 만들기** Framing and creating your final answer

(나의 의견) 리더가 어떤 사람인가에 따라 조직의 발전 여부가 달려 있다. 훌륭한 리더는 정확한 판단력과 추진력이 있어야 한다고 생각한다.

(근거 1+2) 리더는 결정을 내려야 하는 순간을 자주 만나게 된다. 그때 리더의 판단에 따라 일의 성패가 결정된다. 그래서 일이 신속하고 합리적인 방향으로 진행되도록 잘 판단할 수 있어야 된다. 그다음은 추진력이다. 아무리 훌륭한 판단을 했어도 추진력이 없으면 소용이 없다. 일이 계획대로 진행되지 않거나 생각지 못한 문제에 부딪힐 때 리더는 구성원들의 힘을 모아 일을 계속 진행시킬 수 있어야 한다.

(마무리) 그러므로 판단력과 추진력, 이 두 가지가 리더가 갖추어야 할 가장 중요한 조건이라고 생각한다.

모범 답안 1 Model answer 1

리더가 어떤 사람인가에 따라 ∨ 조직이 발전할 수 있고 ∨ 또 그렇지 않을 수도 있는데요. ∨ 저는 좋은 리더는 ∨ 신속하고 정확하게 ∨ 결정을 내릴 수 있는 ∨ 판단력이 있어야 한다고 생각합니다. ∨ 리더는 ∨ 결정을 내려야 하는 순간을 ∨ 자주 만나게 되는데, ∨ 그때 ∨ 리더의 판단에 따라 ∨ 일의 성패가 결정됩니다. ∨ 그러니까 리더는 ∨ 주어진 임무를 ∨ 가장 신속하고 ∨ 합리적인 방향으로 진행되도록 판단할 수 있어야 됩니다. ∨

그다음은 ∨ 추친력입니다. ∨ 아무리 뛰어난 안목으로 ∨ 훌륭한 판단을 했더라도 ∨ 추진력이 없으면 ∨ 소용이 없습니다. ∨ 일을 하다 보면 ∨ 일이 계획대로 진행되지 않거나 ∨ 생각지도 못했던 난관에 ∨ 부딪히게 되기도 합니다. ∨ 그럴 때 리더는 ∨ 해결 방안을 찾아서 ∨ 일을 추진해야 합니다. ∨

저는 판단력과 추진력, ∨ 이 두 가지가 ∨ 리더가 갖추어야 하는 ∨ 가장 중요한 조건이라고 생각합니다.

▶ 리더의 조건을 '판단력, 추진력'이라고 생각하는 입장에 맞게 논리적으로 답안을 완성해 봅시다.

Complete the answer logically to fit the position that the qualifications of a leader are "judgment and initiative."

모범답안2 Model answer 2

리더가 ∨ 어떤 사람인가에 따라 ∨ 조직이 발전할 수 있고 ∨ 또 그렇지 않을 수도 있는데요. ∨ 저는 ∨ 좋은 리더는 ∨ 무엇보다 일관성이 있어야 한다고 ∨ 생각합니다. ∨ 직장에서 일을 하다 보면 ∨ 상사의 반응을 예측할 수 없을 때 ∨ 스트레스를 많이 받습니다. ∨ 똑같은 일을 하더라도 ∨ 상사가 기분에 따라 다르게 평가한다면 ∨ 팀원들의 성취감도 떨어집니다. ∨ 그래서 ∨ 리더가 팀원들에게 ∨ 일관된 행동을 보여야 ∨ 일을 효과적으로 진행할 수 있다고 생각합니다. ∨

다음으로 ∨ 리더는 ∨ 솔선수범하는 모범상이 되어야 합니다. ∨ 어떤 집단에서 ∨ 리더가 규칙을 지키지 않는다면 ∨ 팀원들도 ∨ 그 규칙을 어길 것입니다. ∨ 만약 ∨ 리더가 지각을 자주 한다면 ∨ 팀원들도 ∨ 점점 ∨ 지각을 자연스럽게 ∨ 여길 것입니다. ∨ 따라서 ∨ 리더는 규칙을 잘 지키고 ∨ 솔선수범하는 모습을 ∨ 팀원들에게 보여야 합니다. ∨

저는 ∨ 일관성과 솔선수범하는 모범상, ∨ 이 두 가지가 ∨ 리더가 갖추어야 하는 ∨ 가장 중요한 조건이라고 생각합니다.

▶ 리더의 조건을 '일관성, 솔선수범'이라고 생각하는 입장에 맞게 논리적으로 답안을 완성해 봅시다.

Complete the answer logically to fit the position that the qualifications of a leader are "consistency and setting a good example."

| 발화 TIP Speaking tips |

기본적인 문형을 사용해서 말해 봅시다.
Speak using basic sentence structures.

- 좋은 _____은/는 _____이/가 있어야 한다고 생각한다.
- 그다음은/다음으로 _____-아/어야 한다.
- 아무리 _____-았/었더라도 _____이/가 없으면 소용이 없다.
- 만약 _____-(으)면 _____것이다.
- 따라서 _____은/는 _____-아/어야 한다.
- _____, _____, 이 두 가지가 _____이/가 갖추어야 하는 가장 중요한 조건이라고 생각한다.

Q 선거권이란 선거에 참가하여 투표할 수 있는 권리입니다. 청소년들에게도 선거권을 줘야 한다는 의견과 청소년에게 선거권을 주면 안 된다는 의견 중에서 어느 것이 더 옳다고 생각하십니까? 구체적인 근거와 함께 자신의 의견을 뒷받침하십시오.

> ※ 선거: 선거권을 가진 사람이 공적인 자리에서 일할 사람을 뽑기 위해 투표용지에 의사를 표시하여 일정한 곳에 내는 일

| 답변 틀 짜기 Framing your answer |

Step 1 **질문 파악하기** Grasping the question

청소년들에게 선거권을 줘야 하는가? 주지 말아야 하는가?
Should youth be given the right to vote? Should they not be given the right to vote?

Step 2 **의견 정하고 이유 및 근거 만들기** Deciding your opinion and reasons/basis for your opinion

나의 의견 My opinion	청소년들에게 선거권을 줘야 한다. Youth should be given the right to vote.
근거 1 Reason 1	청소년들도 자신들을 위한 의견을 낼 수 있는 방법이 필요하다. Youth also need a way to express their opinions.
근거 2 Reason 2	학교 대표를 뽑기 위한 투표 경험이 있고 교육 과정에서 선거에 대해 학습한다. Youth have the experience of voting to elect school representatives, and they learn about elections during their education.
마무리 Conclusion	청소년들도 선거권을 가지고 정치 활동에 참여할 수 있게 해야 한다. Youth should also have the right to vote and be allowed to participate in political activities.

Step 3 **틀에 넣어 최종 답변 만들기** Framing and creating your final answer

(나의 의견) 청소년들에게 선거권을 줘야 한다고 생각한다.

(근거 1 + 2) 청소년들도 성인과 같이 정치에 관심이 많다. 청소년들도 자신들의 문제에 대한 의견을 낼 수 있는 방법이 필요하며, 그러면 청소년들을 위한 정책이 만들어지게 될 것이다. 또한 학교에서 이미 반장이나 학생 회장을 뽑기 위한 투표를 경험했고 수업 시간에 선거에 대해 학습도 하고 있기 때문이다.

(마무리) 그러므로 청소년들에게 선거권을 줘서 더 적극적으로 정치에 참여할 수 있게 해야 한다고 생각한다.

107

모범 답안 1 Model answer 1

저는 ∨ 청소년들에게도 ∨ 선거권을 줘야 한다고 생각합니다. ∨ 그 이유는 ∨ 청소년들도 ∨ 성인과 마찬가지로 ∨ 뉴스를 보면서 ∨ 정치에 많은 관심을 갖고 있기 때문입니다. ∨ 성인들은 ∨ 선거권을 바탕으로 ∨ 자신의 의견을 드러낼 수 있는 반면에, ∨ 청소년들은 ∨ 자신들을 위한 의견을 ∨ 내기 어렵습니다. ∨ 청소년이 ∨ 선거권을 갖게 되면 ∨ 정당들도 ∨ 청소년을 위한 정책을 만들게 되고, ∨ 그렇게 되면 ∨ 자연스럽게 ∨ 정치에 대한 청소년의 관심은 ∨ 더욱 높아질 것입니다. ∨ 몇몇 사람들은 ∨ 청소년들은 ∨ 정치에 대해 잘 모르기 때문에 ∨ 선거권을 주면 안 된다고 주장합니다. ∨ 하지만 학생들은 ∨ 이미 학교에서 ∨ 학생 회장이나 ∨ 반장 선거 등의 활동을 통해 ∨ 어떻게 정치에 참여하는지 ∨ 경험했습니다. ∨ 또한 ∨ 수업 시간에도 ∨ 정치와 선거에 대해 배우기 때문에 ∨ 청소년들도 ∨ 정치에 대해 ∨ 충분히 알고 있습니다. ∨ 그렇기 때문에 ∨ 저는 ∨ 청소년들에게도 선거권을 줘서 ∨ 더 적극적으로 ∨ 정치 활동에 참여할 수 있도록 해야 한다고 ∨ 생각합니다.

▶ 청소년들에게도 선거권을 줘야 한다는 입장에 맞게 논리적으로 답안을 완성해 봅시다.
Complete the answer logically to fit the position that youth should also be given the right to vote.

108

모범 답안 2 Model answer 2

저는 ∨ 청소년들에게 ∨ 선거권을 주면 안 된다고 생각합니다. ∨ 그 이유는 ∨ 청소년들은 ∨ 선거권을 올바로 행사하기 ∨ 어렵기 때문입니다. ∨ 청소년들은 ∨ 사회 경험이 많지 않기 때문에 ∨ 아직 정치와 사회적 문제에 대한 ∨ 자신의 의견을 만들어 가는 과정에 있습니다. ∨ 그러므로 ∨ 다른 사람들이 하는 말에 ∨ 쉽게 흔들릴 수 있습니다. ∨ 이로 인해 ∨ 청소년들의 정치적 의사 표현이 ∨ 왜곡될 위험성이 높습니다. ∨ 게다가 청소년들은 ∨ 선거의 중요성을 잘 몰라서 ∨ 선거권을 ∨ 가볍게 여길 수 있습니다. ∨ 학생들의 관심사는 ∨ 주로 ∨ 대학 입학이나 ∨ 취업에 있는 만큼 ∨ 선거의 의미에 대해 ∨ 깊이 있게 이해하고 있는 경우가 ∨ 많지 않습니다. ∨ 몇몇 사람들은 ∨ 청소년들이 ∨ 선거에 참여해야 ∨ 청소년을 위한 정책이 ∨ 늘어날 것이라고 주장합니다. ∨ 그러나 ∨ 청소년들이 ∨ 선거에 참여하다 보면 ∨ 오히려 ∨ 학업을 위한 공간이 되어야 할 학교가 ∨ 정치적인 장소가 될 ∨ 가능성이 높습니다. ∨ 그래서 저는 ∨ 청소년들에게 선거권을 주면 ∨ 안 된다고 생각합니다.

▶ 청소년들에게 선거권을 주면 안 된다는 입장에 맞게 논리적으로 답안을 완성해 봅시다.
Complete the answer logically to fit the position that youth should not be given the right to vote.

기본적인 문형을 사용해서 말해 봅시다.
Speak using basic sentence structures.

- _____ -아/어야 한다고 생각한다.
- 그 이유는 _____ -기 때문이다.
- _____ 은/는 _____ -는 반면에, _____ 은/는 _____ -기 어렵다.
- 그러므로 _____ -(으)ㄹ 것이다.
- 게다가 _____ -(으)ㄹ 수 있다.
- 몇몇 사람들은 _____ -다고/라고 주장한다.
- 하지만/그러나 _____
- 그렇기 때문에/그래서 _____ -다고/라고 생각한다.

6-3 제도 Institutions

Q 안락사는 치료가 불가능한 환자를 본인이나 가족의 요구에 따라 고통이 적은 방법으로 죽음에 이르게 하는 일입니다. 안락사에 찬성하는지 반대하는지 구체적인 근거와 함께 말하십시오.

> ※ 안락사: 심한 고통을 받고 있는 치료 불가능 환자에 대해 본인 또는 가족의 요구에 따라 고통이 적은 방법으로 생명을 단축하는 행위

| 답변 틀 짜기 Framing your answer |

Step 1 ▶ 질문 파악하기 Grasping the question

안락사 제도에 대해 찬성하는가? 반대하는가?
Are you in favor of the institution of euthanasia, or against it?

의견 정하고 이유 및 근거 만들기 Deciding your opinion and reasons/basis for your opinion

나의 의견 **My opinion**	안락사 제도에 찬성한다. I am in favor of the institution of euthanasia
근거 1 **Reason 1**	죽음도 인간이 선택할 수 있다. 다른 국가에서는 합법적으로 시행하고 있다. Humans can also choose death. In other countries, euthanasia is legal.
근거 2 **Reason 2**	병으로 인한 고통을 줄일 수 있다. Euthanasia can reduce the suffering caused by disease.
마무리 **Conclusion**	안락사는 단순한 죽음이 아니라 고통을 줄이기 위한 능동적인 선택이라는 점에서 안락사를 찬성한다. Euthanasia is not a simple death. I am in favor of euthanasia as an active choice to reduce a person's suffering.

Step3 ▶ **틀에 넣어 최종 답변 만들기** Framing and creating your final answer

(나의 의견) 죽음에 대한 인간을 선택을 존중해야 한다고 생각한다. 그래서 안락사 제도에 대해 찬성한다.

(근거 1 + 2) 스위스에서는 죽음도 인간이 선택할 수 있는 권리로 생각하고 있어 불법으로 보지 않는다. 개인의 선택의 자유는 중요한 가치이므로 안락사를 금지하면 안 된다. 그리고 나을 수 없는 병으로 고생하는 환자들의 고통을 줄일 수 있다.

(마무리) 단순한 죽음이 아니라 고통을 줄이기 위한 능동적인 선택이라는 점에서 안락사 제도에 찬성한다.

모범 답안 1 Model answer 1

109

저는 ∨ 죽음에 대한 ∨ 인간의 선택을 ∨ 존중해야 한다고 생각하기 때문에 ∨ 안락사에 ∨ 찬성합니다. ∨ 실제로 ∨ 스위스와 같은 나라에서는 ∨ 죽음도 ∨ 인간의 권리로 생각해서 ∨ 안락사를 ∨ 불법으로 보지 않습니다. ∨ 이렇게 ∨ 죽음 또한 ∨ 개인이 선택할 수 있고, ∨ 이 선택의 자유는 ∨ 몹시 중요한 가치이기 때문에 ∨ 안락사를 금지하면 ∨ 안 된다고 생각합니다. ∨

그리고 저는 ∨ 안락사를 통해서 ∨ 환자가 ∨ 자신이 겪고 있는 고통을 ∨ 줄일 수 있다고 생각합니다. ∨ 안락사를 고민하는 사람들은 ∨ 대부분 ∨ 큰 병을 앓고 있는 ∨ 환자들인데요. ∨ 치료할 수 있는 약이 없거나 ∨ 원인을 알 수 없는 병에 걸린 환자들은 ∨ 일상생활을 하기 힘들어서 ∨ 매일 ∨ 힘든 시간을 견디며 ∨ 살아가야 합니다. ∨ 이러한 상황에서는 ∨ 안락사가 ∨ 고통을 겪고 있는 환자들을 ∨ 편하게 만들어 줄 수 있을 것입니다. ∨

이처럼 ∨ 안락사는 ∨ 단순한 죽음이 아니라, ∨ 고통을 줄이기 위한 ∨ 능동적인 선택이라는 점에서 ∨ 저는 ∨ 안락사에 찬성합니다.

▶ 안락사에 찬성하는 입장에 맞게 논리적으로 답안을 완성해 봅시다.
Complete the answer logically to fit the position of being in favor of euthanasia.

모범답안2 Model answer 2

인간의 생명은 ∨ 그 자체로 아주 소중하고 ∨ 죽음은 ∨ 선택할 수 있는 문제가 아니라고 여기기 때문에 ∨ 저는 ∨ 안락사에 반대합니다. ∨ 안락사는 ∨ 인간의 선택으로 ∨ 사람을 죽이는 행동이므로, ∨ 안락사를 허용한다면 ∨ 생명의 존엄성을 ∨ 경시하는 사람들이 ∨ 많아질 것입니다. ∨ 결과적으로 ∨ 사회에 ∨ 굉장한 악영향을 끼칠 것입니다. ∨

그리고 ∨ 안락사를 허용한다면 ∨ 이를 악용하는 사람들이 생길 것입니다. ∨ 살인을 ∨ 안락사로 위장할 수도 있고 ∨ 안락사를 하도록 ∨ 협박할 수도 있을 것입니다. ∨ 이처럼 ∨ 악용할 확률이 너무 높으므로 ∨ 안락사를 허용해서는 안 됩니다. ∨

또한, ∨ 현재는 불치병이라도 ∨ 미래 기술로는 ∨ 충분히 고칠 수 있는 ∨ 병일 수도 있습니다. ∨ 백혈병이나 에이즈도 ∨ 과거에는 불치병이었지만, ∨ 현재는 ∨ 치료 가능성이 매우 높아졌습니다. ∨ 이렇듯 ∨ 단순히 현재의 기술로 치료할 수 없는 병이라고 해서 ∨ 안락사를 허용하는 것은 ∨ 부적절하다고 생각합니다. ∨

저는 ∨ 이와 같은 이유로 안락사에 반대합니다.

▶ 안락사에 반대하는 입장에 맞게 논리적으로 답안을 완성해 봅시다.
Complete the answer logically to fit the position of opposing euthanasia.

| **발화 TIP** Speaking tips |

기본적인 문형을 사용해서 말해 봅시다.
Speak using basic sentence structures.

- _____ 에 대한 _____ -기 때문에 _____ 에 찬성/반대한다.
- 이렇게 _____ -기 때문에 _____ -(으)면 된다고/안 된다고 생각한다.
- 이렇듯 _____ -ㄴ/는 것은 적절하다고/부적절하다고 생각한다.
- 이처럼 _____ 은/는 _____ (이)라는 점에서 _____ 에 찬성/반대한다.

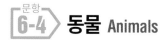

6-4 동물 Animals

> Q 동물원은 다양한 종류의 동물들을 한 곳에서 볼 수 있는 관람 시설입니다. 한편, 이런 동물원을 폐지해야 한다는 의견이 있습니다. 동물원을 폐지해야 하는지, 폐지하지 말아야 하는지에 대한 자신의 의견을 말하십시오.
>
> ※ 동물원: 여러 가지 동물을 관람할 수 있도록 시설을 갖추고 있는 곳

| 답변 틀 짜기 | Framing your answer |

Step 1 질문 파악하기 Grasping the question

동물원을 폐지해야 하는가, 폐지하지 말아야 하는가?
Should zoos be abolished or not?

Step 2 의견 정하고 이유 및 근거 만들기 Deciding your opinion and reasons/basis for your opinion

나의 의견 My opinion	동물원을 폐지해야 한다. Zoos should be abolished.
근거 1 Reason 1	동물원은 동물을 학대하는 시설이다. Zoos are facilities that abuse animals.
근거 2 Reason 2	동물 본연의 야생 본능을 잃어버리게 한다. Zoos make animals lose their natural wild instincts.
마무리 Conclusion	생명을 존중하지 않는 동물원은 폐지되어야 한다. Zoos that do not respect living creatures should be abolished.

Step 3 틀에 넣어 최종 답변 만들기 Framing and creating your final answer

(나의 의견) 동물원을 폐지해야 한다고 생각한다.

(근거 1 + 2) 동물원은 동물을 학대하는 시설이다. 상업적으로 이용하기 위해 동물을 공연하게 시키거나 좁은 공간에 가둬두는 것은 잔인한 일이다. 게다가 동물원은 동물의 야생 본능을 잃어버리게 한다. 동물들이 타고난 생활 환경에 맞지 않는 곳에서 관람객들로 인해 스트레스를 받으며 살아가게 하는 것은 옳지 않다.

(마무리) 생명을 존중하지 않는 동물원은 폐지되어야 한다.

모범답안1 Model answer 1

저는 ∨ 동물원을 폐지해야 한다고 ∨ 생각합니다. ∨ 동물원은 ∨ 동물을 학대하는 시설이며, ∨ 동물을 공연하게 시키거나 ∨ 좁은 공간에 가두는 것은 ∨ 잔인한 일입니다. ∨ 물론 ∨ 동물원이 ∨ 어린아이들의 교육에 좋다고 주장하는 사람들도 있습니다. ∨ 하지만 ∨ 동물을 억지로 좁은 곳에 가둬 놓은 모습을 보여 주는 것은 ∨ 진정한 교육이 아니라고 생각합니다. ∨

또한 ∨ 동물원은 ∨ 동물의 야생 본능을 ∨ 잃어버리게 합니다. ∨ 동물원이 ∨ 동물을 보호하는 역할을 한다고 말하는 사람도 있지만 ∨ 저는 ∨ 이 의견에 동의하지 않습니다. ∨ 사육사들이 주는 먹이만 먹던 동물들은 ∨ 원래 가지고 있던 ∨ 야생의 본능을 잊어버려서 ∨ 다시는 ∨ 야생으로 돌아갈 수 없게 됩니다. ∨ 게다가 ∨ 동물들을 ∨ 생활 환경에 맞지 않는 곳에서 ∨ 관람객들로 인해 ∨ 스트레스를 받으며 ∨ 살아가게 하는 것은 ∨ 옳지 않습니다. ∨ 그러므로 ∨ 생명을 존중하지 않는 동물원은 ∨ 폐지되어야 한다고 ∨ 생각합니다.

▶ 동물원을 폐지해야 한다는 입장에 맞게 논리적으로 답안을 완성해 봅시다.
Complete the answer logically to fit the position that zoos should be abolished.

모범답안2 Model answer 2

저는 ∨ 동물원을 폐지하지 말아야 한다고 ∨ 생각합니다. ∨ 동물원은 ∨ 교육적 효과가 있습니다. ∨ 현실적으로 ∨ 동물원이 아니면 ∨ 다양한 환경에서 사는 ∨ 여러 동물을 보는 것은 ∨ 불가능합니다. ∨ 아이들이 ∨ 살아 있는 동물을 직접 보고 교감하면서 ∨ 다양한 생명의 존재와 소중함에 대해 ∨ 직접 배우는 경험은 ∨ 중요합니다. ∨

또한, 동물원은 ∨ 멸종 위기의 동물을 ∨ 보호하는 역할을 합니다. ∨ 자연환경이 파괴되면서 ∨ 환경에 적응하지 못하는 동물들이 ∨ 멸종하고 있습니다. ∨ 동물원은 ∨ 이러한 동물들에게 ∨ 알맞은 환경을 제공함으로써 ∨ 멸종을 막는 역할을 합니다. ∨ 더구나 ∨ 동물원을 폐지하면 ∨ 동물들이 갈 곳이 없어져 ∨ 오히려 ∨ 더 큰 문제가 생길 것입니다. ∨

동물원을 ∨ 폐지하자는 사람들은 ∨ 동물원이 ∨ 동물을 학대하는 것이 문제라고 말합니다. ∨ 하지만 이는 ∨ 동물원의 환경을 바꾸어서 ∨ 해결할 수 있는 문제입니다. ∨ 그러므로 ∨ 동물원을 폐지하는 것은 ∨ 불필요하며 ∨ 오히려 동물원은 ∨ 사회에 ∨ 긍정적인 영향을 끼친다고 생각합니다.

▶ 동물원을 폐지하지 말아야 한다는 입장에 맞게 논리적으로 답안을 완성해 봅시다.
Complete the answer logically to fit the position that zoos should not be abolished.

기본적인 문형을 사용해서 말해 봅시다.
Speak using basic sentence structures.

- _____-아/어야 한다고 생각한다.
- _____은/는 _____-ㄴ/는 역할을 한다/효과가 있다.
- 물론 _____-고 주장하는 사람들도 있다.
- 하지만 _____은/는 _____아니라고 생각한다/동의하지 않는다.

6-5 대중 매체 Mass media

Q 새로운 정보를 찾을 때 우리는 주로 책이나 신문, 그리고 인터넷을 활용합니다. 그렇다면 책이나 신문과 같은 인쇄 매체로 정보를 찾는 것과 인터넷과 같은 온라인 매체로 정보를 찾는 것 중에서 어느 것이 더 효과적이라고 생각하십니까? 구체적인 이유와 함께 자신의 의견을 뒷받침하십시오.

| 답변 틀 짜기 Framing your answer |

Step 1 **질문 파악하기** Grasping the question

책, 신문으로 정보 찾는 것과 인터넷으로 정보를 찾는 것 중에 효과적인 것은?
Which is more effective: finding information through books and newspapers, or finding information online?

Step 2 **의견 정하고 이유 및 근거 만들기** Deciding your opinion and reasons/basis for your opinion

나의 의견
My opinion
인터넷으로 정보 찾는 것이 더 효과적이다.
Using the internet is more effective for finding information.

근거 1 Reason 1	원하는 정보를 빠르게 찾을 수 있으며 공간의 제한이 없어 다양한 내용을 얼마든지 찾을 수 있다. You can quickly find the information you want, and you are not limited by physical space, so you can search for as much content as you want without any limit.
근거 2 Reason 2	다양한 멀티미디어 자료를 찾을 수 있으며, 과거부터 현재까지 전 시대의 자료를 빠르게 찾을 수 있다. You can find a variety of multimedia materials, and you can quickly find materials from all time periods from the past to the present.
마무리 Conclusion	이런 이유로 인터넷으로 정보를 검색하는 것이 더 효과적이다. For these reasons, it is more effective to search for information using the internet.

Step 3 **틀에 넣어 최종 답변 만들기** Framing and creating your final answer

(나의 의견) 인터넷에서 정보를 찾는 것이 더 효과적이라고 생각한다.

(근거 1 + 2) 인터넷에서는 원하는 정보를 빨리 찾을 수 있다. 그리고 인터넷에는 종이 사전과 달리 공간의 제한이 없어 다양한 다양한 내용을 충분히 찾을 수 있다. 또한 텍스트뿐만 아니라 다양한 멀티미디어 자료를 찾을 수 있다. 마지막으로 과거부터 현재까지 전 시대의 자료를 빠르게 찾을 수 있다.

(마무리) 책이나 신문보다 인터넷으로 원하는 정보를 찾는 것이 더 효과적이라고 생각한다.

113

모범 답안 1 Model answer 1

저는 ∨ 인터넷에서 ∨ 정보를 찾는 것이 더 효과적이라고 ∨ 생각합니다. ∨ 왜냐하면 ∨ 인터넷에서는 ∨ 원하는 정보를 ∨ 빨리 찾을 수 있기 때문입니다. ∨ 게다가 ∨ 인터넷 사전에는 ∨ 종이 사전보다 ∨ 훨씬 많고 ∨ 다양한 예문이 있습니다. ∨ 종이 사전은 ∨ 공간이 제한되어 있지만 ∨ 인터넷 사전은 ∨ 그렇지 않기 때문입니다. ∨

또한 ∨ 인터넷에는 ∨ 다양한 형태의 정보가 있습니다. ∨ 책이나 신문에서는 ∨ 글이나 사진으로 된 정보만 얻을 수 있지만 ∨ 인터넷에서는 ∨ 영상, 사진, 음성 등 ∨ 멀티미디어 자료도 ∨ 많이 찾을 수 있습니다. ∨ 어떤 정보는 ∨ 사진이나 글보다 ∨ 영상으로 확인하는 것이 ∨ 효과적일 수 있기 때문에 ∨ 저는 ∨ 인터넷에서 ∨ 정보를 찾는 것이 ∨ 더 좋다고 생각합니다. ∨

마지막으로 ∨ 인터넷에서는 ∨ 옛날 정보부터 최신의 정보까지 ∨ 전체적인 자료를 ∨ 빠르게 얻을 수 있기 때문에 ∨ 책이나 신문보다 ∨ 더 효과적이라고 생각합니다. ∨ 그렇기 때문에 ∨ 저는 ∨ 인터넷에서 정보를 찾는 것이 ∨ 더 효과적이라고 생각합니다.

▶ 인터넷에서 정보를 찾는 것이 더 효과적이라는 입장에 맞게 논리적으로 답안을 완성해 봅시다.

Complete the answer logically to fit the position that using the internet to search for information is more effective.

모범답안2 Model answer 2

저는 ∨ 책이나 신문에서 정보를 찾는 것이 ∨ 더 효과적이라고 생각합니다. ∨ 인터넷은 ∨ 다양한 정보를 ∨ 쉽게 접할 수 있게 해 주는 매체이지만 ∨ 사실이 확인되지 않은 정보가 ∨ 너무 많이 공유되는 곳이기도 합니다. ∨ 가짜 뉴스와 같은 ∨ 거짓 정보가 쏟아지는 가운데에서 이것이 ∨ 믿을 만한 정보인지 구분하는 것은 ∨ 쉽지 않습니다. ∨

그리고 ∨ 인쇄 매체는 ∨ 검증된 정보를 ∨ 깊이 있게 다루고 있다는 점에서 ∨ 자료를 찾는 시간을 줄여 줍니다. ∨ 인터넷에서 ∨ 깊이 있고 제대로 된 자료를 찾으려면 ∨ 오히려 ∨ 더 많은 시간이 걸리기 때문입니다. ∨ 그에 비해 ∨ 인쇄 매체는 ∨ 도서관이나 서점의 ∨ 분류 체계에 따라 ∨ 원하는 정보를 찾는다면 ∨ 여러 번 찾는 수고를 하지 않아도 ∨ 원하는 정보를 ∨ 더 빠르고 ∨ 정확하게 찾을 수 있습니다. ∨

따라서 저는 ∨ 인터넷 매체보다 ∨ 종이 매체에서 정보를 찾는 것이 ∨ 더 효과적이라고 생각합니다.

▶ 책이나 신문에서 정보를 찾는 것이 더 효과적이라는 입장에 맞게 논리적으로 답안을 완성해 봅시다.

Complete the answer logically to fit the position that using books or newspapers to search for information is more effective.

| 발화 TIP Speaking tips |

기본적인 문형을 사용해서 말해 봅시다.

Speak using basic sentence structures.

- _____ -ㄴ/는 것이 더 _____ (이)라고 생각한다.
- 왜냐하면 _____ -기 때문이다.
- 게다가/또한 _____ 이/가 있다/많다.
- 그에 비해 _____
- 마지막으로 _____
- 그렇기 때문에/따라서 _____ 이/가 _____ -라고 생각한다.

음악 Music

Q 가수들의 범죄 사실이 드러날 때마다 그 가수의 음원 서비스를 중단해야 한다는 주장이 제기됩니다. 범죄로 인해 음원 사이트에서 그 가수의 음원 제공 서비스를 중단해야 한다고 생각하십니까? 자신의 의견과 그 근거를 말하십시오.

답변 틀 짜기 Framing your answer

Step 1 **질문 파악하기** Grasping the question

범죄로 인해 음원 사이트에서 그 가수의 음원 제공 서비스를 중단해야 한다고 생각하십니까?
Do you think music sites should suspend the service of a singer's music if that singer commits a crime?

Step 2 **의견 정하고 이유 및 근거 만들기** Deciding your opinion and reasons/basis for your opinion

나의 의견 My opinion	범죄를 저지른 가수의 음원 서비스 제공을 중단해야 한다. The service of music of singers who commit crimes should be suspended.
근거 1 Reason 1	가수가 사회에 일으킨 문제에도 불구하고 계속해서 대중을 대상으로 경제적인 대가를 지급 받는 것은 불합리하다. It is unreasonable for a singer to continue receiving financial compensation from the public despite the problems they have caused in society.
근거 2 Reason 2	듣고 싶지 않은 가수의 노래가 자동 재생되는 것은 소비자의 선택권을 침해한다. Automatically playing songs by singers you don't want to hear violates consumers' right to choose.
마무리 Conclusion	사회에 끼치는 영향력이 큰 만큼 문제가 있는 가수의 음원 서비스가 계속되면 안 된다. Singers have a significant impact on society, so the music service of problematic singers should not be continued.

Step 3 **틀에 넣어 최종 답변 만들기** Framing and creating your final answer

(나의 의견) 범죄를 저지른 가수의 음원 서비스 제공을 중단해야 한다고 생각한다.

(근거 1 + 2) 가수가 사회에 일으킨 문제에도 불구하고 계속해서 대중을 대상으로 경제적인 대가를 지급받는 것은 불합리하다. 그리고 음원 사이트에서 듣고 싶지 않은 가수의 노래가 자동 재생되는 것은 소비자의 선택권을 침해한다.

(마무리) 범죄를 저지른 가수의 음원 서비스가 계속되면 안 된다고 생각한다.

모범답안1 Model answer 1

저는 ∨ 음원 사이트에서 ∨ 범죄를 저지른 가수의 음원 서비스 제공을 ∨ 중단해야 한다고 ∨ 생각합니다. ∨ 그 이유는 ∨ 두 가지가 있습니다. ∨ 먼저 ∨ 가수가 ∨ 사회에 일으킨 문제에도 불구하고 ∨ 계속해서 ∨ 대중을 대상으로 ∨ 경제적인 대가를 지급받는 것은 ∨ 불합리하다고 생각하기 때문입니다. ∨ 유명인이 ∨ 범죄를 저질렀는데도 ∨ 그 전과 아무 차이가 없다면 ∨ 사람들이 ∨ 범죄에 대해 ∨ 문제의식을 느끼지 못할 것입니다. ∨

그리고 두 번째 이유는 ∨ 음원 사이트에서 ∨ 듣고 싶지 않은 가수의 노래가 ∨ 자동 재생되는 것은 ∨ 소비자의 선택권을 ∨ 침해하기 때문입니다. ∨ 많은 사람들이 항의한 결과 ∨ 미국의 한 음원 사이트는 ∨ 사회적 물의를 일으킨 가수의 곡이 ∨ 자동 재생되는 것을 막는 기능을 도입했습니다. ∨ 이처럼 ∨ 문제가 있는 가수의 노래를 듣는 것을 ∨ 불쾌하게 여기는 사람들이 ∨ 많다는 것을 ∨ 알 수 있습니다. ∨

저는 이 두 가지 이유 때문에 ∨ 범죄를 저지른 가수의 음원 서비스가 ∨ 계속되어서는 안 된다고 생각합니다.

▶ 범죄를 저지른 가수의 음원 서비스 제공을 중단해야 한다는 입장에 맞게 논리적으로 답안을 완성해 봅시다.

Complete the answer logically to fit the position that the music service of singers who committed crimes should be suspended.

모범답안2 Model answer 2

저는 ∨ 범죄를 저지른 가수라고 해도 ∨ 음원 서비스 제공을 ∨ 중단하면 안 된다고 생각합니다. ∨ 그 이유를 ∨ 두 가지로 정리해서 말할 수 있습니다.

첫째, ∨ 가수와 가수의 음악은 ∨ 구분되어야 하기 때문입니다. ∨ 가수가 ∨ 어떤 문제를 일으켰다고 해도 ∨ 음악 자체에는 ∨ 아무 문제가 없습니다. ∨ 게다가 음악은 ∨ 가수 한 사람이 만든 것이 아니라 ∨ 많은 사람들이 ∨ 노력한 결과물입니다. ∨ 단 한 사람의 잘못으로 ∨ 음악 자체를 서비스하지 않는 것은 ∨ 과도한 대응이라고 생각합니다.

둘째, ∨ 가수의 음악을 ∨ 듣고 싶어 하는 ∨ 소비자의 선택권을 ∨ 침해하기 때문입니다. ∨ 음악을 듣는 이유는 ∨ 여러 가지가 있을 수 있습니다. ∨ 단순히 ∨ 가수가 ∨ 범죄를 일으켰다고 해서 ∨ 그 음악을 들어서는 안 된다고 할 수는 ∨ 없습니다. ∨ 지금처럼 ∨ 듣고 싶지 않은 곡을 ∨ 선택해서 차단하는 기능만으로도 ∨ 원하지 않는 소비자의 권리를 ∨ 지킬 수 있다고 생각합니다. ∨ 이것이 바로 ∨ 범죄를 저지른 가수의 음원 서비스가 ∨ 계속되어야 한다고 생각하는 이유입니다.

▶ 범죄를 저지른 가수라고 해도 음원 서비스 제공을 중단하면 안 된다는 입장에 맞게 논리적으로 답안을 완성해 봅시다.

Complete the answer logically to fit the position that the music services of singers who have committed crimes should not be suspended.

| 발화 **TIP** Speaking tips |

기본적인 문형을 사용해서 말해 봅시다.
Speak using basic sentence structures.

- _____-다고/라고 생각한다.
- _____ 그 이유는 (   )가지로 정리해서 말할 수 있다.
- 먼저/첫째 _____-기 때문이다.
- 그리고 두 번째 이유는/둘째 _____
- 이 (   )가지 이유 때문에 _____-다고/라고 생각한다.
- 이것이 바로 _____-다고/라고 생각하는 이유이다.

6-7 > 과학 Science

Q 인공 지능 챗봇이 상용화되면서 교육 현장에서 이를 사용하는 것에 대한 찬반 의견이 많습니다. 인공 지능 챗봇이 교육 도구로 사용되는 것에 대해 어떻게 생각하십니까? 구체적인 근거와 함께 자신의 의견을 뒷받침하십시오.

※ 인공 지능 챗봇: 인간처럼 인식, 판단, 추론, 학습, 문제 해결 기능을 갖춘 컴퓨터 시스템인 인공 지능의 한 종류로 사용자와 소통이 가능한 대화형 프로그램을 뜻함.

Step 1 질문 파악하기 Grasping the question

인공 지능 챗봇을 교육 도구로 사용하는 것을 어떻게 생각하는가?
What do you think about using an artificial intelligence chatbot as an educational tool?

Step 2 의견 정하고 이유 및 근거 만들기 Deciding your opinion and reasons/basis for your opinion

나의 의견 My opinion	인공 지능 챗봇을 교육 현장에서 사용하는 것을 반대한다. I am against using artificial intelligence chatbots as an educational tool.
근거 1 Reason 1	부정행위 및 표절이 너무도 쉽게 가능하다. It allows for cheating and plagiarism too easily.
근거 2 Reason 2	학생들의 사고력, 글쓰기 능력을 저하시킬 위험이 있으며, 인종 차별 등 교육상 부정적인 내용도 많이 포함되어 있다. It may impair students' thinking and writing abilities, and also often include negative educational content such as racial discrimination.
마무리 Conclusion	학생이 스스로 사고해서 과제를 해결하도록 가르치는 것이 교육인 만큼 인공 지능 챗봇을 교육 도구로 사용하는 것은 옳지 않다. As education is about teaching students to think for themselves and solve assignments on their own, using artificial intelligence chatbots as an educational tool is not appropriate.

Step 3 틀에 넣어 최종 답변 만들기 Framing and creating your final answer

(나의 의견) 인공 지능 챗봇을 교육 현장에서 사용하는 것을 반대한다.
(근거 1 + 2) 인공 지능 챗봇을 사용하면 부정행위 및 표절이 너무도 쉽게 가능하다. 게다가 학생들의 사고력,
글쓰기 실력을 저하시킬 위험이 있으며, 인종 차별 등 교육상 부정적인 내용도 많이 포함되어 있
다는 문제점이 있다.
(마무리) 학생에게 스스로 사고해서 과제를 해결하도록 가르치는 것이 교육인 만큼 인공 지능 챗봇을 교
육 도구로 사용하는 것은 옳지 않다고 생각한다.

117

모범 답안 1 Model answer 1

저는 ∨ 인공 지능 챗봇을 ∨ 교육 현장에서 사용하는 것을 ∨ 반대합니다. ∨ 인공 지능 챗봇을 사용
하면 ∨ 부정행위나 표절이 ∨ 너무도 쉽게 가능하기 때문입니다. ∨ 실제로 ∨ 인공 지능 챗봇을 사
용하여 ∨ 온라인 과제나 시험을 본 ∨ 학생의 사례가 ∨ 계속해서 발생하고 있어 ∨ 표절 대비책을

찾아야 ∨ 할 정도입니다. ∨

게다가 ∨ 인공 지능 챗봇을 사용하다 보면 ∨ 스스로 사고하는 기회가 적어져서 ∨ 학생들의 사고력을 저하시킬 수 있다는 ∨ 문제점이 있습니다. ∨ 글쓰기 능력 역시 ∨ 마찬가지입니다. ∨ 반복적인 ∨ 글쓰기 훈련을 하지 않고 ∨ 인공 지능 챗봇을 사용해 ∨ 글쓰기를 하다 보면 ∨ 글쓰기 실력 역시 ∨ 저하될 수밖에 없습니다. ∨ 내용 측면에서도 ∨ 인공 지능 챗봇이 ∨ 인종 차별 등 ∨ 교육상 부정적인 내용도 ∨ 많이 포함하고 있다는 ∨ 문제점이 있습니다. ∨

그러므로 ∨ 학생에게 ∨ 스스로 사고해서 ∨ 과제를 해결하도록 가르치는 것이 ∨ 교육인 만큼, ∨ 인공 지능 챗봇을 ∨ 교육 도구로 사용하는 것은 ∨ 옳지 않다고 생각합니다.

▶ 인공 지능 챗봇을 교육 현장에서 사용하는 것을 반대하는 입장에 맞게 논리적으로 답안을 완성해 봅시다.
Logically complete the answer from the perspective that opposes the use of AI chatbots in educational settings.

모범 답안 2 Model answer 2

저는 ∨ 인공 지능 챗봇을 ∨ 교육 현장에서 사용하는 것을 ∨ 찬성합니다. ∨ 인공 지능 챗봇은 ∨ 학생들이 궁금한 점을 물어보고 ∨ 정보를 얻을 수 있는 ∨ 유용한 도구이기 때문입니다. ∨ 특히 ∨ 언어 학습 부분에서 ∨ 인공 지능 챗봇을 사용하면 ∨ 문법 규칙이나 ∨ 어휘를 ∨ 반복해서 학습할 수 있고, ∨ 틀린 부분을 ∨ 수정할 수 있다는 ∨ 장점이 있습니다. ∨

게다가 ∨ 인공 지능 챗봇과 ∨ 대화하면서 ∨ 정해진 주제에 대한 ∨ 아이디어를 얻고 ∨ 이를 확장할 수 있습니다. ∨ 글쓰기 연습 역시 ∨ 마찬가지입니다. ∨ 인공 지능 챗봇을 사용해서 ∨ 글의 구조를 다듬고, ∨ 더 나은 표현으로 ∨ 고치는 훈련을 하다 보면 ∨ 글쓰기 실력을 향상시킬 수 있습니다. ∨ 정보를 ∨ 비판적으로 수용하는 방법 역시 ∨ 학생들이 ∨ 학습해야 할 ∨ 중요한 부분입니다. ∨ 다른 인터넷 검색 자료와 마찬가지로 ∨ 인공 지능 챗봇의 내용에는 ∨ 잘못된 부분이 있을 수 있다는 것을 ∨ 함께 학습하도록 해야 합니다. ∨

시대에 맞춰 ∨ 학생들에게 ∨ 인공 지능을 잘 활용하는 방법을 ∨ 가르치는 것이 중요하므로 ∨ 인공 지능 챗봇을 ∨ 교육 도구로 사용하는 것은 ∨ 꼭 필요하다고 생각합니다.

▶ 인공 지능 챗봇을 교육 현장에서 사용하는 것을 찬성하는 입장에 맞게 논리적으로 답안을 완성해 봅시다.
Logically complete the answer from the perspective that approves the use of AI chatbots in educational settings.

기본적인 문형을 사용해서 말해 봅시다.
Speak using basic sentence structures.

- _____ 을/를 찬성/반대한다.
- _____ -기 때문이다.
- 게다가 _____ -다는/라는 장점/문제점이 있다.
- _____ 역시 마찬가지이다.
- _____ 측면에서도 _____ 장점/문제점이 있다.
- 그러므로 _____ 은/는 꼭 필요하다고/옳지 않다고 생각한다.

6-8 > 환경 The environment

Q 환경 보호는 자연환경의 오염을 막고 환경을 잘 가꾸어 깨끗이 보존하는 일입니다. 환경 보호에 도움이 되는 방법은 무엇이라고 생각하십니까? 환경을 보호할 수 있는 가장 효과적인 방법 두 가지와 그 근거를 말하십시오.

| 답변 틀 짜기 | Framing your answer |

Step1 **질문 파악하기** Grasping the question

환경을 보호하는 가장 효과적인 방법은 무엇인가?
What is the most effective way to preserve the environment?

의견 정하고 이유 및 근거 만들기 Deciding your opinion and reasons/basis for your opinion

나의 의견 My opinion	환경 보호 방법 Ways to preserve the environment 1. 대중교통 이용 Using public transportation 2. 플라스틱 사용하지 않기 Not using plastic
근거 1 Reason 1	자가용을 사용하지 않고 대중교통을 이용하면 배기가스 배출 감소, 친환경 전기 버스도 이용 가능 When people use public transportation instead of their own car, the emission of exhaust fumes is reduced, and eco-friendly electric buses can also be used
근거 2 Reason 2	플라스틱은 오랜 기간 썩지 않으므로 대신 분해가 잘 되는 재료 활용 Plastic does not decompose for a long time, so people should use materials that decompose easily
마무리 Conclusion	대중교통 이용과 플라스틱 사용 줄이기가 환경 보호에 효과적인 방법이라고 생각 I believe that using public transportation and reducing the usage of plastic are effective ways to preserve the environment.

틀에 넣어 최종 답변 만들기 Framing and creating your final answer

(나의 의견) 환경을 보호할 수 있는 방법에는 여러 가지가 있지만 대중교통 이용과 플라스틱 사용하지 않기가 가장 효과적인 방법이라고 생각한다.

(근거 1 + 2) 자가용을 이용하기보다 대중교통을 사용하면 배기가스 배출량이 줄어들기 때문에 환경에 더 좋다. 또 요즘 버스 중에 기름 대신 전기로 움직이는 친환경 버스가 많이 생기고 있어서 효과적이다. 다음으로 플라스틱 사용을 줄이는 것이다. 플라스틱은 오랫동안 썩지 않아서 환경 오염에 큰 영향을 미친다. 플라스틱 대신 친환경 재료를 활용해서 물건을 만들면 환경 오염을 막을 수 있을 것이다.

(마무리) 저는 대중교통 이용과 플라스틱 사용 줄이기가 환경을 보호할 수 있는 가장 효과적인 방법이라고 생각한다.

119

모범 답안 1 Model answer 1

환경을 보호할 수 있는 방법에는 ∨ 여러 가지가 있습니다. ∨
먼저, ∨ 자가용을 이용하기보다는 ∨ 대중교통을 많이 이용해서 ∨ 환경을 보호할 수 있습니다. ∨
각자가 ∨ 자가용을 이용하는 것보다 ∨ 대중교통을 이용했을 때 ∨ 승객 한 명당 ∨ 더 적은 배기가스를 ∨ 배출합니다. ∨ 그렇기 때문에 ∨ 대중교통을 타는 것이 ∨ 환경에 더 좋다고 합니다. ∨
특히 요즘에는 ∨ 기름 대신 ∨ 전기로 움직이는 버스가 ∨ 많이 생기고 있어서 ∨ 환경을 보호하기에 ∨ 더욱 효과적입니다. ∨

그다음으로 ∨ 플라스틱 사용을 줄여서 ∨ 환경을 보호할 수 있습니다. ∨ 플라스틱은 ∨ 땅속에서 ∨ 오랜 시간 동안 ∨ 썩지 않기 때문에 ∨ 환경 오염에 ∨ 큰 영향을 미칩니다. ∨ 그래서 최근에는 ∨ 많은 카페들이 ∨ 플라스틱 빨대를 ∨ 종이 빨대로 바꾸고 있는데요. ∨ 이렇게 ∨ 플라스틱 대신에 ∨ 분해가 잘 되는 ∨ 재료를 활용해서 물건을 만들면 ∨ 환경 보호에 ∨ 도움이 된다고 합니다. ∨

그래서 저는 ∨ 대중교통 이용과 ∨ 플라스틱 사용 줄이기가 ∨ 환경을 보호할 수 있는 ∨ 효과적인 방법이라고 생각합니다.

▶ 환경을 보호할 수 있는 방법이 '대중교통 이용하기'와 '플라스틱 사용 줄이기'라는 입장에 맞게 논리적으로 답안을 완성해 봅시다.

Complete the answer logically to fit the position that "using public transportation" and "reducing the use of plastic" are ways to preserve the environment.

120

모범 답안 2 Model answer 2

오늘날 ∨ 지구 온난화 현상 및 ∨ 미세 먼지 문제 ∨ 그리고 ∨ 각종 자연재해 발생 빈도 증가 등 ∨ 우리 삶 속에서 ∨ 체감할 수 있을 만큼 ∨ 심각한 수준의 환경 오염 문제가 ∨ 나타나고 있습니다. ∨ 이를 조금이나마 해결하기 위해 ∨ 일상생활에서 ∨ 실천할 수 있는 것들이 ∨ 많이 있습니다. ∨

먼저 ∨ 쓰레기 분리 배출은 ∨ 쓰레기를 재활용할 수 있는 동시에 ∨ 쓰레기의 양도 ∨ 줄일 수 있는 방법입니다. ∨ 쓰레기를 처리하는 과정에서 ∨ 환경이 오염되는 만큼 ∨ 재활용을 통해 ∨ 토양 오염과 ∨ 수질 오염을 ∨ 예방할 수 있습니다. ∨

또한, ∨ 에너지 절약도 ∨ 우리가 쉽게 할 수 있는 일입니다. ∨ 여름에 ∨ 에어컨의 온도를 ∨ 적정하게 유지하면 ∨ 냉방병을 예방할 수 있고 ∨ 전기도 절약할 수 있습니다. ∨ 또 ∨ 겨울철에도 ∨ 내복이나 두꺼운 옷을 입으면 ∨ 난방 온도를 ∨ 많이 높이지 않아도 됩니다. ∨ 그리고 ∨ 전자 기기를 사용하지 않을 때 ∨ 전원 스위치를 꺼 두면 ∨ 절전에 큰 도움이 됩니다. ∨

이처럼 ∨ 사람들이 일상생활에서 할 수 있는 일을 ∨ 몇 가지 정도만 실천해도 ∨ 지구 환경이 ∨ 우리가 느낄 수 있을 만큼 ∨ 좋아질 것입니다.

▶ 환경을 보호할 수 있는 방법이 '쓰레기 분리배출'과 '에너지 절약'이라는 입장에 맞게 논리적으로 답안을 완성해 봅시다.

Complete the answer logically to fit the position that "separating different types of trash" and "conserving energy" are ways to preserve the environment.

기본적인 문형을 사용해서 말해 봅시다.
Speak using basic sentence structures.

- _____에는 여러 가지가 있다.
- 먼저/첫째/우선 _____
- 그 다음으로/둘째 _____
- 더욱 효과적이라고/효과적인 방법이라고 생각한다.
- _____에 도움이 된다고 한다/ _____이/가 좋아질 것이다.

6-9 영화 Movies

Q 매년 세계 여러 영화제에서는 그해 개봉한 영화 중 뛰어난 몇몇 영화를 대상으로 작품상을 수여합니다. 그렇다면 작품성이 높은 영화는 어떤 특징을 가지고 있다고 생각합니까? 구체적인 근거와 함께 자신의 의견을 뒷받침하십시오.

> ※ 영화제: 우수한 영화를 모아서 일정 기간 내에 연속적으로 상영하는 행사

| 답변 틀 짜기 | Framing your answer |

Step 1 ▶ 질문 파악하기 Grasping the question

작품성이 높은 영화는 어떤 특징을 갖고 있는가?
What are the characteristics of a high-quality film?

Step 2 의견 정하고 이유 및 근거 만들기 Deciding your opinion and reasons/basis for your opinion

작품성이 높은 영화 A high-quality film

나의 의견
My opinion

1. 영화에서 전하고자 하는 주제를 많은 사람들이 공감할 수 있도록 하는 영화
   A film that makes many people sympathize with the topic that the movie attempts to convey
2. 문제 의식을 제기함으로써 사회의 변화를 이끌어 내는 영화
   A film that brings social change by raising critical awareness

근거 1
Reason 1

감독이 전하고 싶은 주제를 많은 사람들이 공감할 수 있도록 표현한 영화는 관객과 영화 사이의 거리를 좁힐 수 있다.
A film that expresses the message that the director wants to convey in a way that many people can relate to narrows the gap between the audience and the film.

근거 2
Reason 2

문제 의식을 제기함으로써 많은 사람들이 그에 대해 토론하게 하는 영화는 사회의 변화를 이끌어 낼 수 있다.
A film that raises critical awareness and leads many people to discuss it can bring about social change.

마무리
Conclusion

많은 사람들이 공감할 수 있는 방식으로 주제를 전달함으로써 사회의 변화를 이끌어 내는 영화가 작품성이 뛰어난 영화라고 생각한다.
I believe that an outstanding film brings about social change by conveying a topic in a way that many people can relate to.

Step 3 틀에 넣어 최종 답변 만들기 Framing and creating your final answer

(나의 의견) 전하고자 하는 주제를 많은 사람들이 공감할 수 있도록 하는 영화 그리고 문제 의식을 제기함으로써 사회의 변화를 이끌어 내는 영화가 작품성이 있는 영화라고 생각한다.

(근거 1 + 2) 감독이 전하고 싶은 주제를 많은 사람들이 공감할 수 있도록 표현한 영화는 관객과 영화 사이의 거리를 좁힐 수 있다. 그러므로 관객은 영화에서 제기하는 사회의 문제 의식을 효과적으로 받아들임으로써 그에 대해 많은 토론을 하게 된다. 결국 영화가 제기한 문제 의식을 바탕으로 사회의 변화를 이끌어 낼 수 있는 힘이 생긴 것이다.

(마무리) 이런 특징을 가진 영화가 영화제에서 수상하는 작품성이 뛰어난 영화라고 생각한다.

모범답안1 Model answer 1

저는 ∨ 작품성이 높은 영화는 ∨ 전하고자 하는 주제를 ∨ 효과적으로 전달하는 ∨ 영화라고 생각합니다. ∨ 주제를 전달하려면 ∨ 많은 사람들이 공감할 수 있도록 ∨ 표현하는 것이 중요한데요. ∨ 좋은 영화는 ∨ 주제를 가장 잘 ∨ 전달할 수 있도록 ∨ 이야기 구성, ∨ 화면, ∨ 배우의 연기를 ∨ 잘 조합하여 만들어집니다. ∨ 영화를 보는 관객들은 ∨ 자신도 모르는 사이에 ∨ 영화와 심리적 거리가 가까워져 ∨ 공감하게 됩니다. ∨ 그리고 ∨ 작품성이 뛰어난 영화는 ∨ 문제 의식을 제기함으로써 ∨ 많은 사람들이 ∨ 그 문제에 대해 토론하게 만듭니다. ∨ 제가 좋아하는 영화인 ∨ '기생충'이 그렇습니다. ∨ 영화 '기생충'은 ∨ 반지하에 사는 ∨ 가족들의 빈부 격차에 대해 ∨ 사실적이면서도 ∨ 효과적으로 전달하고 있습니다. ∨ 그렇기 때문에 ∨ 영화를 보고 나면 ∨ 최소한의 거주 환경이 ∨ 어떠해야 하는지, ∨ 빈부 격차를 해소하려면 ∨ 어떻게 해야 하는지에 대해 ∨ 문제 의식을 가지고 ∨ 토론할 수 있었습니다. ∨ 영화 '기생충'이 ∨ 여러 영화제에서 ∨ 작품상을 받을 수 있었던 이유는 ∨ 이런 특징 때문일 것입니다.

▶ 자신이 생각하는 작품성 높은 영화의 특징(주제를 효과적으로 전달하는 영화, 사회의 변화를 이끌어내는 영화)에 대해 구체적인 근거와 함께 논리적으로 답안을 완성해 봅시다.

Complete the answer logically and provide specific evidence for the personal opinion that the characteristics of a high-quality film include the effective delivery of a theme and the ability to bring about social change.

모범답안2 Model answer 2

영화제에서 ∨ 작품상을 받은 영화는 ∨ 많은 사람들의 시선을 끄는 ∨ 영화들이 대부분입니다. ∨ 저는 ∨ 그 영화들이 ∨ 시선을 끄는 이유는 ∨ 참신하기 때문이라고 생각합니다. ∨ 참신한 영화는 ∨ 기존의 영화에서 ∨ 다루지 않은 주제를 다루거나, ∨ 지금까지 소외되어 있던 사람의 입장에서 ∨ 영화를 만듭니다. ∨ 이처럼 ∨ 우리가 당연하다고 생각했던 것들이 ∨ 당연하지 않다는 것을 알리는 ∨ 참신한 주제의 영화야말로 ∨ 작품성이 높은 영화라고 생각합니다. ∨

그리고 ∨ 작품성이 높은 영화에는 ∨ 세심한 연출이 ∨ 필수적이라고 생각합니다. ∨ 세심한 연출은 ∨ 주제를 잘 살릴 수 있도록 ∨ 등장 인물을 잘 표현하는 배우, ∨ 장면에 잘 어울리는 배경 음악, ∨ 알맞은 조명을 활용해서 ∨ 주제를 잘 드러냅니다. ∨

이처럼 ∨ 저는 ∨ 참신한 주제를 바탕으로 ∨ 세심하게 연출한 영화가 ∨ 작품성 있는 영화라고 생각합니다.

▶ 자신이 생각하는 작품성 높은 영화의 특징(참신한 주제, 세심한 연출)에 대해 구체적인 근거와 함께 논리적으로 답안을 완성해 봅시다.

Complete the answer logically and provide specific evidence for the personal opinion that a high-quality film has an innovative theme and meticulous direction.

| 발화 TIP Speaking tips |

내용을 예측할 수 있는 담화 표지를 사용해서 말해 봅시다.
Speak using discourse markers that can predict the content.

- 작품성이 높은 영화는 _____(이)라고 생각한다.
- 그리고 작품성이 뛰어난 영화는 _____.
- _____이/가 대부분이다.
- _____-ㄴ/는 이유는 _____-기 때문이라고 생각한다.
- 그리고 _____에는 _____이/가 필수적이라고 생각한다.
- _____이/가 그렇다.
- 이처럼 _____이/가 _____(이)라고 생각한다.
- 영화 _____이/가 영화제에서 작품상을 받을 수 있었던 이유는 이런 특징 때문일 것이다.

교육 Education

Q 온라인 학습은 인터넷과 같은 정보 통신 매체를 활용하여 이루어지는 교육입니다. 최근 이러한 온라인 학습에 대한 관심이 높아졌습니다. 여러분은 온라인 학습에 대해 어떻게 생각합니까? 온라인 학습의 장점 혹은 단점 두 가지와 그 근거를 말하십시오.

| 답변 틀 짜기 | Framing your answer |

Step 1 질문 파악하기 Grasping the question

온라인 학습의 장점 혹은 단점은 무엇인가?
What are the advantages or disadvantages of online learning?

Step 2 의견 정하고 이유 및 근거 만들기 Deciding your opinion and reasons/basis for your opinion

나의 의견 My opinion	온라인 학습의 장점 The advantages of online learning 1. 어디에서나 공부할 수 있음 You can study anywhere 2. 필요할 때마다 언제든지 다시 보면서 반복 학습할 수 있음. 　You can review the material by watching it again anytime as needed.
근거 1 Reason 1	몸이 아프거나 거리가 멀다면 학교에 꼭 가지 않아도 어느 곳에서나 공부할 수 있다. If you are sick or live far away, you can still study anywhere without having to go to school.
근거 2 Reason 2	어려운 부분이 나와도 다시 들을 수 없는 교실 수업과는 달리 필요하면 언제든지 수업 영상을 다시 볼 수 있다. Unlike lectures in a classroom where you cannot listen to the content again even if something difficult comes up, you can rewatch lecture videos at any time if needed.
마무리 Conclusion	온라인 학습의 이러한 장점은 결과적으로 성적 향상에도 도움이 된다. As a result, these advantages of online learning help improve students' grades.

Step 3 틀에 넣어 최종 답변 만들기 Framing and creating your final answer

(나의 의견) 첫 번째 어디에서나 공부를 할 수 있다. 두 번째 필요할 때마다 언제든지 다시 보면서 반복 학습할 수 있다.

(근거 1 + 2) 몸이 아프거나 집에서 학교까지 거리가 멀어도 원하는 곳에서 어디에서든지 수업을 들을 수 있다. 또한 학교에서는 수업 시간에 이해가 안 되어도 수업이 계속 진행되는데 온라인 학습은 필요하면 수업 영상을 언제든지 다시 보면서 반복해서 학습할 수 있다.

(마무리) 이처럼 온라인 학습은 공부에 효과적이어서 성적 향상에 도움이 된다.

123

모범답안1 Model answer 1

온라인 학습의 장점은 ∨ 첫 번째, ∨ 어디에서든지 ∨ 공부를 할 수 있다는 것입니다. ∨ 그래서 ∨ 몸이 아프거나 ∨ 학교에서 거리가 먼 곳에 살고 있어도 ∨ 힘들게 ∨ 학교에 가지 않아도 ∨ 원하는 환경에서 ∨ 편하게 ∨ 수업을 들을 수 있습니다. ∨ 저도 예전에 ∨ 다리를 다쳤을 때 ∨ 병원에서 ∨ 온라인 학습으로 ∨ 수업을 들었는데요. ∨ 학교에 가지 않아도 ∨ 똑같이 ∨ 수업을 들으며 공부할 수 있어서 ∨ 좋았습니다. ∨ 그리고 ∨ 등교하고 하교하는 시간을 줄일 수 있다는 ∨ 장점도 있습니다. ∨

두 번째, ∨ 온라인으로 공부를 하면 ∨ 혼자 ∨ 언제든지 ∨ 다시 수업을 들을 수 있다는 ∨ 장점이 있습니다. ∨ 학교에서 수업을 들으면 ∨ 이해가 잘 되지 않아도 ∨ 잠깐 수업을 멈추거나 ∨ 내용을 다시 들을 수 없는데요. ∨ 온라인 수업은 ∨ 수업 영상을 ∨ 녹화할 수도 있고, ∨ 수업을 잠시 멈췄다가 ∨ 다시 들을 수 있기 때문에 ∨ 어려운 내용을 반복해서 듣거나 ∨ 복습하기 좋습니다. ∨

이렇게 ∨ 온라인 학습은 ∨ 학습에 효과적이기 때문에 ∨ 결과적으로 ∨ 성적 향상에도 ∨ 도움이 된다고 생각합니다.

▶ 온라인 학습에는 '시공간의 제약이 없다'는 것과 '복습이 쉽다'는 장점이 있다는 입장에 맞게 논리적으로 답안을 완성해 봅시다.
Complete the answer logically to fit the position that "there are no time or space limitations" and "it is easy to review" are advantages of online learning.

124

모범답안2 Model answer 2

요즘 ∨ 온라인으로 ∨ 비대면 수업을 진행하는 곳이 많아졌습니다. ∨ 하지만 ∨ 이런 온라인 학습에는 ∨ 큰 단점이 ∨ 두 가지 있습니다. ∨

첫 번째, ∨ 여건의 문제로 ∨ 온라인 학습을 ∨ 할 수 없는 학생들이 ∨ 있습니다. ∨ 형편이 어려워서 ∨ 컴퓨터, ∨ 태블릿 PC 등을 살 수 없거나 ∨ 수업 영상을 ∨ 볼 만한 공간이 없는 ∨ 가정이 있습니다. ∨

그리고 두 번째, ∨ 선생님, ∨ 친구들과 교류할 수 있는 기회를 ∨ 얻지 못하게 됩니다. ∨ 학생들은 ∨ 선생님, ∨ 친구들과 의사소통하는 과정에서 ∨ 사회생활과 ∨ 소통 방법에 대해 배울 수 있으며, ∨ 수업 시간에도 ∨ 다른 친구들을 보며 ∨ 배우는 것도 많습니다. ∨ 하지만 ∨ 온라인 수업은 ∨ 학교에서 할 수 있는 ∨ 다양한 교류 및 ∨ 체험의 기회를 제공할 수 없다는 점에서 ∨ 한계가 뚜렷하다고 생각합니다. ∨

따라서 저는 ∨ 이 두 가지 단점 때문에 ∨ 온라인 학습이 ∨ 효율적이지 못하다고 생각합니다.

▶ 온라인 학습에는 '여건의 문제'와 '교류의 기회를 얻지 못한다'는 단점이 있다는 입장에 맞게 논리적으로 답안을 완성해 봅시다.

Complete the answer logically to fit the position that "the issue of circumstances" and "students do not gain any opportunities for exchange" are disadvantages of online learning.

| 발화 **TIP** Speaking tips |

기본적인 문형을 사용해서 말해 봅시다.
Speak using basic sentence structures.

- _____의 장점은 첫 번째, _____입니다.
- 두 번째, _____는 것입니다.
- _____다는 점에서 한계가 뚜렷하다.
- 이렇게 _____ 장점/단점이 있기 때문에 결과적으로 _____고 생각합니다.

6-1 ▶ 경영·경제 Business management and economics

- ☐ 조직 organization
- ☐ 사명감 sense of duty
- ☐ 판단력 judgment
- ☐ 팀원/구성원
  team member/organization member
- ☐ 성취감 sense of accomplishment
- ☐ 추진력 initiative, driving force
- ☐ 조건 qualification
- ☐ 일관성 consistency
- ☐ 상사 one's superior/boss
- ☐ 팀장 team leader
- ☐ 외부 external ↔ 내부 internal
- ☐ 관리 management
- ☐ 책임감 sense of responsibility
- ☐ 모범상 exemplary award
- ☐ 솔선수범 leading by example
- ☐ 팀원 team member
- ☐ 뛰어난 안목 a discerning eye
- ☐ 정치적 결정 political decision

- ☐ 신속하다 to be swift
- ☐ 정확하다 to be accurate
- ☐ 합리적이다 to be rational
- ☐ 순간을 만나다 to meet the moment
- ☐ 난관에 부딪히다 to hit a wall
- ☐ 일을 맡기다
  to give a task to someone
- ☐ 처리하다 to handle
- ☐ 평가하다 to evaluate
- ☐ 기대하다 to anticipate
- ☐ 진행하다 to progress
- ☐ 일관되다 to be consistent
- ☐ 성취감이 떨어지다
  lack of achievement
- ☐ 어기다 to violate
- ☐ 자연스럽다 to be natural
- ☐ 성패가 결정되다/좌우되다
  to determine success or failure
- ☐ 소용이 없다 to have no use
- ☐ 반응을 예측하다 to predict a reaction

6-2 ▶ 정치 Politics

- ☐ 선거권 the right to vote
- ☐ 투표 vote

- ☐ 이미 already
- ☐ 충분히 sufficiently

☐ 올바로 morally	☐ 위험성 riskiness
☐ 권리 right	☐ 학업 one's studies
☐ 청소년 youth	☐ 참여하다 to participate
☐ 성인 adult	☐ 드러내다 to reveal
☐ 정치 politics	☐ 의견을 내다 to state one's opinion
☐ 의견 opinion	☐ 경험하다 to experience
☐ 정당 political party	☐ 충분하다 to be enough
☐ 정책 policy	☐ 행사하다 to invoke
☐ 적극적 active ↔ 소극적 passive	☐ 흔들리다 to waver
☐ 학생 회장 student president	☐ 여기다 to regard
☐ 반장 class president	☐ 왜곡되다 to be distorted
☐ 몇몇 some	

6-3 제도 Institutions

☐ 안락사 euthanasia	☐ 죽음 death
☐ 치료 treatment	☐ 이르다 to be early
☐ 불가능하다 to be impossible	☐ 인간 human
☐ 환자 patient	☐ 선택 choice
☐ 본인 oneself	☐ 권리 right
☐ 요구 demand	☐ 불법 illegal
☐ 고통 pain	☐ 자유 freedom
☐ 인공적 artificial	☐ 가치 value
☐ 금지하다 to prohibit	☐ 악용하다 to misuse
☐ 치료하다 to cure	☐ 위장하다 to conceal
☐ 원인 cause	☐ 협박하다 to threaten
☐ 걸리다 to catch (a disease)	☐ 중요하다 to be important

- ☐ **견디다** to endure
- ☐ **편하다** to be comfortable
- ☐ **능동적** active
- ☐ **자체** self
- ☐ **존엄성** dignity
- ☐ **악영향** negative influence
- ☐ **살인** murder
- ☐ **불치병** incurable illness
- ☐ **단순하다** to be simple
- ☐ **허용하다** to permit
- ☐ **경시하다** to make light of something

- ☐ **겪다** to go through (something)
- ☐ **줄이다** to reduce
- ☐ **고민하다** to agonize
- ☐ **소중하다** to be precious
- ☐ **건드리다** to provoke
- ☐ **허용하다** to permit
- ☐ **경시하다** to make light of something
- ☐ **끼치다** to influence
- ☐ **악용하다** to misuse
- ☐ **위장하다** to conceal

6-4 동물 Animals

- ☐ **직접** direct ↔ **간접** indirect
- ☐ **자연** nature
- ☐ **야생** the wild
- ☐ **먹이** food
- ☐ **본능** instinct
- ☐ **물론** of course
- ☐ **원래** originally
- ☐ **나중** later
- ☐ **영향** impact
- ☐ **자연스럽다** to be natural
- ☐ **학대하다** to abuse
- ☐ **사냥하다** to hunt

- ☐ **사육사** zookeeper
- ☐ **관람객** spectator
- ☐ **스트레스** stress
- ☐ **서식지** habitat
- ☐ **멸종 위기** endangered
- ☐ **터전** base
- ☐ **복원** restoration
- ☐ **제대로** properly
- ☐ **폐지하다** to abolish
- ☐ **존립하다** to survive
- ☐ **휴식하다** to take a rest
- ☐ **적응하다** to adapt

- [ ] 에 처하다 to punish
- [ ] 을/를 끼치다 to cause, to influence
- [ ] 에 미치다 to reach
- [ ] 벗어나다 to get out (of)
- [ ] 멸종하다 to become extinct
- [ ] 번식하다 to breed
- [ ] 복원하다 to restore
- [ ] 존재하다 to exist
- [ ] 존중하다 to respect

- [ ] 관람하다 to see
- [ ] 보호하다 to protect
- [ ] 제공하다 to provide
- [ ] 확보하다 to secure
- [ ] 가두다 to lock up
- [ ] 사육하다 to raise
- [ ] 동의하다 to agree
- [ ] 불필요하다 to be unnecessary

6-5 대중 매체 Mass media

- [ ] 정보 information
- [ ] 인터넷 internet
- [ ] 단어 word
- [ ] 뜻/의미 meaning
- [ ] 사전 dictionary
- [ ] 공간 space
- [ ] 종이 paper
- [ ] 걱정 worry
- [ ] 글 writing
- [ ] 텍스트 text
- [ ] 영상 video
- [ ] 빨리 quickly
- [ ] 훨씬 a lot
- [ ] 꼼꼼히 thoroughly
- [ ] 빠르다 to be fast

- [ ] 음성 audio
- [ ] 멀티미디어 multimedia
- [ ] 최신 latest
- [ ] 기사 article
- [ ] 매시간 hourly
- [ ] 속도 speed
- [ ] 사실 fact
- [ ] 정확성 accuracy
- [ ] 인쇄 print
- [ ] 분류 classification
- [ ] 수고 trouble
- [ ] 다르다 to be different
- [ ] 대답하다 to answer
- [ ] 모르다 to not know
- [ ] 활용하다 to utilize

☐ **제한하다** to limit

☐ **확인하다** to confirm

☐ **쏟아지다** to pour

☐ **검증되다** to be verified

☐ **찾다/검색하다** to search

☐ **원하다** to want

☐ **다양하다** to be various

6-6 **음악** Music

☐ **가수** singer

☐ **범죄** crime

☐ **음원** sound source

☐ **사이트** site

☐ **제공** offer

☐ **대가** cost

☐ **유명인** celebrity

☐ **문제의식** critical awareness

☐ **자동** automatic

☐ **선택권** right to choose

☐ **물의** public criticism

☐ **기능** function

☐ **이용자** user

☐ **결과물** output

☐ **대응** response

☐ **소비자** consumer

☐ **권리** right

☐ **중단하다** to suspend

☐ **저지르다** to commit

☐ **일으키다** to evoke

☐ **불합리하다** to be unreasonable

☐ **재생하다** to play back

☐ **침해하다** to violate

☐ **항의하다** to protest

☐ **도입하다** to introduce

☐ **차단하다** to block

☐ **불쾌하다** to be unpleasant

☐ **구분되다** to be divided

☐ **과도하다** to be excessive

☐ **선택하다** to choose

6-7 과학 Science

- [ ] 인공 지능(AI) artificial intelligence
- [ ] 챗봇 chat bot
- [ ] 현장 site
- [ ] 부정행위 cheating
- [ ] 표절 plagiarism
- [ ] 가능하다 to be possible
- [ ] 사례 case, instance
- [ ] 대비책 preparation
- [ ] 사고하다 to ponder
- [ ] 사고력 thinking skills
- [ ] 저하시키다 to reduce
- [ ] 실력 skill
- [ ] 측면 aspect
- [ ] 인종 차별 racial discrimination
- [ ] 부정적 negative
- [ ] 확장하다 to expand
- [ ] 고치다 to fix
- [ ] 구조 structure
- [ ] 다듬다 to trim
- [ ] 훈련 training
- [ ] 비판적 critical
- [ ] 수용하다 to accommodate
- [ ] 시대 era

6-8 환경 The environment

- [ ] 보호 protection
- [ ] 자연환경 natural environment
- [ ] 지구 온난화 global warming
- [ ] 미세 먼지 fine dust
- [ ] 발생 occurrence
- [ ] 빈도 frequency
- [ ] 삶 life
- [ ] 수준 standard
- [ ] 오염 pollution
- [ ] 여러 가지 several
- [ ] 자가용 one's own car
- [ ] 배출량 output
- [ ] 쓰레기 garbage
- [ ] 분해 decompose
- [ ] 분리 배출 to separate waste
- [ ] 재활용품 recyclable material
- [ ] 유해 물질 toxic substance
- [ ] 토양 오염 soil pollution
- [ ] 수질 오염 water pollution
- [ ] 대중교통 public transportation

- [ ] 승객 passenger
- [ ] 배기가스 exhaust fumes
- [ ] 절약 conservation
- [ ] 절전 energy conservation
- [ ] 전기 electric
- [ ] 에어컨 air conditioning
- [ ] 적정 moderate
- [ ] 온도 temperature
- [ ] 난방 heating ↔ 냉방 air conditioning
- [ ] 냉방병 illness from overexposure to air conditioning
- [ ] 내복 long underwear
- [ ] 충전기 charger
- [ ] 전자 기기 electronic equipment
- [ ] 전원 스위치 power switch
- [ ] 주위 surroundings
- [ ] 깨끗이 cleanly
- [ ] 방법 method
- [ ] 플라스틱 plastic
- [ ] 빨대 straw
- [ ] 친환경 eco-friendly
- [ ] 재료 material
- [ ] 물건 item
- [ ] 썩다 to rot

- [ ] 체감하다 to actually feel
- [ ] 심각하다 to be severe
- [ ] 접근하다 to approach
- [ ] 줄이다 to reduce
- [ ] 가꾸다 to cultivate
- [ ] 보존하다 to preserve
- [ ] 타다 to ride
- [ ] 이용하다 to use
- [ ] 배출하다 to emit
- [ ] 움직이다 to move
- [ ] 생기다 to be formed
- [ ] 예방하다 to prevent
- [ ] 처리하다 to handle
- [ ] 재활용하다 to recycle
- [ ] 강하다 to be strong
- [ ] 틀다 to turn on
- [ ] 유지하다 to maintain
- [ ] 절약하다 to conserve
- [ ] 과하다 to be excessive
- [ ] 겹치다 to overlap
- [ ] 빼다 to take away
- [ ] 실천하다 to put into practice

6-9 영화 Movies

- [ ] 영화제 film festival
- [ ] 대상 top award
- [ ] 작품상 best picture award
- [ ] 작품성 quality of work
- [ ] 배우 actor
- [ ] 주제 theme
- [ ] 공감하다 to empathize with
- [ ] 문제 의식 critical awareness
- [ ] 제기하다 to raise
- [ ] 이끌어 내다 to bring about
- [ ] 감독 director
- [ ] 관객 audience
- [ ] 좁히다 to narrow
- [ ] 토론하다 to debate
- [ ] 화면 screen
- [ ] 배우 actor
- [ ] 조합하다 to combine
- [ ] 심리적 psychological
- [ ] 발전적 developmental

- [ ] 반지하 half-basement
- [ ] 빈부 격차 gap between the rich and poor
- [ ] 거주 환경 living environment
- [ ] 해소하다 to resolve
- [ ] 전달하다 to convey
- [ ] 시선 attention
- [ ] 참신하다 to be original
- [ ] 기존 existing
- [ ] 소외되다 to be excluded
- [ ] 낯설다 to be unfamiliar
- [ ] 세심하다 to be meticulous
- [ ] 연출 direction
- [ ] 배경 음악 background music
- [ ] 조명 lighting
- [ ] 고통 suffering
- [ ] 동정하다 to sympathize
- [ ] 고려하다 to take into consideration
- [ ] 현명하다 to be sensible

6-10 교육 Education

- ☐ 온라인 학습 online learning
  ↔ 오프라인 학습 offline class
- ☐ 정보 통신 information and communication
- ☐ 매체 medium
- ☐ 관심 interest
- ☐ 반복하다 to repeat
- ☐ 등교 to go to school
  ↔ 하교 to come home from school
- ☐ 성적 grades
- ☐ 향상 improvement
- ☐ 멈추다 to stop
- ☐ 녹화하다 to record video
- ☐ 복습하다 to review

- ☐ 비대면 indirect ↔ 대면 face-to-face
- ☐ 여건 conditions
- ☐ 형편이 어렵다 difficult circumstances
- ☐ 공간 space
- ☐ 노트북 laptop computer
- ☐ 태블릿 PC tablet PC
- ☐ PC방 internet cafe
- ☐ 의사소통 communication
- ☐ 교류하다 to exchange
- ☐ 한계 limit
- ☐ 뚜렷하다 to be distinct
- ☐ 효율적 effective

Part 3
실전 대비 모의고사
Mock test for preperation

1회   모의고사
Mock test 1

2회   모의고사
Mock test 2

3회   모의고사
Mock test 3

모의고사 1회
Mock test 1

01 질문을 듣고 대답하십시오. 20초 동안 준비하십시오.
'삐' 소리가 끝나면 30초 동안 말하십시오.

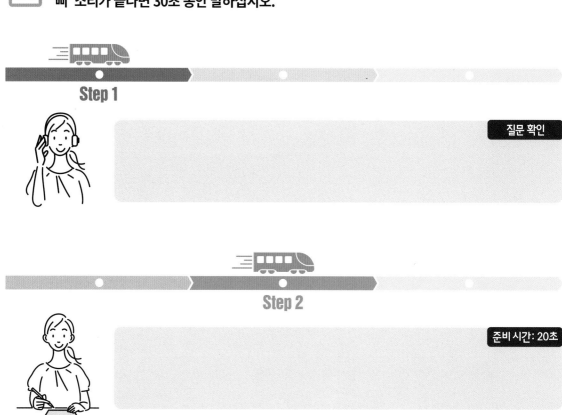

Step 1

질문 확인

Step 2

준비 시간: 20초

Step 3

답변 시간: 30초

02 그림을 보고 질문에 대답하십시오. 30초 동안 준비하십시오.
'삐' 소리가 끝나면 40초 동안 말하십시오.

Step 1

질문 확인

Step 2

준비 시간: 30초

Step 3

답변 시간: 30초

그림을 보고 순서대로 이야기하십시오. 40초 동안 준비하십시오.
'삐' 소리가 끝나면 60초 동안 말하십시오.

Step 1

질문 확인

Step 2

준비 시간: 40초

Step 3

답변 시간: 60초

대화를 듣고 이어서 말하십시오. 40초 동안 준비하십시오.
'삐' 소리가 끝나면 60초 동안 말하십시오.

Step 1

질문 확인

Step 2

준비 시간: 40초

Step 3

답변 시간: 60초

05 자료를 설명하고 의견을 제시하십시오. 70초 동안 준비하십시오.
'삐' 소리가 끝나면 80초 동안 말하십시오.

Step 1

질문 확인

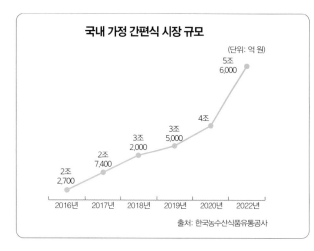

국내 가정 간편식 시장 규모

(단위: 억 원)

- 5조 6,000 (2022년)
- 4조 (2020년)
- 3조 5,000 (2019년)
- 3조 2,000 (2018년)
- 2조 7,400 (2017년)
- 2조 2,700 (2016년)

출처: 한국농수산식품유통공사

간편식 시장의 전제 조건

- 1인당 소득 수준 3만 달러
- 1인 가구 증가
- 편의점 발달 등

Step 2

준비 시간: 70초

Step 3

답변 시간: 80초

06

다음을 읽고 질문에 대답하십시오. 70초 동안 준비하십시오.
'삐' 소리가 끝나면 80초 동안 말하십시오.

Step 1

질문 확인

※ 소셜 미디어: 온라인상의 개방된 공간으로 자신의 생각과 의견, 경험, 관점 등을 서로 공유하기 위해
사용하는 사교적 매체이다.

Step 2

준비 시간: 70초

Step 3

답변 시간: 80초

126

모의고사 2회
Mock test 2

01 질문을 듣고 대답하십시오. 20초 동안 준비하십시오.
'삐' 소리가 끝나면 30초 동안 말하십시오.

Step 1

질문 확인

Step 2

준비 시간: 20초

Step 3

답변 시간: 30초

02

그림을 보고 질문에 대답하십시오. 30초 동안 준비하십시오.
'삐' 소리가 끝나면 40초 동안 말하십시오.

Step 1

질문 확인

Step 2

준비 시간: 30초

Step 3

답변 시간: 40초

03 그림을 보고 순서대로 이야기하십시오. 40초 동안 준비하십시오.
'삐' 소리가 끝나면 60초 동안 말하십시오.

Step 1

질문 확인

Step 2

준비 시간: 40초

Step 3

답변 시간: 60초

04 대화를 듣고 이어서 말하십시오. 40초 동안 준비하십시오.
'삐' 소리가 끝나면 60초 동안 말하십시오.

Step 1

질문 확인

Step 2

준비 시간: 40초

Step 3

답변 시간: 60초

05 자료를 설명하고 의견을 제시하십시오. 70초 동안 준비하십시오.
'삐' 소리가 끝나면 80초 동안 말하십시오.

Step 1

질문 확인

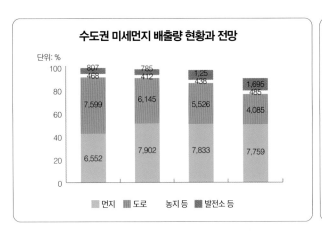

수도권 미세먼지 배출량 현황과 전망

단위: %

807	785	1.25	1,695
468	412	438	485
7,599	6,145	5,526	4,085
6,552	7,902	7,833	7,759

■ 먼지 ■ 도로 농지 등 ■ 발전소 등

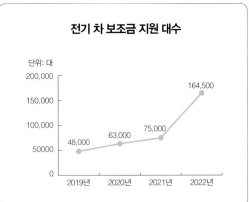

전기 차 보조금 지원 대수

단위: 대

48,000 63,000 75,000 164,500

2019년   2020년   2021년   2022년

Step 2

준비 시간: 70초

Step 3

준비 시간: 80초

답변 시간: 80초

06 다음을 읽고 질문에 대답하십시오. 70초 동안 준비하십시오.
'삐' 소리가 끝나면 80초 동안 말하십시오.

Step 1

질문 확인

※ 만족도 : 모자람이 없이 만족을 느끼는 정도

Step 2

준비 시간: 70초

Step 3

답변 시간: 80초

127

모의고사 3회
Mock test 3

 01 질문을 듣고 대답하십시오. 20초 동안 준비하십시오.
'삐' 소리가 끝나면 30초 동안 말하십시오.

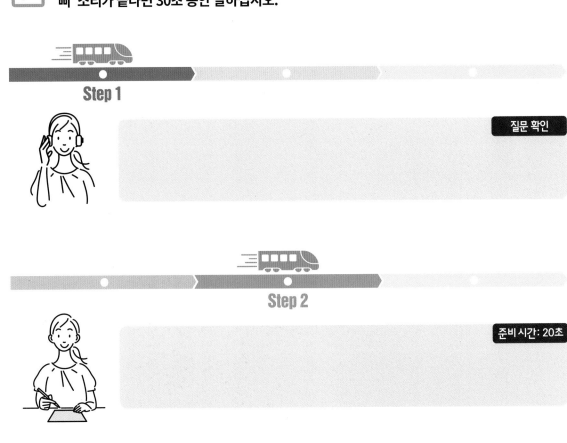

Step 1

질문 확인

Step 2

준비 시간: 20초

Step 3

답변 시간: 30초

02 그림을 보고 질문에 대답하십시오. 30초 동안 준비하십시오.
'삐' 소리가 끝나면 40초 동안 말하십시오.

Step 1

질문 확인

Step 2

준비 시간: 30초

Step 3

답변 시간: 40초

03 그림을 보고 순서대로 이야기하십시오. 40초 동안 준비하십시오.
'삐' 소리가 끝나면 60초 동안 말하십시오.

Step 1

질문 확인

Step 2

준비 시간: 40초

Step 3

답변 시간: 60초

대화를 듣고 이어서 말하십시오. 40초 동안 준비하십시오.
'삐' 소리가 끝나면 60초 동안 말하십시오.

Step 1

질문 확인

Step 2

준비 시간: 40초

Step 3

답변 시간: 60초

05 자료를 설명하고 의견을 제시하십시오. 70초 동안 준비하십시오.
'삐' 소리가 끝나면 80초 동안 말하십시오.

Step 1

질문 확인

전국 신입생 없는 초등학교

2022년	127곳
2023년	147곳

자료: 통계청

초·중·고 학생 수 전망

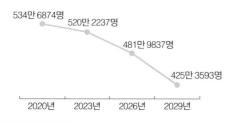

534만 6874명
520만 2237명
481만 9837명
425만 3593명

2020년 2023년 2026년 2029년

원인: · 저출산으로 학령인구 감소

· 분교 전환 및 폐교

전망: · 교육 인원 감소 → 지방 도시 소멸

· 지방 인구 감소와 수도권 집중으로
인한 지역 불균형 현상 심화

Step 2

준비 시간: 70초

Step 3

답변 시간: 80초

06 다음을 읽고 질문에 대답하십시오. 70초 동안 준비하십시오.
'삐' 소리가 끝나면 80초 동안 말하십시오.

Step 1

질문 확인

※ 기본 소득: 재산이 많거나 적거나, 일을 하거나 하지 않거나 상관없이 모든 사회 구성원에게 조건 없이 지급하는 소득

Step 2

준비 시간: 70초

Step 3

답변 시간: 80초

Appendix
부록

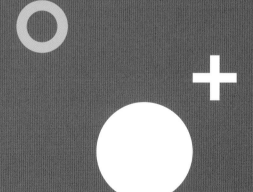

- 정답 및 해설
  Answers & Explanation

- 색인
  Index

128

Answers & Explanation
정답 및 해설

모의고사 1회
Mock test 1

본문 p.244

---

01 과제: 소개할 요리의 이름과 재료, 방법 정확히 말하기
Task: Introduce the name, ingredients and method of the dish

➕ **어휘** Vocabulary

Q 좋아하는 음식이 뭐예요? 좋아하는 음식의 요리법에 대해 이야기하세요.

소개할 요리의 이름을 말하기
→ Introducing the name of the dish.

[모범 답안]

저는 김치전을 좋아해요. 김치전 만들기는 아주 쉬워요.

먼저 김치를 잘게 썰어요. 집에 고추, 당근 같은 야채가 있으면 넣어도 좋아요.

거기에 밀가루를 넣어요. 그리고 물을 넣고 섞어요. 그다음에 프라이팬에 기름

을 넣고 부쳐요.

열거할 때 '-고'를 사용하기
→ Using -고 when enumerating

순서를 나타낼 때는 명확하게 담화 표지를 말하기
When indicating the order, clearly referring to the discourse markers

☐ 김치전 Gimchijeon

☐ 잘다 to be little, fine

☐ 썰다 to chop

☐ 고추 chili(pepper)

---

02 과제: 환불하고자 하는 물품, 환불 사유를 명확하게 말하기
Task: Clearly state the item you wish to refund and the reason for the refund

➕ **어휘** Vocabulary

Q 지난주에 치마를 샀습니다. 환불하고 싶은 이유를 이야기하세요.
남자: 서울 홈쇼핑입니다. 무엇을 도와드릴까요?

[모범 답안]

구입한 물품을 말하기
→ Referring to the purchased item

여자 : 제가 지난주에 방송을 보고 치마를 구입했어요. 방송에서는 검은색, 흰색,

빨간색으로 3개를 준다고 했는데 흰색 한 개와 검은색 한 개가 왔어요. 그중

흰색 치마에는 앞쪽에 얼룩도 있어요. 그리고 치마 길이도 방송에서는

무릎 정도였는데 제가 받은 것은 그것보다 좀 더 길어요.

그래서 환불하고 싶은데 가능할까요?   → ③ 불만족 Dissatisfaction

② 물품 불량 Defective item

환불 의사 밝히기
→ Expressing intention to get a refund

환불 사유 ① 개수 부족
Reason for refund ① Insufficient number

☐ 방송 broadcasting

☐ 구입하다 to purchase

☐ 얼룩 stain

☐ 길이 length

☐ 환불하다 to refund

☐ 가능하다 to be possible

03 과제: 전체 그림의 상황 파악하기 - 회의 시간에 늦게 도착한 이유 설명
Task: Get a picture of the whole picture - At meeting timeexplain why you arrived late

⊕ **어휘** Vocabulary

Q 영호 씨가 오늘 다른 곳에서 회의가 있습니다. 영호 씨에게 무슨 일이 있었는지 이야기하세요.

모범 답안

→ (1) 첫 번째 그림 상황 Situation in the first picture

오늘 오후 4시에 회사 일로 회의가 있어요. 회의 장소는 지하철을 타고 1시간쯤

걸리는 다른 회사예요. 그래서 회사에서 3시에 나가려고 했는데 일을 하다가

시간을 확인해 보니 3시 30분이었어요.   → (3) 세 번째 그림 상황 Situation in the third picture

너무 놀라서 급하게 챙겨서 나갔어요. 지하철역까지 빠르게 뛰어서 갔지만

지하철을 놓치고 말았어요. 그래서 다음 지하철을 타고 갔는데 회의 장소에 30분

늦게 도착했어요. 죄송하다고 이야기하면서 들어갔는데 회의 참석자들이 불쾌

한 표정으로 나를 보는 것 같아서 얼마나 미안했는지 몰라요.

→ (2) 두 번째 그림 상황 Situation in the second picture   → (4) 네 번째 그림 상황 Situation in the fourth picture

- □ 회의 conference, meeting
- □ 참석자 attendants
- □ 불쾌하다
  to be uncomfortable

04 과제: 상황에 대한 의견 말하기 - 도서관 장기 휴관
Task: Comment on the situation - Long term library closure

⊕ **어휘** Vocabulary

Q 두 사람은 도서관 휴관에 대해 이야기하고 있습니다. 여자의 마지막 말을 듣고 남자가 할 말로 제안 의견을 말하십시오.

여자: 오늘 공휴일도 아닌데 왜 도서관이 휴관이에요?

남자: 추석 연휴까지 일주일 동안 도서관 문을 닫을 거래요. 많은 사람들이 도서관을 이용하는데 너무 오래 휴관하는 것 같아요.

여자: 아, 추석 연휴 동안에는 도서관에 오는 사람이 거의 없다고 생각하는군요. 도서관에 매일 오는 사람들은 불편할 수 있겠어요. 어떻게 하는 게 좋을까요?

모범 답안

최근 추석 연휴의 경향
Trends of the recent Chuseok holiday

남자: 물론 추석 연휴가 시작되면 평소보다 도서관에 가는 사람들이 줄어들 거

예요. (하지만) 최근에는 추석 연휴 기간에 멀리 고향에 가기보다는 집에서

쉬는 사람도 많잖아요. 도서관을 일주일 동안 닫는 것보다 추석 당일과

앞뒤로 하루씩만 문을 닫는 것이 좋을 것 같아요. 연휴 동안 도서관을 이

용하려고 했던 사람들은 불편을 겪을 거예요. 그렇기 때문에 저는 연휴라

고 해서 오랫동안 도서관 문을 닫는 것은 도서관 이용자를 전혀 고려하지

않았다고 생각해요.

- □ 연휴 long weekend, holiday
- □ 당일 the day, the very day(of)
- □ 고려하다 to consider

└ 의견의 근거: 공공기관(도서관) 이용자들의 편의 고려
  Grounds for Opinion: Consideration of the convenience of users of public institutions(libraries)

└ 부정적/반대하는 입장을 분명하게 밝히기
  Clarifying your negative/oppositional position

05 과제: 자료(도표)를 설명하고 의견 제시하기
Task: Explain data (dliagrams) and give opinions

⊕ 어휘 Vocabulary

Q 뉴스를 듣고 제시된 사회 현상의 변화를 설명하십시오. 그리고 그 현상의 이유와 전망에 대해 말하십시오.

국내 가정 간편식 시장의 규모가 2016년부터 점차 증가하여 2022년에는 약 5조 원에 이를 전망입니다. 이런 변화가 나타난 이유는 무엇이며 앞으로 간편식 시장의 규모는 어떻게 변화할지 알아보았습니다.

모범 답안

도표 설명하기 Explaining diagrams

자료 출처 밝히기 Stating data sources / *과거와 현재의 상황 변화 Change in the past and present situation*

한국농수산식품유통공사에 따르면, 국내 가정 간편식 시장의 규모가 2016년 2조 2,700억 원에서 2020년에는 4조 원까지 늘어났습니다. 그리고 2022년에는 5조 6,000억 원까지 크게 상승했습니다.

변화가 나타나는 이유 Reasons for the change

이러한 시장 규모의 변화가 나타나는 이유는 한국에서 사회적으로 간편식 시장이 성장할 수 있는 여건이 형성되었기 때문이라고 할 수 있습니다. [1인당 소득 수준이 3만 달러를 돌파하고 1인 가구의 수가 증가하면서 직접 요리해 먹기보다는 간편하게 한 끼 식사를 해결할 수 있는 간편식의 인기가 높아졌습니다. 그리고 편의점의 발달로 간편식에 대한 접근성이 좋아지면서 자연스럽게 시장 규모의 증가로 이어졌습니다.]

부연 설명 Further explanation

앞으로도 식품 소비에서 편리함을 중시하는 소비자가 늘어날 것으로 예상되는 만큼 국내 간편식 시장은 꾸준히 성장할 것으로 전망됩니다.

앞으로의 전망 Future prospects

☐ 가정 domestic

☐ 간편식 convenience food

☐ 규모 scale, size

☐ 상승하다 to increase

☐ 사회적 social

☐ 성장하다 to grow

☐ 여건 conditions

☐ 형성되다 to be developed

☐ 1인당 소득 수준
    income level per capital

☐ 돌파하다 to break through

☐ 가구 household

☐ -끼 meal

☐ 접근성 accessibility

☐ 증가 increase

☐ 식품 food

☐ 소비 consumption

☐ 편리함 convenience

☐ 중시하다 to emphasize

☐ 꾸준히 thoroughly

과제: 두 개의 의견 중 하나를 선택해서 근거 말하기
Task: Choose one of two opinions and state your reasons

⊕ 어휘 Vocabulary

Q '트위터', '페이스북'과 같은 소셜 미디어는 사람들의 생각과 의견, 경험 등을 공유하기 위해 사용하는 온라인상의 공간입니다. 소셜 미디어는 접근이 자유롭고 쉬워서 일반적인 소통의 장으로 활용되고 있다는 장점도 있지만 문제점도 많다는 의견도 있습니다. 두 가지 의견 중에서 어느 것이 더 옳다고 생각하는지 구체적인 근거와 함께 자신의 의견을 뒷받침하십시오.

→ 근거 ①
Reason ①

→ 의견 선택하기 Choosing your opinion

모범 답안

근거 ②
Reason ②

저는 소셜 미디어는 문제점보다 장점이 더 많다고 생각합니다.

먼저 소셜 미디어는 친구를 사귈 때 도움이 됩니다. 또한 우리는 소셜 미디어를 통해 새로운 소식을 빠르게 얻을 수 있습니다. [요즘에는 뉴스나 기사에서 새로운 정보를 얻는 것보다 소셜 미디어에서 정보를 얻는 것이 더 빠릅니다. 많은 사람들이 새로운 뉴스나 정보가 나왔을 때 소셜 미디어를 통해 그 내용을 계속 전달하기 때문입니다.]

→ 부연 설명
Further explanation

부연 설명
Further explanation

그리고 소셜 미디어에서는 뉴스에서 보기 어려운 재미있는 소식과 정보를 쉽게 얻을 수 있습니다. [최근에는 맛있는 식당을 추천해 주는 인스타그램 계정이나 좋아하는 연예인의 소식을 알려 주는 유튜브 채널이 많은 인기를 얻고 있습니다. 이처럼 소셜 미디어에는 젊은 사람들이 관심을 갖는 내용이 많고 그것과 관련된 정보들을 계속 연결해 추천해 주기 때문에 정보를 얻을 때 효과적입니다.]

소셜 미디어의 이런 많은 장점을 효과적으로 잘 이용한다면 여러모로 도움이 될 수 있다고 생각합니다.

→ 자신의 의견 다시 강조하기
Reemphasizing your opinion

→ 근거 ③
Reason ③

☐ **댓글** comment

☐ **계정** account

☐ **소통하다** to communicate

☐ **소식** news

☐ **전달하다** to convey

☐ **채널** channel

☐ **효과적** effective

Answers &
Explanation

정답 및 해설

모의고사 2회
Mock test 2

129

본문 p.250

01 과제: 해 보고 싶은 활동과 그 이유 말하기
Task: Talk about an activity you want to try and why

➕ **어휘** Vocabulary

> Q 올해 꼭 하고 싶은 것이 있어요? 무엇을 해 보고 싶어요? 올해 하고 싶은 것에 대해 이야기하세요.

하고 싶은 활동 ①
Activity you want to try ①

저는 번지점프를 안 해 봤어요. 높은 곳이 무서워요. 그렇지만 한번 해 보고 싶어요. 그리고 배낭여행을 해 본 적이 없어요. 아직 돈이 없어요. 돈을 모아서 여름에 배낭여행을 해 보고 싶어요.

하고 싶은 활동 ②
Activity you want to try ②

☐ 번지점프
bungee jumping

☐ 배낭여행
backpacking trip

02 과제: 환전하고자 하는 이유, 환전 금액 명확히 말하기
Task: Clearly state your reason for exchanging currency and the amount you want to exchange

➕ **어휘** Vocabulary

> Q 환전을 하러 은행에 왔습니다. 직원에게 환전이 필요한 돈에 대해 이야기하세요.
>
> 남자: 안녕하세요. 무엇을 도와드릴까요?

모범 답안

목적을 명확히 말하기
Clearly stating your goal

환전을 하는 이유 말하기
Saying why you want to exchange currency

여자: 네, 저는 환전을 하고 싶어요. 다음 주에 일본으로 여행을 갈 거라서 한국 돈을 일본 돈으로 바꾸려고 해요. 여기 100만 원을 현금으로 뽑아 왔습니다. 이 돈을 엔화로 환전해 주세요. 감사합니다.

목적을 다시 한번 구체적으로 말하기
Saying your goal again in detail

☐ 환전 exchange

☐ 현금 cash

☐ 뽑다 to withdraw

☐ 엔화 yen

03

과제: 전체 그림의 상황 파악하기 - 시간에 따른 약속 장소의 변화 설명
Task: Grasp the situation in all of the pictures - Explain why the meeting location changed according to the time

➕ **어휘** Vocabulary

> Q 아인 씨가 오늘 영호 씨를 만납니다. 아인 씨에게 무슨 일이 있었는지 이야기하세요.

모범 답안 ┌─→ (1) 첫 번째 그림 상황 Situation in the first picture

일요일 오전 9시 30분에 아인 씨는 영호 씨에게 전화를 했어요. 오늘 오후 2시에 공원에서 만나기로 약속했어요. 그런데 1시에 비가 와서 영호 씨에게 다시 전화를 했어요. 아인 씨와 영호 씨는 3시 30분에 영화를 보기로 하고 3시에 영화관 앞에서 만나자고 했어요. 그리고 3시에 영화관에 갔는데 3시 30분 영화표가 모두 매진이어서 영화를 못 봤어요. 그래서 할 수 없이 아인 씨와 영호 씨는 그냥 커피숍에 가서 커피를 마시면서 이야기를 했어요.

□ **영화표** movie ticket

□ **매진** sold out

(4) 네 번째 그림 상황
Situation in the fourth picture

(3) 세 번째 그림 상황
Situation in the third picture

(2) 두 번째 그림 상황
Situation in the second picture

04

과제: 상대방에게 조언하기 - 일상생활에서의 운동 방법
Task: Give advice to the other person – how to exercise in daily life

➕ **어휘** Vocabulary

> Q 두 사람은 운동에 대해 이야기하고 있습니다. 여자의 마지막 말을 듣고 남자가 조언할 수 있는 말을 하십시오.
>
> 여자: 요즘 몸이 안 좋아진 것 같아요. 잠깐만 밖에 나갔다 와도 너무 힘들고 쉽게 몸이 피곤해져요.
> 남자: 음. 그럴 때는 운동을 시작해 보세요. 그러면 평소에 덜 피곤할 거예요.
> 여자: 그래요? 그런데 제가 운동을 잘 못해서요. 어떻게 하면 좋을까요?

모범 답안 ┌─→ 상대방에게 조언하기
Giving advice to the other person

남자: 운동을 잘 못해도 일단 시작하는 게 중요해요. 몸이 안 좋으면 공부도 하기 힘들잖아요. 그러니까 일상생활에서 할 수 있는 간단한 운동부터 시작해 보세요. 예를 들면 달리기나 자전거 타기처럼 어렵지 않은 운동이요. 야외에서 하는 운동이 싫으면 집에서 요가를 하는 것도 도움이 될 거예요. 이렇게 조금씩 운동을 하다 보면 점점 운동이 재미있어지고 건강도 좋아질 거예요

□ **간단하다** to be simple

□ **야외** outdoors

□ **요가** yoga

□ **고려하다** to consider

구체적인 방안 ①
Concrete plan ①

구체적인 방안 ②
Concrete plan ②

05

과제: 자료(도표)를 설명하고 의견 제시하기
Task: Explain data (diagrams) and give opinions

➕ **어휘** Vocabulary

Q 뉴스를 듣고 제시된 사회 현상의 변화를 설명하십시오. 그리고 그 현상의 이유와 전망에 대해 말하십시오.

최근 정부는 미세먼지를 줄이기 위해 여러 가지 방안을 내놓고 있습니다. 그 방안 중에 하나는 전기 차 보조금 지원 대수를 늘리는 것입니다. 이로 인해 전기 차 판매량이 얼마나 변화했는지 그리고 앞으로 전망은 어떠한지 알아보았습니다.

모범 답안

자료 출처 밝히기
Stating the source of the data

도표
설명하기
Explaining
diagrams

국토교통부 자료에 따르면 수도권 미세먼지 배출량이 2010년부터 2024년까지 계속적으로 증가할 것으로 전망하고 있습니다. 이중에서 도로 미세먼지는 2010년부터 최근까지 줄어들고 있는 것을 알 수 있습니다.

미세먼지 배출량의 변화
Change in the emission of fine dust

현상의 이유
Reason for phenomenon

이는 정부가 미세먼지 배출량의 비중이 높은 도로 미세먼지를 줄이기 위한 방안으로 전기 차 보조금의 지원 대수를 매년 늘리고 있기 때문입니다.

탄소 배출이 심해 공기 오염의 주범이 되던 기존의 경유차와 달리, 전기 차는 탄소의 배출이 없는 친환경 저공해 자동차입니다.

정부에서는 이러한 전기 차 이용을 적극적으로 권장하기 위해 보조금 지원 대수를 늘리고자 합니다. 향후 전기 차의 보급을 늘리기 위해서입니다.

이러한 정부의 정책에 따라 향후에도 전기 차의 국내 판매량이 계속 늘어날 것으로 전망됩니다.

전기 차의 장점
Advantages of electric cars

전기 차 판매량의 전망
Prospects for electric car sales

정부 정책의 이유
Reason for government policy

☐ 미세먼지 fine dust

☐ 배출량 emission

☐ 보조금 subsidy

☐ 탄소 배출 carbon emission

☐ 친환경 eco-friendly

☐ 저공해 low pollutant

☐ 적극적 active

☐ 권장하다 to encourage

☐ 보급 supply

☐ 경유 diesel

☐ 오염 pollution

☐ 주범 main culprit

☐ 질 quality

☐ 판매량 sales volume

06 과제: 두 개의 의견 중 하나를 선택해서 근거 말하기
Task: Choose one of two opinions and state your reasons

어휘 Vocabulary

Q 사람들은 저마다 경제 수준도 다르고 삶의 만족도 다릅니다. 여러분은 경제적 수준과 삶에 대한 만족도 사이에는 어떠한 관계가 있다고 생각하십니까? 구체적인 근거와 함께 자신의 의견을 뒷받침하십시오.

모범 답안

→ 의견 선택 Choosing your opinion
→ 근거 ① Reason ①

저는 경제적으로 여유로울수록 삶에 대한 만족도가 높을 것이라고 생각합니다.

그 이유는 우선 살아가는 데 기본적으로 필요한 의식주를 마련하려면 돈이 필요하기 때문입니다.

→ 부연 설명 Further explanation

[기본적인 생활에 필요한 돈이 충분하지 않다면 삶에 만족하기 쉽지 않습니다.]

물론 단순히 의식주가 해결된다고 삶의 만족도가 높아지는 것은 아닙니다. 그렇기 때문에 경제적으로 여유롭다면 원하는 취미 생활을 충분히 즐길 수 있으므로 삶에 대한 만족도가 높을 것입니다.

→ 근거 ② Reason ②

그리고 요즘은 돈으로 다양한 편의 서비스를 이용할 수 있는데 이런 서비스 역시 만족도를 높여 줍니다.

→ 근거 ③ Reason ③

예를 들어 [음식을 배달시킬 때 추가 금액을 지불하면 음식이 더 빨리 오는 서비스가 있습니다.]

→ 부연 설명 Further explanation

이렇게 경제적 여유는 일상 속 작은 부분에도 영향을 미치는 것을 확인할 수 있습니다. 그렇기 때문에 저는 경제적 여유가 클수록 삶에 대한 만족도도 높다고 생각합니다.

→ 자신의 의견 다시 강조하기 Reemphasizing your opinion again

☐ 의식주 basic needs

☐ 충분하다 to be sufficient

☐ 단순히 simply

☐ 취미 생활 hobbies

☐ 편의 서비스 convenience service

☐ 배달시키다 to order delivery

☐ 추가 금액 additional charge

☐ 지불하다 to pay

모의고사 3회
Mock test 3

---

01 과제: 싫은 사람과 그 이유 말하기
Task: Say who you want to resemble and why

➕ **어휘** Vocabulary

Q 닮고 싶은 사람이 있어요? 어떤 점을 닮고 싶어요? 닮고 싶은 사람에 대해 이야기하세요.

모범 답안

닮고 싶은 사람 이야기하기
Saying who you want to resemble

닮고 싶은 이유 ①
Reason you want to resemble them ①

제가 닮고 싶은 사람은 동아리 선배예요. 선배는 영화배우처럼 멋있고 인기가 많아요. 말도 재미있게 해서 만나면 항상 즐거워요. 그리고 머리도 좋아서 한국 사람처럼 한국말을 잘해요. 저도 그 선배처럼 한국말을 잘하고 싶어요.

닮고 싶은 이유 ②
Reason you want to resemble them ②

닮고 싶은 이유 ③
Reason you want to resemble them ③

☐ 동아리 club

☐ 선배 one's senior

☐ 영화배우 movie actor

☐ 멋있다 to be cool

☐ 인기가 많다 to be popular

☐ 즐겁다 to enjoy

---

02 과제: 현재 위치에 대해 설명하고 그 위치로 와 달라고 요청하기
Task: Explain your current location and ask the other person to come to that location

➕ **어휘** Vocabulary

Q 택시를 부르려고 합니다. 택시 기사님에게 여러분이 있는 곳을 이야기 하세요.
남자: 여보세요. 지금 서울역 앞에 도착했는데 어디 계시나요?

모범 답안

현재 위치 말하기
Stating your current location

위치를 자세히 설명하기
Explaining your location in detail

여자 : 기사님. 저는 지금 서울역 건너편에 있어요. 서울역 바로 건너편에 있는 '코리아 호텔' 아시죠? 저는 그 호텔 정문 앞에 서 있어요. 제가 지금 짐이 많아서 서울역까지 못 갈 것 같아요. 그래서 서울역 건너편으로 와 주시면 좋겠어요.

요청 내용
Request

상황 설명
Explaining the situation

☐ 건너편 opposite side

☐ 정문 main gate

☐ 짐 luggage

03 과제: 그림의 상황 파악하기 - 영화관에서 있었던 일 설명
Task: Get a picture of the whole picture - Explain what happened at the movie theater

➕ 어휘 Vocabulary

❓ 영호 씨가 여자 친구와 극장에서 영화를 보고 있습니다. 영호 씨에게 무슨 일이 있었는지 이야기하세요.

모범 답안

(1) 첫 번째 그림 상황
Situation in the first picture

(2) 두 번째 그림 상황
Situation in the second picture

영호 씨는 여자 친구와 영화를 보려고 영화관에서 만났어요. 영호 씨의 여자 친구는 팝콘과 콜라를 사서 먹으면서 영화를 재미있게 보고 있었어요. 그런데 옆에서 코 고는 소리가 들렸어요. 보니까 영호 씨가 코를 골면서 자고 있고, 주위 사람들이 시끄러워서 쳐다보고 있었어요. 여자 친구는 너무 부끄럽고 당황스러웠어요. 영화가 끝나자 사람들이 자고 있는 영호 씨를 보며 웃으면서 나갔어요. 여자 친구는 화가 많이 나서 영호 씨를 깨우지 않고 영화관을 나갔어요. 영호 씨는 영화관에서 계속 잠을 자고 있었어요.

(4) 네 번째 그림 상황
Situation in the fourth picture

(3) 세 번째 그림 상황
Situation in the trd picture

☐ 팝콘 popcorn

☐ 콜라 cola

☐ 코를 골다 to snore

☐ 당황스럽다 to be flustered

04 과제: 상대방에게 부탁하기 - 휴대폰 수리 일정 관련 요구
Task: Ask the other person a favor - Request related to the cell phone repair schedule

➕ 어휘 Vocabulary

❓ 두 사람은 휴대폰 수리에 대해 이야기하고 있습니다. 여자의 마지막 말을 듣고 남자가 할 말로 부탁 의견을 말하십시오.

여자: 안녕하세요. 어떻게 오셨나요?

남자: 오늘 아침부터 갑자기 휴대폰이 안 켜져요. 제 생각에는 휴대폰이 고장 난 것 같은데 확인해 주실 수 있나요?

여자: 네, 그럼요. 지금 접수된 휴대폰이 많아서 수리가 다음 주에 완료될 것 같은데 괜찮으세요?

모범 답안

부탁 ①
Favor ①

부탁 ①의 이유
Reason for asking the favor ①

남자: 죄송하지만 수리를 이번 주 안에 해 주실 수 있어요? 제가 이번 주에 휴대폰으로 해야 하는 일이 많아서 휴대폰이 꼭 필요해요. 중요한 연락도 해야 하고 메일도 확인하고 주말에는 관광지에 가서 사진도 찍어야 해요. 그리고 제 휴대폰에 중요한 메시지와 사진이 많이 있는데 수리를 하면서 삭제되지 않게 해 주세요.

부탁 ②
Favor ②

수리 일정을 확인해 보시고 주말까지 휴대폰 수리가 완료될 수 있는지 알려 주세요.

요청 내용
Request

☐ 수리 repair

☐ 메일 email

☐ 관광지 tourist attraction

☐ 삭제되다 to be erased

☐ 일정 schedule

☐ 완료되다 to be completed

➕ **어휘** Vocabulary

Q 뉴스를 듣고 제시된 사회 현상의 변화를 설명하십시오. 그리고 그 현상의 이유에 대해 말하십시오.

올해 전국에 입학생이 없는 초등학교가 147곳에 이른다고 합니다. 지난해보다 20여 곳 늘어난 수치입니다. 이런 변화가 나타난 원인은 무엇이며 앞으로 신입생 수의 추이는 어떻게 변화할지 알아보았습니다.

모범 답안

자료 출처 밝히기
Stating the source of the data

도표 설명하기
Explaining diagrams

통계청 자료에 따르면, 전국에서 신입생이 없는 초등학교가 2022년 127곳에서 2023년 147곳으로 20곳이 늘어났습니다. 초중고 학생 수 추이도 2020년 534만 명에서 2029년에는 425만 명으로 약 100만 명 정도 줄어들 것으로 예상됩니다.

과거와 현재의 상황 변화
Change in circumstances from the past to the present

이와 같은 현상이 나타나는 이유에는 저출산으로 인한 학령인구 감소가 있습니다. 아이들이 태어나지 않게 되면서 신입생이 없는 초등학교를 분교로 전환하거나 학생 수가 더 이상 늘어나지 않는 학교는 폐교되는 경우도 발생하고 있습니다.

사회에 미치는 영향
Impact on Society

그러한 상황 변화가 나타나는 이유
Reason for the change in such circumstances

하지만 이러한 현상이 지속된다면 학교 등 교육 시설이나 교사 등 교육 인원 또한 감소하고 이는 특히 지방 도시가 발전하는 데에 악영향을 미칠 수 있습니다. 이렇게 지방 인구가 점점 감소하면 사람들은 수도권으로 몰릴 것이고 이것은 지역 불균형 현상을 심화시킬 수 있습니다.

앞으로의 전망 ②
Future prospects ②

앞으로의 전망 ①
Future prospects ①

- [ ] 신입생 freshman
- [ ] 저출산 low birth rate
- [ ] 학령인구 school-age population
- [ ] 감소하다 to decrease
- [ ] 분교 branch school
- [ ] 전환하다 to change
- [ ] 폐교되다 to close down
- [ ] 농어촌 agricultural village
- [ ] 도심 city center
- [ ] 확산되다 to be dispersed
- [ ] 인원 number of people
- [ ] 지방 countryside
- [ ] 악영향 negative impact
- [ ] 인구 population
- [ ] 수도권 metropolitan area
- [ ] 불균형 imbalance

과제: 주제에 대한 두 가지 의견과 그 근거 말하기
Task: State two opinions on a topic and their basis

➕ **어휘** Vocabulary

Q 기본 소득이란 모든 국민에게 동일한 최소 생활비를 지급하는 제도입니다. 기본 소득이 사회에 어떤 영향을 끼칠 것으로 예상합니까? 기본 소득 지급의 효과 두 가지와 그 근거를 말하십시오.

모범 답안

국민 소득 제도의 영향
Impact of national income system

근거 ①
Reason ①

기본 소득을 지급하는 것은 국민의 삶의 질을 높이는 데에 기여할 수 있습니다. 우선, 국가가 기본 소득을 지급하면 국민들은 근무 시간을 줄이고 여가 시간을 더 보낼 수 있을 것입니다. [대부분의 사람들은 먹고 살기 위해, 즉 생존을 위해 많은 시간을 일을 하는 데에 투자하고 있습니다. 그런데 국가에서 기본 소득을 지급한다면 일을 하는 시간을 조금 줄이고 대신에 그 시간에 여가 활동이나 자기 계발을 할 수 있을 것입니다.]

근거 ②
Reason ②

그리고 기본 소득은 빈곤과 같은 사회적 문제를 해결할 수 있습니다. 우리 삶에는 기본적으로 돈이 필요한 곳이 정말 많습니다. 하지만 식비, 병원비 등 최소한의 생계 유지비조차 없는 사람들은 인간다운 삶을 살아가기가 매우 어려울 것입니다. 기본 소득 제도는 이런 사람들에게 도움이 될 수 있으며 빈곤과 같은 사회적 문제를 해결하고 전반적으로 국민의 삶의 질을 향상시키는 데에 기여할 수 있습니다.]

부연 설명
Further explanation

따라서 저는 국가에서 기본 소득을 지급하는 것이 국민의 삶의 질 향상에 도움이 될 수 있다고 생각합니다.

자신의 의견 다시 강조하기
Reemphasizing your opinion again

부연 설명
Further explanation

□ 소득 income

□ 질 quality

□ 기여하다 to contribute

□ 지급하다 to pay

□ 근무 work

□ 여가 free time

□ 생존 survival

□ 투자하다 to invest

□ 자기 계발
 personal development

□ 빈곤 poverty

□ 해결하다 to solve

□ 최소한 minimum

□ 식비 food expenses

□ 병원비 hospital expenses

□ 생계 유지비 cost of living

□ 제도 system

□ 전반적 overall

□ 향상시키다 to improve

색 인 Index

ㄱ

가구 household	202
가깝다 to be nearby	106
가꾸다 to cultivate	239
가능하다 to be possible	238
가볍다 to be light	106
가수 singer	68, 237
가을 autumn	67, 174
가치 value	234
간식 snack	175
간접 indirect	235
간접적 indirect	203
간호사 nurse	104
감기 a cold	104
감독 director	240
감소하다 to decrease	201
감수하다 to endure	204
감염 infection	201
감정 emotion	177
갑자기 suddenly	139
강아지 puppy	106
강하다 to be strong	239
갖고 오다 to bring	141
같이 together	106
개 piece, unit	105
개발하다 to develop	177
개봉 release	204
개찰구 ticket gate	102
거기 there	102
거주 환경 living environment	240
걱정 worry	236
걱정이 되다 to be worried	140
건너가다 to cross	103
건너다 to cross	105
건너편 opposite side	78
건널목 crossing	102
건드리다 to provoke	235
걸리다 to catch (a disease)	234
걸리다 to take (time)	69, 177
걸어서 by foot	69
검색하다 to search	237
검증되다 to be verified	237
것 thing	106
게임을 하다 to do video games	66
겨울 winter	67
겨울 방학 winter school vacation	70
겪다 to go through (something)	235
견디다 to endure	235
결과물 output	237
결정하다 to decide	174
결혼식 wedding ceremony	176
결혼식장 wedding venue	176
겹치다 to overlap	239

경기 match 140

경기 economy 204

경기를 보다 to watch a game/match 139

경기를 이기다 to win a game 139

경기를 지다 to lose a game 139

경기장 stadium, arena 139

경시하다 to make light of something 235

경쟁력 competitiveness 204

경향 tendency, trend 203, 204

경험하다 to experience 234

-계 world, field 203

계단 stairs 102, 142

계속 continuously 139

계획하다 to plan 70

고개를 숙이다 to lower one's head 141

고려하다 to consider 174, 203, 240

고맙다 to be grateful/thankful 140, 141

고민 concern 174

고민하다 to agonize, to worry 139, 235

고속버스 express bus 103

고양이 cat 106

고치다 to fix 238

고통 pain, suffering 234, 240

곰곰이 thoroughly 174

곳 place 70, 141

공 ball 140

공간 space 236, 241

공감하다 to empathize with 240

공부를 잘하다 to study well 67

공연 performance 138, 202

공연(을) 보다 to see a performance 66, 70

공연장 performance hall 105

과도하다 to be excessive 237

과자를 싫어하다 to hate snacks 67

과자를 좋아하다 to like snacks 67

과제 task 203

과하다 to be excessive 239

과학 science 177

관객 spectator, audience 202, 240

관람(하다) to watch 139, 140, 236

관람객 spectator 173

관련 relation, connection 138, 235

관련하다 to be related 174

관리 management 233

관심 interest 241

광고 advertisement 138

괜찮다 to be okay 177

교류 exchange 201

교류하다 to exchange 241

교사 teacher 66

교실 classroom 141, 174

교체 substitution 140

교통카드 transportation card 102

교환 이유 reason for exchanging 107

교환(하다) to exchange (an item)   107

구경하다 to look around, to go sightseeing, to watch   70, 140

구름 cloud   67

구매하다 to purchase   106, 175

구분되다 to be divided   237

구성원 organization member   233

구입하다 to purchase   105, 106

구조 structure   238

국내선 domestic   201

국적 nationality   66

국제선 international   201

권리 right   234, 237

규칙 rule   173

그냥 just, as it is   104

그래도 even so   141

그래서 so, therefore   69, 139

그러다 to do so   201

그런데 but   107, 139

그리고 and, also   66, 105

그림을 그리다 to draw   66, 67

극복하다 to overcome   204

근처 nearby   102

글 writing   236

금방 immediately   173

금요일 Friday   142

금지석 forbidden seat   141

금지하다 to prohibit   234

급격하다 to be drastic   202

급속하다 to be rapid   202

급하다 to be in a hurry, urgent   139, 142, 176, 177

급히 urgently   138

긍정적 positive   201

기기 equipment   177

기능 function   68, 106, 237

기다리다 to wait   141

기대하다 to anticipate   233

기쁘다 to be happy   139

기사 article   236

기사님 driver   102

기숙사 dormitory   69

기술 technology   177

기억(이) 나다 to remember   141

기존 existing   240

기준 standard   174

기차를 타다 to take the train   140

기차표 train ticket   140

기침(하다) to cough   104

기타를 치다 to play guitar   66

기후 위기 climate crisis   204

긴장 tension   175

긴장되다 to be nervous   141

긴장하다 to be nervous   175

길 road   102, 103

길다 to be long   107

길이 length   107

길이 막히다 to be stuck in traffic   140

김 dried seaweed   105

깜빡 졸다 to nod off   138

깨끗이 cleanly   239

깨끗하다 to be clean   69

깨다 to wake up 138

깨우다 to wake up 138

꼭 undoubtedly 70

꼼꼼히 thoroughly 236

꼽다 to count 203

끄다 to turn off 142

끝나다 to finish 138, 174

끼치다 to influence 235

나눠주다 to hand out 139

나머지 remaining 142

나오다 to come out 105, 139, 142

나이 age 66

나중 later 235

나중에 later 68

낚시를 하다 to go fishing 66

난관에 부딪히다 to hit a wall 233

난방 heating 239

남자 man 104

낯설다 to be unfamiliar 240

내내 throughout 68

내다 to pay 173

내려가다 to get off 102

내려오다 to down 142

내복 long underwear 239

내부 internal 233

네비게이션 GPS 105

내일 tomorrow 139

냉방 air conditioning 239

냉방병 illness from overexposure to air conditioning 239

너무 very 139

넘다 to surpass 142

넣다 to put, to insert 106

노란색 yellow 107

노래 song 68

노래를 부르다 to sing a song 67

노래를 잘하다 to sing well 67

노래를 하다 to sing 66

노력 effort 203

노력하다 to make an effort 68

노트북 laptop computer 106, 241

녹화하다 to record video 241

논란 controversy 203

놀라다 to be surprised 140

농구 basketball 140

농구를 하다 to play basketball 66

눈이 내리다 snow falls 67

눈이 오다 snow falls 67

눕다 to lie down 177

늘다 to increase 176

늘어나다 to increase 201

능동적 active 235

늦게 late 140

늦다 to be late 142

늦잠 oversleep 177

ㄷ

다니다 to go (around)	106
다듬다 to trim	238
다르다 to be different	236
다시 again	103, 104
다시 한번 once again	173
다양하다 to be various	237
다음 next	140, 141
다자녀 family with multiple children	202
다행히 thankfully	138, 142
단무지 pickled radish	105
단순하다 to be simple	235
단어 word	236
단점 disadvantage	201
달라지다 to become different	176
당근 carrot	105
당황하다 to be flustered	142
대가 cost	237
대규모 large scale	203
대다 to put, to apply	140
대답하다 to answer	236
대면 face-to-face	241
대비책 preparation	238
대상 top award	240
대신 instead	201
대신에 instead of	174
대신하다 to replace	177
대응 response	237
대중교통 public transportation	238

대책 countermeasure	202
대체하다 to substitute	177
대폭 drastically	201
대학 입학 entering university	174
덥다 to be hot	67
도구 tool	177
도와주다 to help	67
도움되다 to be helpful	175
도입하다 to introduce	237
도장 seal, stamp	103
도착(하다) to arrive	138, 140, 175
도착지 point of arrival	138
도착하다 to arrive	140, 175
독서를 하다 to do reading	66
독특하다 to be distinctive	176
돈 money	175
돌다 to turn	105
돌아가다 to go back	102, 139
동생 younger sibling	141
동안 during	70
동의하다 to agree	236
동정하다 to sympathize	240
동행인 companion	202
되다 to become	141
뒤 behind	102, 139
뒷문 back door	141
드디어 finally	138, 142
드라마 TV show	68
드러내다 to reveal	234
드리다 to give	175

드물다 to be unusual 203

들다 to carry, to hold 106, 140

들어 있다 to contain 104, 141

들어가다 to enter 102, 140

들어오다 to come back 177

등교 to go to school 241

등산을 가다 to go hiking 66

등산을 하다 to go hiking 66

따뜻하다 to be warm 67

때 time 104

떠나다 to leave 140

또 again 177

똑똑하다 to be smart 67

뚜렷하다 to be distinct 241

뛰다 to run 140

뛰어난 안목 a discerning eye 233

뜻 meaning 236

ㄹ

로고 logo 104

로봇 robot 177

룸메이트 roommate 173

-률 rate 201

리부트 reboot 204

ㅁ

마련하다 to prepare, to arrange 202, 204

마리 animal (counter) 106

마사지 massage 141

마스크 mask 201

마음에 들다 to be to one's liking 107

마지막 last, final 138, 141

마침내 finally 138

마크 mark, logo 104

막상 in the event 173

만나다 to meet 140

만나서 반갑습니다 It's a pleasure to meet you 66

만들다 to make 103, 105

만지다 to touch 173

맑다 to be clear 67

맛있다 to be delicious 141

망가지다 to be ruined 177

망치다 to mess up 175

맞다 to be correct 176

맞은편 opposite side 102, 103

매시간 hourly 236

매체 medium 241

머리 head 104

먹다 to eat 69

먹이 food 235

먼저 first 173

멀다 to be far 69, 106

멀리 from far away 173

멀티미디어 multimedia 236

멈추다 to stop 241

멋지다 to be cool, great 68

멸종 위기 endangered 235

멸종하다 to become extinct 236

(숫자)명 (number of) people 67

몇몇 some 234

모니터 monitor 139

모두 all 105

모르게 unconsciously 141

모르다 to not know 174

모범상 exemplary award 233

모습 appearance 141

목 neck/throat 104

목요일 Thursday 142

몸 body 104

몸이 안 좋다 to be physically unwell 176

못하다 to be unable (to do something) 140, 173

무겁다 to be heavy 106

무용 dance 202

무응답 no response 203

무조건 unconditionally 142, 176

문을 열다 to open a door 142

문을 잠그다 to lock the door 201

문제 의식 critical awareness 240

문화재 cultural asset 173

물건 item 239

물론 of course 235

물을 마시다 to drink water 67

물의 public criticism 237

뮤지컬 musical 202

미리 in advance 175, 177

미세 먼지 fine dust 238

미술 대회 art competition 203

미안하다 to be sorry 139, 140

밑 bottom 104

바꾸다 to change 107, 140

바둑을 두다 to play baduk (go) 66

바람이 불다 the wind blows 67

바로 straight 102, 138

바쁘다 to be busy 142

바이올린을 켜다 to play violin 66

박물관 museum 173

박스오피스 box office 204

밖 outside 104

밖에 outside of 202

반대 oppose 203

반대자 against 203

반드시 without fail 176

반려동물 companion animal 106

반바지 shorts 68

반복하다 to repeat 202, 241

반응을 예측하다 to predict a reaction 233

반장 class president 234

반지하 half-basement 240

받다 to receive 141

발견하다 to discover 173

발생 occurrence 204, 238

발생시키다 to generate 204

발전 development 203

발전적 developmental 240

발표(하다) to give a presentation 68, 141

밝은색 bright color 107

밤 night 142

방 room	69	
방법 method	173, 239	
방식 method	176	
방영하다 to broadcast	204	
방향 direction	105	
배₁ stomach	104	
배₂ X times (more/less)	202	
배경 음악 background music	240	
배기가스 exhaust fumes	239	
배드민턴을 치다 to play badminton	66	
배식 to distribute food	141	
배우 actor	68, 240	
배출량 output	238	
배출하다 to emit	239	
백화점 department store	70	
버스 bus	69	
버스 기사 bus driver	138	
버스를 타다 to get on the bus	103, 138	
버스에서 내리다 to get off the bus	138	
번 number	102	
번식하다 to breed	236	
번째 (N)th	103	
벌금 penalty fee	173	
범죄 crime	237	
벗어나다 to get out (of)	236	
벨을 누르다 to press the bell	138	
보급 supply	204	
보여 주다 to show	138	
보이다 to be seen	105	
보존하다 to preserve	239	

보증금 deposit	106	
보호 protection	238	
보호하다 to protect, to safeguard	173, 177, 236	
복습하다 to review	241	
복원 restoration	235	
복원하다 to restore	236	
본능 instinct	235	
본인 oneself	234	
볼링을 치다 to play bowling	66	
봄 spring	67	
부끄러워하다 to be embarrassed	139	
부담 burden	175	
부르다 to call	175	
부모님 parents	70	
부분 part	173	
부장 department head	176	
부정적 negative	201, 238	
부정행위 cheating	238	
부지런하다 to be diligent	67	
분류 classification	236	
분리 배출 separate waste	238	
분실물 보관소 lost and found storage	104	
분실하다 to lose (an item)	104	
분야별 field, sector	203	
분위기 atmosphere	175	
분해 decompose	238	
불가능하다 to be impossible	234	
불고기 bulgogi	70	
불만 complaint	107	
불법 illegal	234	

불안하다 to be uneasy 138

불치병 incurable illness 235

불쾌하다 to be unpleasant 237

불편하다 to be uncomfortable 68

불필요하다 to be unnecessary 236

불합리하다 to be unreasonable 237

불황 recession 204

붓다 to swell 140

비가 내리다 rain falls 67

비가 오다 rain falls 67

비대면 indirect 241

비를 맞다 to get rained on 104

비밀번호 password 103

비밀번호를 입력하다 to enter a password 103

비빔밥 bibimbap 70

비슷하다 to be similar 175, 203

비싸다 to be expensive 68

비옷 rain poncho 139

비용 cost 176

비율 rate, proportion 202, 203

비중 ratio 202, 203

비판적 critical 238

비행 plane 201

빈도 frequency 238

빈부 격차 wealth gap 240

빠르다 to be fast 142

빠지다 to be dropped 203

빨대 straw 239

빨리 quickly 236

빼다 to take away 239

ㅅ

사거리 four-way intersection 102

사고 accident 177

사고력 thinking skills 238

사고하다 to ponder 238

사과하다 to apologize 173

사귀다 to date, to get along 67

사냥하다 to hunt 235

사다 to buy 104, 105, 106, 138

사랑하다 to love 176

사례 case, instance 238

사명감 sense of duty 233

사무실 office 142

사실 fact 236

사육사 zookeeper 235

사육하다 to raise 236

사이즈 size 107

사이트 site 237

사인(하다) to sign 103

사전 dictionary 236

사진 금지 photography prohibited 138

사진을 찍다 to take a picture 66, 70

살 years 66

살다 to live 106

살인 murder 235

삶 life 238

상담하다 to counsel 174

상대편 opponent 140

상사 one's superior/boss 233

상승세 upward trend	202	
상승하다 to rise	201	
상위 high rank	204	
상인 merchant	105	
상품 merchandise	138	
상황 situation	175, 176	
새로 new	104	
새롭다 to be new	177	
새벽 dawn	177	
색 color	107	
색상 color	107	
생기다 to be formed	239	
생명 life	177	
생산 production	202	
생일 birthday	70	
샤워하다 to shower	69	
서다 to stand	140, 142	
서식지 habitat	235	
석유 petroleum	203	
석탄 coal	203	
선거권 the right to vote	233	
선물 gift	107	
선물(받다) to receive a gift	70	
선물(을) 사다 to buy a gift	70	
선별하다 to select	174	
선생님 teacher	66	
선수 athlete	140	
선택 choice	234	
선택권 right to choose	237	
선택하다 to choose	174, 237	

설비 facility	203	
성격 personality	67	
성공 success	175	
성인 adult	234	
성적 grades	241	
성취감 sense of accomplishment	233	
성취감이 떨어지다 to lack of achievement	233	
성패가 결정되다 to determine success or failure	233	
성패가 좌우되다 to determine success or failure	233	
세게 strongly	141	
세면대 sink	104	
세심하다 to be meticulous	240	
소극적 passive	234	
소득 income	202	
소매 sleeve	107	
소비자 consumer	237	
소외되다 to be excluded	240	
소용이 없다 to have no use	233	
소중하다 to be precious	235	
소풍 day trip, outing	70	
속도 speed	236	
속상하다 to be upset	175	
속편 sequel	204	
손을 씻다 to wash one's hands	104	
솔선수범 leading by example	233	
수고 trouble	236	
수비 defense	140	
수업 class	174	
수업을 듣다 to attend class	141	
수요일 Wednesday	142	

수용하다 to accommodate — 238

수익을 내다 to make a profit — 204

수준 standard — 238

수질 오염 water pollution — 238

-순(순서) order — 202

순간을 만나다 to meet the moment — 233

순서 order — 141

순위 ranking — 204

숨 breath — 175

쉬다 to rest — 175

스타일 style — 107

스트레스 stress — 142, 235

승강장 boarding platform — 140

승객 passenger — 239

승낙하다 to approve — 176

승차권 ticket — 102

시간 time — 140

시계 clock/watch — 142

시급하다 to be urgent — 202

시기 time — 204

시대 era — 238

시선 one's gaze, attention — 202, 240

시원하다 to be cool — 67

시작하다 to start — 139, 173

시합 game — 140

식사 meal — 142

식사하다 to eat — 69

식품 food — 105

신나다 to be excited — 138

신발 shoe(s) — 68, 107, 140

신분증 identification card — 103

신분증을 받다 to receive ID card — 103

신분증을 보여 주다 to show ID card — 103

신속하다 to be swift — 233

신재생 에너지 new renewable energy — 203

신청 application, request — 176

신청(하다) to apply — 103

신청서 application form — 103

신청서를 쓰다 to write an application form — 103

신청서를 작성하다 to fill out an application form — 103

신호등 traffic light — 103

실력 skill — 203, 238

실제 reality — 175, 202

실천하다 to put into practice — 239

실패 failure — 175

심각하다 to be severe — 239

심리적 psychological — 240

심호흡 deep breath — 175

싸다 to be cheap — 68

싸우다 to fight — 173

쌓이다 to accumulate — 142

썩다 to rot — 239

쏟아지다 to pour — 237

쓰다 to use — 106

쓰레기 garbage — 238

씻다 to wash — 69, 177

ㅇ

아니다 to not be — 70

아래 below	104	
아르바이트 part-time job	174	
아름답다 to be beautiful	67	
아무 any	68	
아무것도 anything	175	
아쉽다 to be a shame	175	
아주 very	67	
아침 breakfast	69	
아파트 apartment	106	
악영향 negative influence	235	
악용하다 to misuse	234, 235	
안 inside	104	
안락사 euthanasia	234	
안전하다 to be safe	69	
안정적 stable	204	
알람 소리 alarm	177	
알려 주다 to be known	173	
앞 in front of	102, 139	
앨범 album	68	
야근(하다) to work overtime	142, 177	
야생 the wild	235	
약속하다 to promise	140	
양적 quantitative	202	
어기다 to violate	233	
어떤 which	139, 174	
어렵다 to be difficult	173	
어울리다 to suit (someone) well	68	
어제 yesterday	70	
얼굴을 맞다 to get hit in the face	140	
얼음 ice	141	

업무 work, duty	176	
없다 to not be	233	
에 다니다 to attend, to work for	66	
에 달하다 to amount to (something)	202	
에 두다 to leave something at/in	104	
에 미치다 to reach	236	
에 살다 to live in	66	
에 처하다 to punish	236	
에서 내리다 to get off at	102, 103	
에서 오다 to come from	66	
에스컬레이터 escalator	102	
에어컨 air conditioner	239	
엘리베이터 elevator	102, 142	
여건 conditions	241	
여권 passport	103	
여권을 받다 to receive passport	103	
여권을 보여 주다 to show passport	103	
여기 here	102	
여기다 to regard	234	
여러 가지 several	238	
여름 summer	67	
여름 방학 summer school vacation	70	
여보세요. Hello?	177	
여부 whether or not	203	
여자 woman	104	
여행 travel, trip	140	
여행하다 to travel	70	
역 train station	69	
역무원 station employee	102	
역에 내리다 to get off at the station	102	

연극 play	138, 202	
연령 age	202	
연습하다 to practice	175	
연차 annual leave	176	
연출 direction	240	
열심히 diligently, enthusiastically	68, 139	
열이 나다 to have a fever	104	
영상 video	236	
영수증 receipt	107	
영향 impact	201, 236	
영향을 미치다 to have an influence/impact	203	
영화 movie	65	
영화관 movie theater	139	
영화를 보다 to see a movie	70	
영화제 film festival	240	
옆 next to	104	
예금(하다) to deposit	103	
예매 reservation	202	
예매하다 to make a reservation	139	
예방하다 to prevent	239	
예상하다 to predict	181	
예전 in the past	173	
예측하다 to predict	201	
오늘 today	139	
오다 to come	107	
오른쪽 right	102	
오염 pollution	238	
오이 cucumber	105	
오전 morning	69	
오페라 opera	202	

오프라인 학습 offline class	241	
오피스텔 officetel	69	
오후 afternoon	69, 139	
온도 temperature	239	
온라인 학습 online learning	241	
올라가다 to go up	102, 142	
올바로 morally	209	
옳다 to be proper	173	
옷깃 collar	107	
와/과 함께 together with (someone)	70	
와이파이 wifi	138	
완전하다 to be complete	177	
완화하다 to relax	175	
왜 why	173	
왜곡되다 to be distorted	234	
외국인 등록증 foreigner registration card	103	
외국인 등록증을 받다 to receive foreigner registration card	103	
외국인 등록증을 보여 주다 to show foreigner registration card	103	
외부 external	233	
왼쪽 left	102	
요구 demand	234	
요리 수업 cooking class	174	
요리를 잘하다 to cook well	67	
우려되다 to be concerned	202	
우유를 마시다 to drink milk	67	
우회전 right turn	102	
운 좋게 luckily	141	
운동선수 athlete	68	
운동화 tennis shoes	107	
움직이다 to move	140, 239	

원래 originally	235	
원룸 studio apartment	106	
원인 cause	234	
원작 original work	204	
원피스 dress	68	
원하다 to want	237	
월세 monthly rent	106	
월요일 Monday	142	
위 above	104	
위장하다 to conceal	234, 235	
위험 danger	204	
위험성 riskiness	234	
유감이다 to be a pity	176	
유명인 celebrity	237	
유지 maintain	204	
유지되다 to be maintained	201	
유지하다 to maintain	239	
유해 물질 toxic substance	238	
유행 trend	176	
을/를 끼치다 to cause, to influence	236	
음성 audio	236	
음원 sound source	237	
응원(하다) to cheer	139	
의견 opinion	234	
의견을 내다 to state one's opinion	234	
의무화 mandatory	201	
의미 meaning	236	
의사 doctor	104	
의사소통 communication	241	
의식하다 to be aware of	202	

이/가 아프다 to hurt, to feel sick	104	
이끌어 내다 to bring about	240	
이런 such, like this	142	
이르다 to be early	234	
이름 name	66, 102	
이름을 쓰다 to write name	103	
이름을 작성하다 to fill out name	103	
이미 already	140, 233	
이번 주 this week	142	
이상 more than	202	
이용객 passenger	201	
이용자 user	237	
이용하다 to use	239	
이전 before	201	
이하 less than	202	
이후 after	201	
익숙해지다 to become familiar	175	
인간 human	177, 234	
인공 지능 artificial intelligence	203, 238	
인공적 artificial	234	
인기가 많다 to be popular	68	
인쇄 print	236	
인정 recognition	203	
인정하다 to recognize, to acknowledge	203	
인종 차별 racial discrimination	238	
인출(하다) to withdraw	103	
인터넷 internet	236	
인터넷 뱅킹 online banking	103	
인터넷 쇼핑 online shopping	107	
인터넷에 접속하다 to connect to the internet	138	

일 day 139

일(을) 하다 to work 142

일관되다 to be consistent 233

일관성 consistency 233

일반인 average person 203

일어나다 to get up 69, 138, 177

일요일 Sunday 142

일으키다 to evoke 237

일을 맡기다 to give a task to someone 233

일정 schedule 142

일찍 early 69, 174

일하다 to work 69

잃어버리다 to lose (something) 104

입구 entrance 139

입다 to wear 68, 107, 140

입장을 내 놓다 to take a stance 203

있다 to be 105

ㅈ

자가용 one's own car 238

자격증 certificate, license 175

자꾸 frequently 141

자동 automatic 237

자동차 car 140

자료 data, material 141

자리 seat 103, 139, 141

자리를 잡다 to find a seat 139

자세히 in detail 173

자신 oneself 173

자연 nature 235

자연스럽다 to be natural 233, 235

자연환경 natural environment 238

자유 freedom 234

자전거 bicycle 69

자주 often 67, 69

자체 self 235

작년 last year 70

작다 to be small 106

작품 work (of art) 203

작품상 best picture award 240

작품성 quality of work 240

잘 well 67

잘못하다 to make a mistake 173

잠깐 a moment 177

잠을 자다 to go to sleep 69, 138, 142

장려하다 to encourage, to promote 202

장르 genre 202

장소 place 140

장점 advantage 201

재료 ingredient, material 105, 239

재미있다 to be fun 70

재생하다 to play back 237

재킷 jacket 107

재활용 recycling 204

재활용품 recyclable material 238

재활용하다 to recycle 239

저금(하다) to save (money) 103

저기 over there 102

저녁 dinner 69

저장(하다) to store, to save	103	
저절로 by itself, automatically	141	
저지르다 to commit	237	
저탄소 low carbon	203	
저하시키다 to reduce	238	
적극적 active	234	
적당하다 to be suitable	106	
적성 aptitude	174	
적응하다 to adapt	236	
적정 moderate	239	
전 before	142	
전공 major (of study)	174	
전기 electric	239	
전달하다 to convey	240	
전망(하다) to prospect, to predict	202	
전세 lease on a deposit basis	106	
전시회를 보다 to see an exhibition	66	
전원 스위치 power switch	239	
전자 기기 electronic equipment	239	
전통 예술 traditional arts	202	
전폭적 fully	202	
전화하다 to call	138	
전환되다 to be changed	201	
절대적 absolute	201	
절반 half	202	
절약 conservation	239	
절약하다 to conserve	239	
절전 energy conservation	239	
점심 lunch	69	
점심 시간 lunch time	141	

접근하다 to approach	239	
정당 political party	234	
정도 approximately	106, 177	
정류장 bus stop	103, 138	
정리 organization, claning-up	174	
정문 main gate	102	
정보 information	236	
정보 통신 information and communication	241	
정책 policy	204, 234	
정치 politics	234	
정치적 결정 political decision	233	
정확성 article	236	
정확하게 precisely	173	
정확하다 to be accurate	233	
젖다 to get wet	104	
제공 offer	237	
제공하다 to provide	236	
제기하다 to raise	240	
제대로 properly	235	
제외하다 to exclude	204	
제한하다 to limit	237	
조건 condition	233	
조금 있다(가) a bit later	175	
조명 lighting	240	
조직 organization	233	
조합하다 to combine	240	
존립하다 to survive	235	
존엄성 dignity	235	
존재 existence	177	
존재하다 to exist	236	

존중하다 to respect 236

졸다 to be sleepy, to doze off 138, 141

졸리다 to be sleepy 138

좁히다 to narrow 240

종류 type 177

종이 paper 236

종이 가방 paper bag 104

종점 last stop 138

좋다 to be good 176

좋아하다 to like 107

좌석 seat 139

좌회전 left turn 102

주말 weekend 107, 142

주문(하다) to order 107, 175

주부 homemaker 66

주사를 맞다 to get a shot 104

주위 surroundings 239

주인공 main character 204

주제 theme 240

주택 house 106

죽음 death 234

준비물 supplies 139, 174

준비하다 to prepare 175

줄어들다 to decrease 201

줄이다 to reduce 235, 239

중단하다 to suspend 237

중요하다 to be important 174, 234

즐겁다 to enjoy 70

증가하다 to increase 201

증상 symptom 104

지각 tardy 142

지구 온난화 global warming 204, 238

지금 right now 174

지나치다 to pass by 138

지난 past 70

지도 map 105

지원 support 202

지원하다 to support 174

지켜보다 to observe 141

지키다 to protect 173

지하철 subway 68

지하철역 subway station 102, 138

지하철을 갈아타다 to transfer/change (subway) trains 102

지하철을 타다 to take the subway 102

직업 occupation 66

직접 direct, directly 173, 235

직접적 direct 203

진료하다 to treat 104

진행하다 to progress 233

질적 qualitative 202

집 home 106

짜증이 나다 to get annoyed 142

쭉 straight 102

쯤 approximately 104

ㅊ

차단하다 to block 237

차지하다 to possess 204

착용 use, wear 201

착하다 to be kind 67

찬성 agree 203

찬성자 for 203

참신하다 to be original 240

참여하다 to participate 234

창피하다 to be embarrassed 141

찾다 to look for, to find, to search 106, 139, 237

책임감 sense of responsibility 233

챗봇 chat bot 238

챙기다 to pack (up) 139, 174

처리하다 to handle 233, 239

처음 first 173

천천히 slowly 173

철저히 thoroughly 204

청바지 pants, jeans 68

청소 cleaning 174

청소년 youth 234

청소하다 to clean 69

체감하다 to actually feel 239

체육 physical education 140

체육복 gym clothes 140

촬영 금지 recording prohibited 138

최근 recently 176

최신 latest 236

추세 trend 201

추진력 initiative, driving force 233

추측하다 to guess 201

축구 경기 soccer game 139

축구를 하다 to play soccer 66

축하하다 to congratulate 70

출구 exit 102

출근하다 to go to work 69, 142

출발지 point of departure 138

춤을 추다 to dance 66

춥다 to be cold 67

충분하다 to be enough 234

충분히 sufficiently 233

충전기 charger 239

취업 employment 174

취향 taste, preference 202

측면 aspect 238

층 floor 104

치료 treatment 234

치료하다 to cure 234

치마 skirt 68

친절하다 to be friendly 67

친하다 to be close (with) 173

친환경 eco-friendly 239

침대 bed 177

침해하다 to violate 237

ㅋ

커피를 마시다 to drink coffee 67

커피를 싫어하다 to hate coffee 67

커피를 좋아하다 to like coffee 67

커피숍 coffee shop 105

컨텐츠 contents 204

케이크 cake 70

콘서트 concert 68, 138, 202

콜라 cola 175

콧물이 나다 to have a runny nose 104

크기 size 107

크다 to be large 106

클래식 classical 202

키우다 to raise 106

E

타다 to ride 69, 239

탄소 배출량 carbon emission 204

태블릿 PC tablet PC 241

택시를 세우다 to stop a taxi 102

택시를 잡다 to catch a taxi 102, 138

택시를 타다 to take a taxi 102

터미널 terminal 103

터전 base 235

터치펜 touch pen 106

터치하다 to touch 106

텍스트 text 236

토론하다 to debate 240

토양 오염 soil pollution 238

토요일 Saturday 142

통장 bank book 103

퇴근 leave work 176

퇴근하다 to leave work 69

투룸 two-room apartment 106

투자하다 to invest 204

투표 vote 233

틀다 to turn on 239

티셔츠 T-shirt 68

티켓 ticket 175

티켓을 예매하다 to reserve tickets 138

티켓을 취소하다 to cancel tickets 138

팀 team 139

팀원 team member 233

팀을 나누다 to divide into teams 140

팀장 team leader 233

ㅍ

판단력 judgment 233

팔다 to sell 105, 138

팝콘 popcorn 175

퍼센트(%) percent (%) 201

펜 pen 106

편의점 convenience store 105

편지 letter 173

편하다 to be comfortable 68, 235

평가하다 to evaluate 233

평생 entire life 176

폐지하다 to abolish 235

표 ticket 182

표를 예매하다 to reserve tickets 138

표를 취소하다 to cancel tickets 138

표절 plagiarism 238

표정 facial expression 139, 141

플라스틱 plastic 239

피곤하다 to be tired 70, 142

피아노를 치다 to play piano 66

필요(하다) to need 105

ㅎ

하교 to come home from school 241

하락세 downward trend 202

하락하다 to fall 201

하루 종일 an entire day 142

하품 yawn 142

학대하다 to abuse 235

학생 student 66

학생 식당 cafeteria 141

학생 회장 student president 234

학업 one's studies 234

한 번도 once 141

한계 limit 241

한복 hanbok 70

함부로 carelessly 173

합리적이다 to be rational 233

항의하다 to protest 237

해소하다 to resolve 240

해제되다 to be removed 201

행동하다 to behave 173

행복하다 to be happy 176

행사 관계자 staff, organizer 139

행사하다 to invoke 234

향상 improvement 241

허용하다 to permit 235

현금 cash 103

현금 카드 debit card 103

현금을 받다 to receive cash 103

현대 modern times 177

현명하다 to be sensible 240

현상 phenomenon 201

현장 site 238

협박하다 to threaten 234

협의하다 to discuss 204

형편이 어렵다 to be in difficult circumstances 241

혜택 benefit 202

호주머니 pocket 141

홍보 publicity 138, 204

화가 나다 to get angry 139

화면 screen 106, 240

화석 에너지 fossil fuel 203

화요일 Tuesday 142

화장실 bathroom 104

화해하다 to reconcile 173

확대하다 to expand 204

확보하다 to secure 236

확인(하다) to confirm, check 103, 139, 237

확장하다 to expand 238

환불(하다) to return (an item) 107

환승(하다) to transfer 102

환승역 transfer station 102

환자 patient 104, 234

환전(하다) to exchange 103

활발해지다 to become lively 201

활용하다 utilize 204, 236

회사 company 177

회사원 company employee 66

회의(를) 하다 to have a meeting　　142

횡단보도 crosswalk　　102

효율적 effective　　241

후속 follow-up　　204

훈련 training　　238

훨씬 a lot　　236

휴가 vacation　　70, 176

휴식하다 to take a rest　　235

흐리다 to be cloudy　　67

흔들리다 to waver　　234

흥행 box office　　204

희박하다 to be rare, sparse　　204

흰색 white　　107

힘들다 to be difficult　　142

힘쓰다 to make an effort　　204

ETC

○자리 ○ digit　　103

○호선 Line ○　　102

1위를 하다 to win 1st place　　68

MBTI MBTI (Myers-Briggs Type Indicator) personality style　　67

OTT 플랫폼 OTT platform　　204

PC방 internet café　　241

USB USB　　141